U0498603

保障房与商品房的制度衔接机制研究

杨燕玲◎著

BAOZHANGFANG YU SHANGPINFANG DE
ZHIDU XIANJIE JIZHI YANJIU

西南财经大学出版社

中国·成都

图书在版编目(CIP)数据

保障房与商品房的制度衔接机制研究/ 杨燕玲著.—成都:西南财经大学
出版社,2022.9
ISBN 978-7-5504-5383-8

Ⅰ.①保…　Ⅱ.①杨…　Ⅲ.①住房制度—研究—中国　Ⅳ.①F299.233.1

中国版本图书馆 CIP 数据核字(2022)第 096702 号

保障房与商品房的制度衔接机制研究

杨燕玲　著

策划编辑:肖郗
责任编辑:肖郗
责任校对:张岚
封面设计:墨创文化
责任印制:朱曼丽

出版发行	西南财经大学出版社(四川省成都市光华村街 55 号)
网　址	http://cbs.swufe.edu.cn
电子邮件	bookcj@ swufe.edu.cn
邮政编码	610074
电　话	028-87353785
照　排	四川胜翔数码印务设计有限公司
印　刷	成都市火炬印务有限公司
成品尺寸	170mm×240mm
印　张	14.5
字　数	398 千字
版　次	2022 年 9 月第 1 版
印　次	2022 年 9 月第 1 次印刷
书　号	ISBN 978-7-5504-5383-8
定　价	78.00 元

1. 版权所有,翻印必究。
2. 如有印刷、装订等差错,可向本社营销部调换。

前　言

保障房与商品房的制度衔接是一个系统性工程。20世纪90年代以来，我国经历了从住房福利分配到住房市场化，再到住房双轨制的转变，逐步形成了商品房与保障房并存的"两房"体系，但相应的"两房"制度的衔接关系和法律体系远未定型。虽然商品房有相对完善的产权规则，但是保障房产权规则仍未获得民事基本法的支撑，两种住房制度的衔接关系也缺乏统一的理论基础。新时代下，我国住房总量基本饱和，住房市场结构性问题突出。在国家提出"房住不炒""租购同权""集体经营性建设用地入市"等一系列重大房地产制度改革的背景下，系统地思考"两房"制度的衔接关系和产权规则具有重要的理论和现实意义。

本研究立足于我国的现实需要，从产权的视角探究不同类型保障房与商品房之间的关系，拟从点到面、从局部到整体构建一个产权明晰、兼顾效率与公平的"两房"制度体系，在保障房制度与商品房制度之间构建起互通的桥梁，为住房市场的有效运转提供政策建议和理论支撑。

总论部分（第1章、第2章）从研究背景、研究意义、研究的核心概念及理论基础等方面提出本研究的分析框架，将新时代"房住不炒"定位、社会主义"平等""公正"核心价值观融入产权问题研究，在理论上厘清保障房与商品房的制度定位和互动关系，同时明确不同类型保障房与商品房制度衔接的主要交汇点。

分论部分（第3~5章）分别就不同类型保障房与商品房的制度衔

1

接问题进行具体分析，识别现行衔接规则存在的效率与公平问题；同时，还针对在不同类型集体土地上建设的产权保障房与商品房的衔接规则进行分析。

结论部分（第6章）回应前文结论，结合我国现行法律制度提出优化路径。

杨燕玲

2021 年 12 月 22 日

目　录

1　导论 // 1

　1.1　研究背景 // 2

　　1.1.1　住房资源配置结构性不均呼唤"两房"衔接制度革新 // 2

　　1.1.2　双轨住房市场形成："两房"制度衔接与法律体系远未定型 // 3

　　1.1.3　"房住不炒"要求从"重所有"向"重使用"转变 // 5

　　1.1.4　集体经营性建设用地入市触动现行房地产制度格局 // 6

　1.2　研究意义 // 7

　　1.2.1　推动"房住不炒"定位转化为住房制度长效机制 // 7

　　1.2.2　推进土地与劳动力要素的市场化及城乡融合发展 // 8

　　1.2.3　形成新的租售格局，提高土地与住房资源利用效率 // 8

　　1.2.4　以法律制度稳定城乡居民的居住预期 // 9

　1.3　研究方法 // 10

　　1.3.1　方法论 // 10

　　1.3.2　一般的研究方式 // 11

　　1.3.3　具体方法与技术 // 11

　1.4　创新之处 // 12

2　核心概念剖析与理论分析 // 15

　2.1　核心概念剖析 // 16

　　2.1.1　保障房 // 16

　　2.1.2　商品房 // 18

　　2.1.3　制度与制度衔接 // 19

　2.2　"两房"制度衔接的思想来源 // 22

　　2.2.1　马克思、恩格斯经典住宅观 // 22

　　2.2.2　国际公约住房权平等思想 // 29

2.2.3 新时代"房住不炒"思想 // 31

2.2.4 社会主义"平等""公正"核心价值观 // 33

2.3 支撑"两房"制度衔接研究的基础理论 // 34

2.3.1 制度变迁理论 // 34

2.3.2 关于法的运行理论 // 37

2.3.3 产权理论 // 38

2.4 "两房"制度衔接的作用机理 // 41

2.4.1 保障房制度与商品房制度的交互关系 // 41

2.4.2 "两房"制度衔接的总体原则 // 44

3 有限产权经济适用住房与商品房的制度衔接 // 47

3.1 经济适用住房有限产权制度变迁与经济绩效 // 48

3.1.1 房改时期经济适用住房产权的权能与经济绩效 // 48

3.1.2 保障房制度建立初期经济适用住房的权能与经济绩效 // 53

3.1.3 双轨住房制度确立后经济适用住房的权能与经济绩效 // 57

3.2 现行经济适用住房与商品房制度衔接的均衡分析 // 62

3.2.1 制度供给错配：经济适用住房划拨土地使用权转轨
制度 // 62

3.2.2 制度供给不足：经济适用住房"5年流通锁定期"
规则 // 68

3.2.3 制度供给过剩：土地出让金补缴及增值收益分配规则 // 72

3.3 集体留用地安置房与商品房的制度衔接 // 79

3.3.1 集体留用地安置房城乡差异化处置的制度供给分析 // 79

3.3.2 集体留用地安置房城乡差异化处置的制度成因分析 // 81

3.3.3 集体留用地安置房入市的必要性与可行性分析 // 83

4 租赁产权保障房与商品房的制度衔接 // 87

4.1 我国租赁产权保障房制度的演进逻辑 // 88

4.1.1 福利分公房时期：物权性公房使用权 // 88

4.1.2 住房市场化以后：单一债权性住房租赁权 // 89

4.1.3 "租购并举"时期：长期租赁居住权萌芽 // 91

4.2 "租购同权"下租赁产权保障房制度的供给与需求分析 // 92

　　　4.2.1　"租购同权"与租赁产权保障房制度供给的关系

　　　　　　辨析 // 92

　　　4.2.2　租赁产权保障房制度供需不平衡的具体表现 // 94

　　　4.2.3　租赁产权保障房制度供需不平衡的经济解释 // 105

　　4.3　集租房调研情况与利益博弈分析 // 112

　　　4.3.1　集体土地建租赁产权保障房的权利冲突：以清泉镇

　　　　　　为例 // 112

　　　4.3.2　博弈模型及分析 // 115

　　　4.3.3　博弈对集体土地建租赁产权保障房制度创新的目标

　　　　　　要求 // 124

5　共有产权住房与商品房的制度衔接 // 129

　　5.1　共有产权住房制度的实践模式 // 130

　　　5.1.1　封闭流转共有产权保障房模式：以北京市为例 // 131

　　　5.1.2　开放流转共有产权保障房模式：以上海市为例 // 133

　　　5.1.3　共有产权商品房模式：以青岛市城阳区为例 // 136

　　5.2　三类共有产权住房制度的成本收益分析 // 140

　　　5.2.1　指标选择与模型构建 // 141

　　　5.2.2　封闭流转共有产权住房制度的成本与收益分析 // 142

　　　5.2.3　开放流转共有产权住房制度的成本与收益分析 // 145

　　　5.2.4　共有产权商品房制度的成本与收益分析 // 149

　　　5.2.5　共有产权住房制度成本收益比较分析结论 // 150

　　5.3　集体土地共有产权住房与商品房的制度衔接分析 // 153

　　　5.3.1　集体土地共有产权住房与集体经营性建设用地入市

　　　　　　范围的衔接 // 154

　　　5.3.2　集体土地共有产权住房保障性与"经营性用途"

　　　　　　的衔接 // 155

　　　5.3.3　集体土地共有产权住房与建设用地使用权体系

　　　　　　的衔接 // 157

6　未来"两房"制度衔接的优化路径 // 161

　　6.1　有限产权经济适用住房与商品房的制度衔接优化路径 // 162

6.1.1 合理区分房改前后经济适用住房的转轨规则 // 162

6.1.2 有限产权制度下重构经济适用住房保障房转轨规则 // 164

6.1.3 集体留用地安置房并轨到集体土地租赁住房流转 // 169

6.2 租赁产权保障房与商品房的制度衔接优化路径 // 173

6.2.1 突出公共租赁住房的优先性，增设法定居住权制度 // 173

6.2.2 多渠道整合住房资源，增加保障性租赁住房供给 // 177

6.2.3 以市场化居住权用益物权制度拓宽集体土地租赁住房
入市路径 // 182

6.2.4 建立以市场化公益优先购买权为核心的房地储备制度 // 184

6.3 共有产权住房与商品房的制度衔接优化路径 // 185

6.3.1 构建符合"夹心层"群体特征的开放流转模式 // 185

6.3.2 拓宽集体土地入市范围，明确宅基地的转化条件与
程序 // 189

6.3.3 建立以市场为核心的土地规划与用途管制制度 // 191

6.3.4 构建城乡共用保障房建设用地使用权用益物权制度 // 192

6.4 相关配套制度优化路径 // 193

6.4.1 淡化户籍功能，统筹城乡居住证制度 // 193

6.4.2 发挥税收与住房制度的协同作用 // 195

6.4.3 建立民生工程的民主决策机制 // 198

6.4.4 建立家庭成员共享法定居住权制度 // 200

参考文献 // 203

附录 // 223

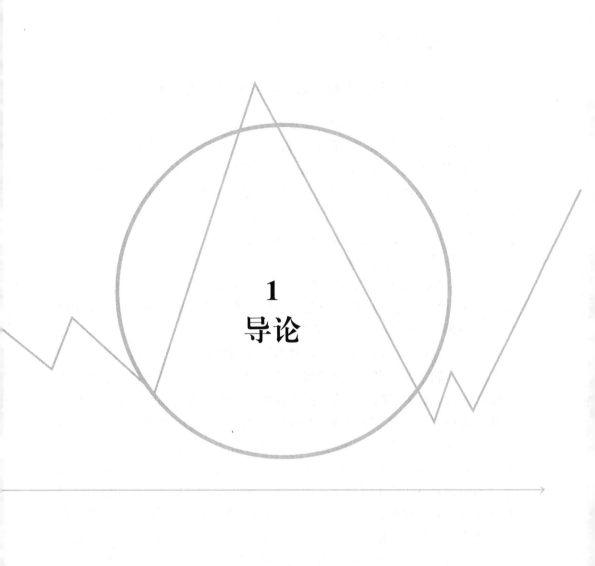

1
导论

1.1　研究背景

1.1.1　住房资源配置结构性不均呼唤"两房"衔接制度革新

进入新时代，我国社会的主要矛盾已经从人民日益增长的物质文化需求与落后的社会生产之间的矛盾，转化为人民日益增长的美好生活需要和不平衡不充分的发展之间的矛盾[①]。总量上，我国住房套户比已达到1∶1.18[②]，但在住房资源配置上，高收入家庭与中低收入家庭之间的住房资源配置不均、城乡住房空置率过高、保障房发展滞后、商品房价格过高、多套房拥有家庭住房空置率增加等问题突出。全面建立有机衔接的保障房与商品房制度迫在眉睫。

《2017 中国城镇住房空置分析》指出，我国城镇居民家庭多套房拥有率逐年提升，已达到 21.5%，住房总体空置率高于域外多数国家。据中国家庭金融调查（China Household Finance Survey，CHFS）估算，25% 的高收入家庭持续增加的多套房拥有率将继续推高住房空置率，而中低收入家庭仍需排队轮候保障房。在保障房与商品房制度之间，仍未建立起系统性的制度安排。更棘手的是，住房的空置率不仅发生在商品房市场，而且在保障房市场同样存在。2014 年，CHFS 对我国经济适用住房的空置率进行了估算，空置率高达 23.3%，其中收入最高的 25% 家庭拥有的经济适用住房的空置率高达 27.5%[③]。这表明，"两房"制度衔接矛盾突出。经济适用住房高空置率也印证了《经济适用住房管理办法》以及《关于加强经济适用住房管理有关问题的通知》（建保〔2010〕59 号）中"经济适用住房在转化为商品房前只能用于自住"说法，而不得出售、出租、闲置、出借等相关条款却沦空。而在农村住房市场，农宅闲置与农村流动人口住房困难问题并存：一方面，闲置宅基地和农房无法转化为农民的财产性收入；另

---

①　习近平. 决胜全面建成小康社会　夺取新时代中国特色社会主义伟大胜利：在中国共产党第十九次全国代表大会上的报告 ［EB/OL］. （2017-10-28）［2021-3-15］. http://cpc.people.com.cn/n1/2017/1028/c64094-29613660. html.

②　深蓝财经.《2017 中国城镇住房空置分析》：超 20% 的城镇自有住房未充分使用 ［EB/OL］. （2018-12-21）［2020-03-01］. http://www.mycaijing.com.cn/news/2018/12/21/216406. html.

③　中国家庭金融调查与研究中心. 城镇住房空置率及住房市场发展趋势（简要版）［R/OL］. （2014-06-26）［2021-02-02］. https://chfs.swufe.edu.cn/thinktank/resultsreport.html？id=1473.

一方面，大多数农民工依靠个人收入难以在城市获得适足住房。2019 年，中国社会科学院农村发展研究所课题组对全国 140 个村庄宅基地农房闲置状况的调查结果显示，样本村庄宅基地平均闲置率为 10.7%，个别样本村最高闲置率达 71.5%①。

此外，在保障房制度与商品房制度体系外，还客观存在既不符合住房保障准入条件，又难以负担商品房的"夹心层"群体。这一群体既无法获得保障房，又无力负担商品房。

1.1.2 双轨住房市场形成："两房"制度衔接与法律体系远未定型

从 20 世纪 80 年代起，我国住房制度改革开始朝着市场化的方向不断探索，但"补丁式"的住房调控机制难以实现"两房"制度的衔接。1998年，《国务院关于进一步深化城镇住房制度改革加快住房建设的通知》（国发〔1998〕23 号）的颁布标志着我国住房福利分配制度的彻底结束。该文件在顶层设计上确定了以经济适用住房为主的多层次住房供给体系。2003 年，《国务院关于促进房地产市场持续健康发展的通知》（国发〔2003〕18 号）改变了经济适用住房的主体地位，将住房消费重心调整为"大多数家庭购买或承租普通商品房"。在该文的指引下，我国商品房建设进入快速发展的轨道——2003 年，我国房地产投资比上一年增长了30.33%，商品房销售面积比上一年增加了 6 909.3 万平方米。而在全国房地产市场蓬勃发展的同时，部分地区开始出现"炒房"现象。例如，1998年至 2004 年上半年，浙江省商品房价格以每年超过 10% 的幅度增长，全省土地出让价格也持续走高，湖州和杭州分别上涨 96.9% 和 81.3%②。2003 年，北京、上海和广州三地的房地产开发占固定资产投资的比重高于全国平均水平（18.27%），分别达到 29.18%、36.06%、38.54%③。在经济欠发达的宁夏、江西和安徽等地，2003 年房地产开发投资的增幅均超过

---

① 魏后凯，黄秉信.中国农村经济形势分析与预测（2018—2019）［M］.北京：社会科学文献出版社，2019：228-248.
② 朱卓瑶，郑文纲，姚剑平，等.浙江房地产市场发展研究报告［J］.统计研究，2005（1）：59-66.
③ 数据来源：Wind 数据库。

3

50%，分别高达 64.97%、82.21% 和 64.3%①。2004 年起，中央开始采取措施抑制房地产过热过快发展，在土地、金融、招拍挂等制度方面多管齐下。2004 年，国土资源部联合监察部下发《关于继续开展经营性土地使用权招标拍卖挂牌出让情况执法监察工作的通知》（国土资发〔2004〕71 号），提高拿地门槛、抑制囤地等土地违法现象。《商业银行房地产贷款风险管理指引》（银监发〔2004〕57 号）严禁房地产企业利用流动资金垫资开发，加强个人房地产贷款资质审查，预防信贷风险。2005 年，《国务院办公厅关于切实稳定住房价格的通知》（国办发明电〔2005〕8 号）和《国务院办公厅转发建设部等部门关于做好稳定住房价格工作意见的通知》（国办发〔2005〕26 号），要求从严控制房地产价格上涨。2007 年，《国务院关于解决城市低收入家庭住房困难的若干意见》（国发〔2007〕24 号）出台，住房调控开始从单向调控转为双向并重。该文件在商品房市场调控的同时提出"增加廉租房供给""改进和规范经济适用住房制度""加快棚户区改造"，并重点提及农民工住房困难问题。此后多年，中央政府对房地产市场的调控从未间断，但商品房市场却陷入"屡调屡高，屡高屡调"的怪圈。

2016 年，全国部分重点城市商品房价格再次迎来新一轮上涨。同年，中央经济工作会议提出"房子是用来住的、不是用来炒的"的科学定位，指明房地产市场调控的方向是"建立符合国情、适应市场规律的基础性制度和长效机制"。随后，2018 年、2020 年、2021 年的政府工作报告都再次重申"房住不炒"定位，并提出"稳地价、稳房价、稳预期"的"三稳"目标。2019 年，住房和城乡建设部（以下简称住建部）等四部委联合发布的《关于进一步规范发展公租房的意见》（建保〔2019〕55 号）提出，加快完善由配租型的公租房与配售型的共有产权住房构成的城镇住房保障体系。2020 年，住建部相关负责人表示，要加快推动住房保障体系和住房市场体系相衔接②。2021 年 4 月 30 日，中央政治局再次强调增加保障性租赁住房和共有产权住房供给。2021 年 7 月，《国务院办公厅关于加快发展保障性租赁住房的意见》（国办发〔2021〕22 号）提出，要加快完善以公

---

① 数据来源：Wind 数据库。

② 王蒙徽. 推动住房和城乡建设事业高质量发展［EB/OL］.（2020-03-06）［2021-04-12］. http://www.gov.cn/zhengce/2020-03/06/content_5487547.htm.

租房、保障性租赁住房和共有产权住房为主体的住房保障体系，这预示着新时代我国住房保障体系基本定型。

"房住不炒"定位提出后，严厉的房地产市场调控政策对抑制商品房市场投机起到了积极作用，基本定型的保障房类型也标志着我国双轨住房体系逐步形成，但兼具稳定性和适应性的住房法律机制仍未建立。过去形成的住房产权类型如何顺利过渡到未来的双轨住房体系，以及住房市场调控机制如何实现从政策之治到法律之治的嬗变，是今后践行"房住不炒"思想、建立住房制度长效机制的重要课题。

1.1.3 "房住不炒"要求从"重所有"向"重使用"转变

购买和租赁作为住房消费的主要形式，具有同等的居住使用价值，但我国住房制度依然以"住房所有"为导向。国际上通常采用房价收入比和房价租金比的高低来衡量一国住房市场是否符合居民住房承受能力，以及住房市场是否处于健康运行的状态。联合国人类住区中心（生境）认为，一国合理的房价收入比应该介于 3 至 6。根据我国 2020 年统计数据，2019 年我国全国居民人均收入为 30 732.8 元，按三口之家计算，城市家庭可支配收入为 92 798.4 元，全国居民人均支出为 21 558.9 元，三口之家的年均消费性支出为 64 676.7 元。2019 年商品房平均销售价格为 9 287 元/平方米，按中小套型 90 平方米计算，一套商品房的总价约 835 830 元，按照首付三成、贷款 30 年等额本金计算，需要支付的利息总额为 40.57 万元，这套房的实际支付总价款约为 124.17 万元，年均还本付息 41 390 元。据此可估算我国的房价收入比为 1∶13.38，住房消费占可支配收入比重高达 44.6%，并且大部分人口净流入城市的房价收入比远高于平均水平[1]。而我国的房价租金比同样不容乐观，国际通用标准认为合理的房价租金比应介于 200 至 300，低于 200 或高于 300 均表明住房的价格偏离住房的真实价值。据房地产行业平台测算，2020 年我国一线城市的租售比为 1∶646，二线城市为 1∶588，三、四线城市为 1∶623，全国 50 个大中城市平均租

---

[1] 国家统计局. 中国统计年鉴：2020 [EB/OL]. [2021-03-20] [2021-04-12]. http://www.stats.gov.cn/tjsj/ndsj/2020/indexch.htm.

售比为 1：611①。这表明在高房价租金比和住房价格上涨的预期下，多套房家庭宁愿空置住房获得投机收益，也不愿意出租住房。

这种"重所有、轻使用"的住房消费局面，是我国住房制度改革长期积累的结果。从我国住房制度发展变化的历史进程可以看出，前期我国住房市场的调控政策主要以住房买卖为核心，侧重于住房增量调控。进入新时代，我国住房总量基本饱和，住房调控的措施也从增量调控转向存量盘活，房地制度改革无论如何要牢守 18 亿亩（1 亩 ≈ 666.7 平方米，全书同）耕地红线。因此住房调控的产权重心也从重视住房所有权向实际的居住使用权倾斜。中国共产党第十九次全国代表大会上，习近平总书记在强调"房住不炒"的同时，提出要加快建立"租购并举"的住房市场。域外各国的发展趋势表明，住房保有权选择中的单向度倾斜越明显，居民"意愿"就越倾向于政策所支持的住房形式②。综上，新时代住房长效机制的构建亟须在产权制度上以住房使用权为核心进行制度创新。

1.1.4 集体经营性建设用地入市触动现行房地产制度格局

土地制度是住房制度的根基，集体土地入市将打破计划体制下形成的二元土地制度，产生新的国家、企业、集体、个人收益分配格局。从正面看，兼顾多主体经济和社会利益的制度设计有助于增加土地供应量，起到平抑商品房价格的作用；从反面看，集体土地入市冲突协调机制设计不足，如农民个体利益被侵犯、企业权益无保障、政府动力不足等，将引发新的经济和社会矛盾。因此，将集体土地入市这一背景融入"两房"制度衔接研究，是新时代住房制度改革的重大阶段性特征。

计划经济时期，我国建立了城乡二元的土地制度及住房分配制度。20世纪 80 年代，城镇住房制度创新改变了城市福利住房分配制度和单一的划拨土地使用权制度。城市住房开发建设进入市场化轨道，而农村土地制度和住房制度长期保持不变。2014 年，党的十八届三中全会前瞻性地提出农村土地征收、集体经营性建设用地入市、宅基地改革的"三块地"改革

---

① 诸葛找房数据研究中心. 2020 年全国重点 50 城租售比调查研究报告［EB/OL］.（2020-12-21）［2021-01-12］.http://www.fangchan.com/data/13/2020-12-21/6746692391039996794.html.

② 保有权是指家庭的房屋财产是以什么方式持有的，这种持有状态表示一种控制关系，与住房的供应方式无关。参见"凯梅尼. 从公共住房到社会市场：租赁住房政策的比较研究［M］. 王韬，译. 北京：中国建筑工业出版社，2009：15."

意见。2015 年，全国人大常委会正式授权国务院在 33 个县级行政区进行试点，后续两度延长试点工作时间。2019 年，《中华人民共和国土地管理法》（以下简称《土地管理法》）、《中华人民共和国城市房地产管理法》（以下简称《城市房地产管理法》）的修改标志着我国"三块地"改革取得阶段性胜利。自 2020 年 1 月 1 日起，集体经营性建设用地入市在全国范围内已正式合法化。

现阶段，"三块地"改革试点进入白热化。在集体经营性建设用地入市方面，集体建设用地与国有建设用地在工业、商业、娱乐等经营性用途上已无限接近"同地同权"。在居住用途方面，全国 18 个城市利用集体建设用地建设租赁住房试点，北京首次尝试利用集体土地建设共有产权住房。在征地制度改革方面，集体经营性建设用地入市客观上会减少被征土地面积，集体土地建设保障房的案例也表明集体经营性用地与征地制度之间存在利益冲突。今后是否继续保留因保障房安居工程建设需要征收集体土地的条款值得深思。在宅基地制度改革方面，分离宅基地的财产属性和保障属性、建立起城乡统一的住房产权制度，是顺利推进宅基地三权分置改革的重要制度依托。因此，集体土地入市是新时代我国"两房"制度衔接研究必不可少的内容。

1.2 研究意义

1.2.1 推动"房住不炒"定位转化为住房制度长效机制

"房住不炒"科学定位是未来我国住房制度改革的思想指南，既适用于保障房又适用于商品房。《国务院办公厅关于加快发展保障性租赁住房的实施意见》（国办发〔2021〕22 号）将经济适用住房排除在我国新的住房保障体系之外，这意味着经济适用住房将逐步退出历史舞台。未来我国"两房"制度体系将逐步从"经济适用住房—公共租赁住房—商品房"这一结构过渡到"公共租赁住房—保障性租赁住房—共有产权住房—商品房"的结构。

但住房制度的变革是渐进的，新制度的建立是在旧制度上的革新。我国共有产权住房制度从经济适用住房制度演化而来，厘清经济适用住房的制度构成，以及多年来影响经济适用住房向商品房转化的核心规则，能够为未来共有产权住房制度的构建提供理论基础。而且，经济适用住房作为跨越计划经济和市场经济的产权类型，其制度在我国住房产权制度中占有重要地位。我国要实现从旧的"两房"体系向新的"两房"体系过渡，就必须对各种类型的产权住房进梳理，逐步将成熟的试点政策转化为法律、将理论转化为现实。因此，在"房住不炒"的定位下，厘清各类型保障房与商品房之间的产权边界，是建立我国住房长效机制的基础。

1.2.2　推进土地与劳动力要素的市场化及城乡融合发展

新时代，我国城镇化发展已经进入新阶段，以人为核心的新型城镇化和乡村振兴是未来我国城乡发展的方向。新型城镇化必须面对过去以城市为中心的城镇化导致的城乡悬殊，除生产力水平这一内生因素外，城乡发展的不平衡很大程度上与制度的二元化相关。而住房制度的城乡差异在一系列制度中尤为突出。

依据马克思政治经济理论，城市与农村的对立统一关系本就寓于生产力与生产关系的发展变化之中，从城乡分立到城乡融合本质上就是生产力发展的必经过程。恩格斯在《论住宅问题》中深刻阐述了资本主义国家工人住房问题产生的根源，其中就包含了城乡对立因素。与资本主义国家不同的是，我国现存的住房问题并非所有制问题，而是住房市场的结构性问题，是计划经济制度到社会主义市场经济制度的衔接问题。因此，将我国的住房问题置于要素市场化的大背景下，研究和制定更具适应性的城乡保障房与商品房衔接制度，有助于"破除妨碍劳动力流动的体制机制"①"加快打通城乡要素平等交换、双向流动的制度性通道"②，促进乡村振兴和城市化同步发展。

1.2.3　形成新的租售格局，提高土地与住房资源利用效率

我国作为人地矛盾较为突出的国家，土地资源的集约节约利用关系到国民经济的可持续发展。现阶段我国住房总量基本饱和，居住用房、工商

---

① 习近平总书记在党的十九大报告中指出，破除妨碍劳动力、人才社会型流动的体制机制弊端，使人人都有通过辛勤劳动实现自身发展的机会。

② 中共中央，国务院. 中共中央 国务院关于全面推进乡村振兴加快农业农村现代化的意见［EB/OL］.（2021-02-21）［2021-04-13］.http://www.moa.gov.cn/xw/zwdt/202102/t20210221_6361863. htm.

业用房都出现了不同程度的闲置和浪费。我国单位面积建设用地的产出和利用效率远远低于其他国家。《国务院关于印发全国国土规划纲要（2016—2030年）的通知》（国发〔2017〕3号）指出，我国人均城镇工矿建设用地面积为149平方米，人均农村居民点用地面积为300平方米，远超国家标准上限。在城镇化发展过程中，城镇粗放发展，土地城镇化远超人口城镇化。2000—2015年，全国城镇建成区面积增长了约113%，远高于人口59%的增长幅度。考虑到未来"三孩"政策的推行，我国的人口、土地、粮食安全将面临更加严峻的挑战，我国住房制度改革既要兼顾有粮吃，又要兼顾有房住。

保障房与商品房的制度衔接研究的重要内容之一是加快推进双轨住房制度的形成，通过建立稳定的住房保障体系来消解居民对商品房市场的不合理追求。其中，稳定的住房保障体系的重要组成部分是保障性租赁住房市场的形成，通过扩大租赁产权保障房的覆盖面、强化长期租赁住房的用益物权属性，引导城乡居民将长期租赁作为住房消费的主要方式。同时，研究集体土地建设各类型保障房不仅有利于增加保障房的供应数量，还有利于让农民分享城市化的成果，通过城乡住房互换的方式盘活农村闲置土地和住房，将腾退出来的多余建设用地恢复为耕地，最终提高土地和住房的整体利用效率。

1.2.4　以法律制度稳定城乡居民的居住预期

"稳地价、稳房价、稳预期"是2021年政府工作报告对房地产市场调控提出的目标。保障房与商品房的制度衔接研究的对象是房地产权，研究各类型保障房与商品房之间的产权边界。以法律的形式明晰城乡居民享有的居住权利与义务，是稳定住房预期的重要制度保障。本研究基于产权视角，将保障房分为租赁产权保障房（公共租赁住房、保障性租赁住房）、有限产权保障房（经济适用住房）和共有产权保障房（共有产权住房），这三种住房产权制度分别对应我国不同收入群体的居住需要。

目前，此三种保障房管理规范的效力位阶较低，在我国现行法律制度层面无法直接找到适用的具体规则，在实践中容易导致居民对购买或租赁保障房存在不稳定的制度预期。具体而言，公共租赁住房目前的产权结构以债权性租赁为主，住房的分配机制仍采用自上而下的行政配给制。一方面，租赁产权的债权性特征不具有同物权性权利同等的制度效果；另一方面，债权性租赁的短期性直接影响集体土地入市建租赁住房的实施效果。因此，租赁产权保障房与商品房之间的衔接机制在于租售同权制度的构建。而经济适用住房作为我国居民家庭的主要住房来源和住房保障的重要制度安排，其有限产权的制度设计显著区别于共有产权住房，但共有产权住房从经济适用住房制度演化而来，厘清有限产权制度设计的主要缺陷对未来共有产权住房的制度探索具有指导意义，有利于最终实现多层次的住房保有权体系，实现住有所居。

1.3 研究方法

本研究根据黄少安经济学方法论层次[①]的划分，将研究方法分为三个层次。第一层次是经济学哲学基础上的方法论，是最高层次的方法论，是方法论的方法论。第二层次是进行理论研究、构建理论体系的方法，例如归纳演绎法、综合和分析法、结构分析法、规范分析法、历史分析法、系统分析法和制度分析法等。第三层次是经济学的技术方法，例如数学分析法、比较分析法、成本分析法、个案分析法等。

1.3.1 方法论

本研究作为法律经济学专业的研究，法学与经济学之间的逻辑关系是不可回避的话题，也是指导法律制度研究的理论根基。马克思认为法律本身并不能说明法律的本质，法的本质是由社会物质生活条件决定的。本研究坚持马克思辩证唯物主义与历史唯物主义方法论。根据科斯等新制度经济学家对法律经济学未来发展趋势的判断，法律经济学的研究不再局限于经济学在法律制度分析中的运用，而是要通过对经济规律的观察进行事前研究，法律制度不仅应是出现事故后的完善和补偿、救济措施，还应是一种联系过去、影响未来的激励系统。因此，本研究不仅分析制度变迁过程中经济因素对具体制度的影响，还希望通过法律制度的设计对社会参与主体的行为进行引导和规范。

---

① 黄少安. 产权经济学导论［M］. 济南. 山东人民出版社，1995：8–12.

1.3.2　一般的研究方式

一是制度分析法。制度分析方法就是明确要求从制度角度考察经济的运行，分析制度的产生、变迁及对资源配置的影响①。"两房"衔接制度作为本研究的研究对象，制度的分析方法贯穿全文。二是规范分析法。规范分析方法主要是在描述事物本身的现象和特征的基础上，采用一定的标准对事物进行评价和分析。保障房与商品房的制度衔接研究不可避免从应然层面讨论制度改革的路径选择。三是系统论法。保障房制度与商品房制度是住房制度的两个分支，均可作为学术研究的对象。但本研究不是对两个制度的分别研究，而是将其视为一个整体，希望通过对不同类型保障房与商品房制度进行衔接与协调，以及对城乡住房关系进行系统构建，达到"住有所居""房住不炒"的目的。

1.3.3　具体方法与技术

一是文献分析法。文献的搜集与整理是研究的开始，笔者查阅了大量国内外关于住房经济理论、住房政策理念以及具体制度设计的研究文献，并以此为研究基础；同时，在已有的研究基础上搜集整理有关我国住房制度变迁的资料，结合我国住房制度的实际运行状况进行研究。二是案例分析法。法律经济学的分析会涉及相关具体法律案例以及试点中的具体案例。笔者通过查阅不同判例对同一问题的看法，找出问题的焦点；同时综合采用走访、问卷调查等形式对数据和案例进行采集，从不同角度强化本研究案例的普遍性和代表性。笔者对成都市 2018 年市民住房消费状况，青岛市城阳区共有产权住房试点，花园镇集体土地建公租房试点，四川大学校内经济适用住房、公房租赁产权纠纷，以及南充市西充县，临沂市费县、郯城县等地的情况进行了调研。虽然并非所有调研所获资料都能直接运用到本研究中，但调研收集的客观问题为研究提供了思路。三是比较分析法。比较分析是经济学和法学都经常使用的一种研究方法，但二者有所区别。经济学的比较分析侧重于对同一事物在不同历史阶段的规律分析；而法学的比较分析侧重于对同一制度在不同法律背景下的国家及地区之间的横向比较。本研究对这两种分析方法均予以采用，纵向的比较分析主要

---

① 黄少安. 产权经济学导论［M］. 济南. 山东人民出版社，1995：11.

应用于各类住房制度的变迁分析，而横向的比较分析主要包括对不同法系代表国家的经验研究。四是博弈分析法。制度的非均衡到均衡是多方利益主体相互博弈的过程，集体土地入市建公共租赁住房不同于集体土地建共有产权住房，租赁住房资金投入大、收回成本周期较长，限定集体土地建公租房会限制农村集体土地的发展权。集体土地入市建租赁住房作为保障性租赁的重要构成部分，需要通过制度规范引导各方利益主体的行为，平衡社会利益和农民集体利益。

1.4　创新之处

一是研究视角创新。本研究试从具体制度衔接、城乡要素流动、新旧体系衔接的多维视角探索"两房"制度产权配套改革的思路。宏观上为新时代践行"房住不炒"思想提供了新的分析框架，微观上为完善我国现代住房产权体系提供了具体解决办法。对"两房"制度衔接的研究，整体上深化了对市场和政府这两种住房资源配置方式的认识，揭示了新时代保障房制度与商品房制度的辩证统一关系。这种基于多维视角的研究，不仅对加快构建"以公租房、保障性租赁住房和共有产权住房为主体的住房保障体系"起到承上启下的作用，而且有利于构建城乡平等互动的房地产权关系。

二是学术观点创新。本研究融合了以"房住不炒"为代表的经典思想，提出了对我国"两房"制度关系的理论见解，并在此基础上提出诸如长期租赁居住用益物权、家庭成员共享居住权、法定居住权等新型产权，同时对已有产权规则提出新的优化路径。在理论观点方面：本研究提出"房住不炒"不是否定住房市场化，而是更加强调住房的使用价值，住房炒作和空置均不符合"房住不炒"的要求。这一思想既适用于保障房与商品房，也适用于农村住房与城市住房。因此，商品房制度反映的是市场机制，保障房制度是公平公正的平衡机制，"两房"制度衔接以提高社会整体居住质量为取向。在具体制度方面：本研究提出分类重构经济适用住房转轨规则的具体思路、集体留用地安置房与市场接轨的办法、现有租赁产权保障房制度分离出公共租赁住房制度与保障性租赁住房的路径、以市场化居住权拓展集租房入市的路径、市场化优先购买替代保障性安居工程征收的思路、封闭流转共有产权和开放流转共有产权的优化路径、宅基地向集体经营性建设用地转化的条件与程序等具有创新性的规则。

三是研究方法创新。本研究不局限于使用西方法律经济学的研究方法，而是基于交叉学科背景和中国特色社会主义市场经济体制的实际，以马克思主义方法论为基础，综合运用新制度经济学、法学等相关理论和研究范式进行研究，更契合我国法律的运行逻辑。西方法律经济学研究以个人主义的分析方法为主，更重视法对行为人的激励作用，其得出的结论基于判例法基础具有一定的实践性。我国作为成文法国家，单纯使用西方法律经济学分析方法常常会忽略法律内部结构的逻辑性和体系性，法学理论及实践与经济理论结合的不够深入，研究结论和建议难免失于泛泛。本研究将社会主义"平等""公正"核心价值观融入我国产权立法，以唯物辩证法为基础，综合运用成本收益分析法、比较制度分析法、博弈论、社会调查等微观组织分析方法，在深入了解我国法律制度运行的内在逻辑基础上提出制度改进的意见，更具可操作性。

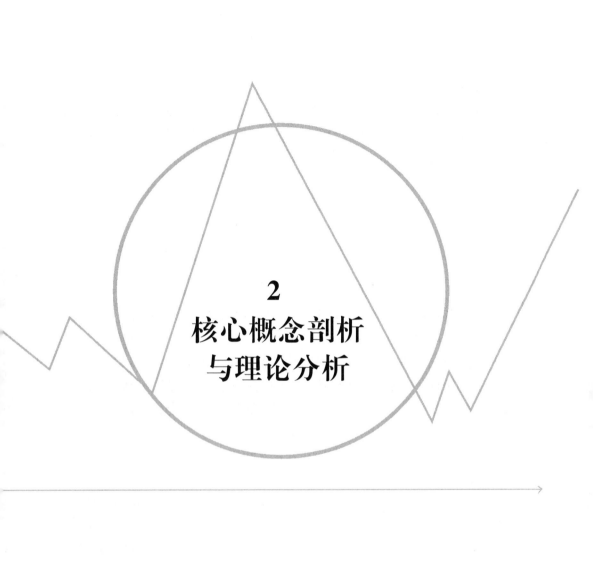

2
核心概念剖析
与理论分析

关于保障房制度与商品房制度的单线研究在学界已经有丰硕成果。但系统性地针对"两房"制度进行的研究还较为缺乏。同时，在新的时代主题下，关于住房制度的基本思路和相关制度已发生改变。对"两房"制度的衔接需要更加系统和全面的论证。据此，本章拟在清晰界定核心概念的基础上，主要探讨以下三个问题：一是我国"两房"制度衔接的思想渊源，二是支撑"两房"制度研究的理论基础，三是"两房"制度衔接的作用机理。通过对核心概念的剖析和理论分析形成本研究的理论框架。

2.1 核心概念剖析

2.1.1 保障房

2.1.1.1 保障房的经济属性

住宅的使用价值是供人居住，保障房与商品房在物理形态上无本质差别。但在经济关系上，住宅产品的生产、交换、流通等环节共同构成了住房的经济形态。住房作为生活必需品，需求缺乏弹性，在市场机制配置住房资源的条件下，总有部分群体难以凭借自身力量通过市场解决住房问题。因此，住房不仅具有经济属性，同时还具有社会属性。保障房则是政府在市场失灵状态下向特定群体提供的公共产品。与纯公共产品不同，保障房作为一种个人消费品，按照布坎南（Buchanan）提出的标准，严格意义上属于广义的俱乐部产品，具有有限的竞争性和局部的排他性特征[1]。准公共产品的排他性和有限竞争性通常需要通过成员身份认证机制和价格管制机制来实现[2]。在供给方式上，一般经济理论认为纯公共物品由政府提供，纯私人物品由市场提供，而准公共物品可以由政府与市场共同提供[3]。不论何种供给方式，保障房的核心功能都是关注基本居住需求，不具有营利性。因此，根据其功能定位，在产权设置上其流通性更弱，不同类型的保障房的产权只具有商品房权利束的一部分。

---

① BUCHANAN J M. An economic theory of clubs [J]. Economica, 1965, 32（125）：1-14.

② 肖卫东，吉海颖. 准公共产品的本质属性及其供给模式：基于包容性增长的视角 [J]. 理论学刊，2014（7）：57-61.

③ 曾康霖. 公共品研究要有新视角 [J]. 经济学动态，2008（4）：29-34.

2.1.1.2 保障房的法律概念及分类

保障房的法律概念在我国现行法律制度上并无明确指引，学界对于保障房的认识也未统一。在官方文件中，保障房的概念常常与"政策性住房""保障性安居工程"等概念换用。因此，有学者认为保障房是政策性住房的统称，是指政府为了解决中低收入阶层的住房问题，直接投资建设或以一定方式向建房机构提供补助建设，并以较低价向中低收入家庭进行出售或出租的住房①。除此之外，学界对保障房的界定十分多元，王薇用排除法将其界定为除自由市场提供的商品房以外的其他所有住房②；张祚和陈昆仑从国内外概念比较的角度将保障房类比为国外的公共住房和可支付住房③；陈寒冰则提出保障房因其时空异质性难以界定，在不同国家，不同历史时期，其内涵与外延都有所不同④；吴淑芳从城乡二元角度，认为保障房是城镇住宅中的一类特殊性住房⑤；汤阁森和冯彦君用概括+列举的方式将保障房界定为一个总括概念，用以统称具有福利性、保障性的各种形式和称谓的住房，诸如单位福利房、经济适用住房、廉租房和公共租赁住房等⑥。李勇刚持相似观点，他认为除单位福利房、经济适用住房、廉租房和公租房等外，保障房还包括宅基地⑦。凌维慈根据受给人是否获得产权，将保障房分为产权型保障房（经济适用住房、自住房、限价房）和租赁型保障房（廉租房、共有产权住房）⑧。按此标准，谢义维将保障房分为零产权住房和自有产权住房⑨。

以上观点塑造了保障房的基本法律形象，但本研究认为以下几方面有待商榷：第一，保障房是市场经济的产物，在计划经济时期，我国统一实行福利分房制度，保障房与福利房两者存在本质区别。前者是作为市场失

① 谢义维. 主要发达国家住房保障制度及中国的实践研究 ［D］. 长春：吉林大学，2014.

② 王薇. 保障房供给的城市包容性增长机制与效应研究：基于市民化与内需融合的框架 ［D］. 杭州：浙江大学，2019.

③ 张祚，陈昆仑. 城市大规模保障房空间决策：相关问题与研究综述 ［J］. 湖北大学学报（哲学社会科学版），2016，43（1）：129-135.

④ 陈寒冰. 保障房制度研究 ［M］. 武汉：武汉大学出版社，2018：1.

⑤ 吴淑芳. 谈保障房建设存在的问题及对策 ［J］. 山西建筑，2014，40（22）：260-261.

⑥ 汤阁森，冯彦君. 当代中国住房权的实现路径：以保障房制度为重心的分析 ［J］. 社会科学战线，2017（5）：237-248.

⑦ 李勇刚. 农民工住房保障制度研究 ［M］. 北京：中国社会科学出版社，2019：24.

⑧ 凌维慈. 保障房租赁与买卖法律关系的性质 ［J］. 法学研究：2017，39（6）：61-73.

⑨ 同①.

灵的制度补充，适用范围仅限于特定中低收入群体，而后者是以普遍保障为出发点，出现在住房市场化之前。因此，从历史角度来看，保障房应界定为商品房改革后的产物，其外延不包括计划经济时期的福利房。第二，不可否认保障房的出现最初是为了解决城市居民的住房难题，但伴随城镇化推进，现有的保障房不论是在地域上还是在覆盖面上都逐步消除了城乡二元界限。既有集体土地上建设的保障房，又有国有土地上建设的保障房；既有面向城镇居民的保障房，又有面向农村户籍人口的保障房。因此，保障房是面向所有中低收入住房苦难群体的住房。第三，由于租赁和购买作为保障房消费的主要形式，从大类上将保障房划分为产权型和租赁型，具有一定合理型。但此种划分无法体现我国现行保障房的法律特质。共有产权住房有不动产产权证，会进行所有权登记，不宜界定为租赁产权住房；且以产权型保障房指代所有非租赁产权保障房也不能体现主流保障房类型的产权特质。以"零产权"和"自有产权"作为划分标准，实际混淆了产权与所有权的关系。产权作为一个经济学概念，代表不同权利的排列组合，在外延上大于法律上的所有权，任何保障房都有相应的产权规则。因此，在文义解释上不宜以"零产权"作为划分的类型。综上，本研究倾向于将保障房界定为在市场经济条件下政府为满足中低收入住房困难家庭居住需要而提供的受限产权住房。按照产权特性（如表 2-1 所示），本研究将保障房划分为有限产权保障房（经济适用住房）、租赁产权保障房（公共租赁住房、廉租房）以及共有产权住房三种主流类型。

表 2-1　保障房分类及产权特征

保障房分类	被保障人享有的权能	土地使用权性质	房屋所有权归属
有限产权保障房	占有、使用、有限处分	划拨土地使用权	购房人单独所有
租赁产权保障房	占有、使用	划拨土地使用权	购房人不享有所有权
共有产权保障房	占有、使用、有限收益、有限处分	出让土地使用权	购房人享有按份共有权

注：共有产权住房目前大部分试点城市都采用出让方式供地，但不排除仍有个别城市划拨土地使用权共有产权住房。

2.1.2　商品房

商品房指"市场经济条件下，具有经营资格的房地产开发公司通过出让方式取得土地使用权后经营的住宅"①。商品房作为一般私人物品,其分配不需要借助价格管制制度和俱乐部成员身份认证制度即可完成。商品房交易的主体根据平等自愿交易原则实行等价交换,住房开发企业以营利为目标,购买一方则获得住房的居住和投资属性。商品房作为私人消费品具有竞争性和排他性,市场可以通过商品房的价格机制传达信号,引导商品房的供给。商品房的优势在于在市场化运作下可以满足不同职业、不同收入、不同地区、不同结构家庭对住宅的需求,其住房产品的多样性是保障房无法比拟的。

需要辨明的是,近年来政府对商品房市场的调控力度加大,对商品房实施的价格管制制度、进入身份验证制度以及转售限制制度,逐步模糊了保障房与商品房之间的界限,商品房出现了一些与保障房相似的特征。但在法律性质上,商品房与保障房存在区别。首先,限购限价商品房的土地通过招拍挂出让,政府既没补贴又没优惠。其次,限购限价商品房虽然要求购买群体应满足户籍、社保等要求,但对收入水平和家庭人均住房面积没有限制。再次,限购限价商品房上市交易时,通常情况下可以按照市场价格自愿交易,政府不享有优先购买权。最后,商品房购房人拥有完整的住房所有权,在法律上住房所有权人享有占有、使用、收益和处分四项权能。除公益征收外,商品房所有权人的财产性权利受到国家强制力保护,可以自由地流转和继承。《中华人民共和国民法典》(以下简称《民法典》)、《城市房地产管理法》、《商品房屋租赁管理办法》等法律法规对商品房销售和租赁行为设置了明确的交易规则。

2.1.3　制度与制度衔接

对制度(institution)概念的界定在新旧制度经济学视域下存在争议。Riker 认为制度与行为规则有关,制度会直接关系到个人的行为决策②。Schotter 认为制度是一套行为准则,而不是游戏规则,具有博弈均衡属性,而不是博弈描述的属性③。Ostrom 认为制度与规则同义,而规则是社会参

---

① 杨遂全,文琐,罗蓉,等. 房地产法学新论 [M]. 成都:四川大学出版社,2013:82.

② RIKER W. Implications from the disequilibrium of majority rule for the study of institutions [J]. The American Political Science Review,1980,74(2):432-446.

③ SCHOTTER A. The economic theory of social institutions [M]. Cambridge:Cambridge University Press,1981:155.

与者都知道的并用来规范重复的互动关系的规定①。旧制度经济学代表康芒斯和新制度经济学代表学者诺思都未对制度一词进行概念界定。康芒斯明确表示，"要给制度经济学规定一个范围，颇有困难，因为'制度'这个名词的意义不确定"②。尽管诺思没有直接给"制度"下定义，但他在"Institutional Change and American Economic Growth：A First Step Towards a Theory of Institutional Innovation"一文中反复使用"制度"一词，有时指代规范人与人之间交往的基础法律规则（如私有产权规范），有时指代一个人或者职位（如总统），有时甚至指代一个具体的文件［如《五月花合约》（May-flower Compact）］③。为了加深对制度概念的认识，诺思阐明了制度的内容，他认为制度包括正式规则（宪法、成文法、普通法、规章条例）、非正式规则（行为规范、社会惯例）与实施机制④，并且指出一套规则要成为一套制度，相关团体和社会成员就必须了解这些规则⑤。从新旧制度经济学家对制度的理解可知，西方经济学关于制度的理解多从微观层面出发，而马克思、恩格斯的制度观则向我们展示了一个更加宏大的视野。

马克思在《政治经济学批判》（序言）中指出，在社会变革中有两种变革需要加以区分，"一种是生产的经济条件方面所发生的物质的、可以用自然科学的精确性指明的变革，一种是人民借以意识到这个冲突并力求把它克服的那些法律的、政治的、宗教的、艺术的或哲学的，简言之，意识形态的形式"⑥。第一种变革归根结底是基本经济制度的变革，是社会生产关系的总和，这些生产关系主要由三个方面构成：生产资料归谁所有、不同人在生产中的地位和相互关系，以及产品的分配方式⑦。其中生产资料归谁所有是最核心的要素，即生产资料的所有制形式，它直接决定了不

---

① OSTROM E. An agenda for the study of institutions [J]. Public Choice, 1986, 48 (1)：3-25.

② 康芒斯. 制度经济学（上）[M]. 于树生，译. 北京：商务印书馆，1962：86.

③ LANCE D, DOUGLASS N. Institutional change and American economic growth：A first step towards a theory of institutional innovation [J]. The Journal of Economic History, 1970, 30 (1)：132.

④ JACK K. DOUGLASS N. Explaining economic change：The interplay between cognition and institutions [J]. Legal Theory, 1997, 3 (3)：211-226.

⑤ 奈特. 制度与社会冲突 [M]. 周伟林，译. 上海：上海人民出版社，2017：2.

⑥ 马克思，恩格斯. 马克思恩格斯选集：第二卷 [M]. 中共中央马克思恩格斯列宁斯大林著作编译局，译. 北京：人民出版社，1995：33.

⑦ 苏里. 马克思恩格斯制度思想研究 [D]. 长春：吉林大学，2015.

同的人在生产中的地位和产品的分配方式。而第二种变革是意识形态的变革，这一变革是由第一种变革决定的。因此，有学者将马克思政治经济语境下的制度概括为"双重"制度：一重是所有制，另一重是建立于所有制之上的意识形态制度①。例如，《论住宅问题》和《英国工人阶级状况》中揭露的资本主义社会住宅制度、《评艾米尔·德·日拉丹"社会主义和捐税"》中的财税制度、《资本论》中的企业制度和用工制度等。当然马克思、恩格斯对制度的分析不限于所有制和意识形态制度上的宏观分析，恩格斯在《论住宅问题》中还对企业家建工人住宅、租赁住房与购买住房等具体规则进行了分析。可见马克思、恩格斯的制度观是一个多层次的制度体系，可进一步分为三个层次（如表2-2所示）。

表2-2 马克思主义制度内涵的三个层次

制度的三个层次	与生产力的关系	主要研究内容
第一层次：社会的基本经济制度	从根本上影响社会生产力的发展和经济效率的提高	特定条件下，所有制的选择
第二层次：相对独立的经济体制制度	从宏观层次上直接影响生产力发展和经济效率的提高，进一步助力发挥第一层次的制度作用	如何更好地满足社会化大生产和配置资源效率的要求
第三层次：各项具体的经济制度	从微观层次上直接影响生产力的发展和经济效率的提高	如何更好地规范经济主体的经济行为，从而解决经济效率问题

注：层次划分标准参见"顾钰民.马克思主义与西方新制度经济理论比较研究［M］.上海：复旦大学出版社，2014：42-48."

目前，第一层次的制度在我国已基本定型，形成了"三位一体"的格局②。第二层次制度是现阶段我国经济体制改革需要着力解决的问题。而第三层次制度从微观层面出发研究具体的制度安排，通过对个体经济行为的规范研究，促成第二层制度的实现。因此，综合新旧制度经济学制度理论和马克思主义制度观的内容，本研究所谓"制度"主要包括两个层次：一是宏观层次的住房制度安排，即马克思所称的第二层次的制度，将住房制度作为经济体制改革的一部分进行考察；二是微观层次的具体规则，即

---

① 林岗，张宇.马克思主义与制度分析［M］.北京：经济科学出版社，2001：262.

② "三位一体"指"公有制为主体、多种所有制经济共同发展，按劳分配为主体、多种分配方式并存，社会主义市场经济体制"。参见"张开，等.习近平新时代中国特色社会主义经济思想研究新进展［J］.政治经济学评论，2021，12（4）：140-166."

产权制度。保障房与商品房的制度衔接在宏观上指保障房制度与商品房制度作为住房资源配置的两种方式的衔接，在微观上指保障房制度与商品房制度在产权制度上的衔接。值得注意的是，在已有文献中经常会出现"住房保障制度"① 这一概念，时有学者将"住房保障制度"与"保障房制度"并用，为避免混淆，本研究希望在正式研究前厘清这两个概念。住房保障属于社会保障的一个子系统，而保障房制度是实施住房保障的方式之一，并可以依据产权关系、供给对象分为多种类型。外延上，住房保障制度比保障房制度研究的范围更大，可以涵盖所有政府为实现"住有所居"目标采取的措施和方法，例如住房公积金、农村危旧房改造、老旧小区改造等。

2.2 "两房"制度衔接的思想来源

"两房"制度的衔接研究具有坚实的思想渊源，脱胎于马克思、恩格斯经典住宅观，融合了国际公约中的住房权平等思想，是在新时代"房住不炒"思想和社会主义"公平""公正"核心价值观引领下，不断总结经验教训凝练而成的。

2.2.1 马克思、恩格斯经典住宅观

2.2.1.1 马克思、恩格斯住房观的一般性

马克思、恩格斯住宅观是一个完整的理论体系，见诸他们的相关著作。《论住宅问题》是马克思、恩格斯住宅观的集中体现。在宏大叙事背景下，恩格斯将工人阶级的住宅问题置于社会整体的根本问题这一前提下进行研究。其核心是对当下资本主义生产方式导致的住宅问题进行政治经济学批判。《论住宅问题》一文中，恩格斯采用辩证的阶级分析方法，深刻指出蒲鲁东主义者所谓的"万应灵丹"不过是救治社会的"江湖医术"，住

---

① 李勇刚认为，住房保障制度是在市场经济条件下，政府为了保障中低收入阶层城市居民住房问题而实施的基本政策措施与方法，并列举住房保障制度包括城市的"福利分房""廉租住房""经济适用住房""公共租赁住房""共有产权房""住房公积金"，以及农民工公寓与农村的"宅基地"。一方面承认住房保障制度是市场经济条件下的产物，另一方面又将"福利分房""宅基地"概括进来，难免容易混淆。参见"李勇刚. 农民工住房保障制度研究 [M]. 北京：中国社会科学出版社，2019：24. "

宅问题也不过是资本主义生产方式中"比较小的、次要的祸害之一"。

马克思、恩格斯住宅理论从根源上阐明：表面上，住宅问题是伴随城市化和工业化发展出现的人口向城市聚集而产生的供需矛盾，而实质上是资本主义生产方式下资产阶级与无产阶级之间的资本矛盾，是资本主义社会住宅问题产生的根本原因。恩格斯认为，住宅问题是资产阶级社会形式的必然产物①，但他并不否定工业化与城市化；相反，他在评价工业革命时强调，正是由于这种工业革命，人的劳动力、生产力才达到了相当高的水平②。这样工人才从他们的小菜园、小房屋中解放出来，成为"像飞鸟一般自由"的无产者。这不是社会的退步，是他们精神解放的一个条件，也是消减一切社会剥削的必经过程。那么在生产力提高、物质资料充裕的社会为什么还会存在工人住宅短缺的问题呢？实质上，从社会住房总量看，资本主义社会不存在绝对的住宅短缺，"各大城市中有足够的住宅，只要合理使用，就可以立即帮助解决真正的'住宅缺乏'问题"③。而现在的住宅短缺是由于工人阶级与资产阶级拥有的住宅存在严重的结构性失衡。恩格斯在考察英国工人阶级的生活状况时发现，工人阶级的居住条件极其恶劣，每一个大城市都有一个或几个挤满了工人的贫民窟，虽然紧挨着富人住宅，但是常常在"狭窄"的"孤立"的巷道里。从"地下室"到"阁楼"都挤满了工人，"这些地方的肮脏和破旧难以形容"，更有甚者，"伦敦有5万人每天早晨醒来不知道下一夜将在什么地方度过"④。然而，大城市的发展却使这样的贫民窟变得越来越少，尤其在市中心的地价极大提高后，原先建在这里的房屋不但不能提高土地价值，反而会使其贬值，于是原有的建筑被拆毁，"首先遭到这种厄运的就是市中心的工人住

---

① 《马克思恩格斯全集》第一版，是迄今最完整的马克思著作中文版本，由中共中央马克思恩格斯列宁斯大林著作编译局编译，人民出版社出版，从1956至1985年12月出版完成全部50卷（实际上，1983年已全部出版，1985年12月为现行刊发第50卷的出版日期）。2016年，人民出版社采用数码印刷技术，整套重印再版了《马克思恩格斯全集》第一版（1~50卷）。为保证研究的整体性，本研究所引用的《马克思恩格斯全集》的内容均来自《马克思恩格斯全集》中文第一版。

马克思，恩格斯. 马克思恩格斯全集：第18卷［M］. 中共中央马克思恩格斯列宁斯大林著作编译局，译. 北京：人民出版社，1964：263.

② 马克思，恩格斯. 马克思恩格斯选集：第三卷［M］. 中共中央马克思恩格斯列宁斯大林著作编译局，译. 北京：人民出版社，1995：150.

③ 同②：252.

④ 马克思，恩格斯. 马克思恩格斯全集：第2卷［M］. 中共中央马克思恩格斯列宁斯大林著作编译局，译. 北京：人民出版社，1957：311.

宅。因为这些住宅的租价，甚至在住宅中挤得极满的时候，也永远不能超出或者最多也只能极缓慢地超出一定的最高限额"①。市中心廉价住宅的拆除不仅使工人的住宅矛盾更加尖锐，也使一般的小宅子变得稀缺，昂贵的住宅成本不仅加深了工人阶级的住宅矛盾，也触碰了小资产阶级的利益，只是程度上远不如工人阶级严重。因此，蒲鲁东主义者拿"专门的工人阶级住宅问题"做遮羞布的心思就不言而喻了。

面对工人住宅短缺的问题，小资产阶级提出了改良的资本主义解决方案，其核心思想是让工人阶级拥有住宅所有权。让工人拥有住宅所有权的逻辑起点在于蒲鲁东主义者坚信住房租赁不能解决工人的住宅问题。他们认为，"住宅承租人对房主的关系，完全和雇佣工人对资本家的关系一样"②，承租人之间与雇主之间一样存在着剥削与被剥削的关系，房主建造房屋的成本可以房租的形式获得多倍的补偿。因此他们建议采用"分期偿付"的方式让工人获得住宅所有权。只可惜小资产阶级企图通过改善劳动阶级住宅条件将无产者上升为有产者，从而抹杀个人与资本家之间的雇佣关系的自利"伎俩"被恩格斯洞悉。恩格斯深刻指出承租人与雇主的关系绝不是雇佣工人与资本家的关系，承租人只是购买了房主的"一定期限内的使用权"，而不是将自己的劳动力出卖，在租赁关系中不存在劳动力出卖和剩余价值的剥夺，不论承租人以多高的价格租赁房屋，始终只是"已经存在着的先前生产出来的价值的转让"③，承租人与房主共同拥有的价值总量不变，而租金的高低仅与房屋的建造费、修缮费、地理位置的优良程度以及房屋的供需关系相关。说到底，租赁关系同其他一切商品交易关系一样，是简单商品流通形式（W—G—W）的具体呈现，只不过交换的商品是住宅的使用权罢了。用所有权来解决工人住宅问题的办法不仅不符合经济规律，相反还是历史的倒退，在资本主义生产关系下，"即使是最好的工人，也总有可能失业"④。工人必须不断寻找养家糊口的工作，他们没有财产，只能靠工资过活，那么"迁徙的自由就是首要的生活条件，而土地

---

① 马克思，恩格斯. 马克思恩格斯全集：第18卷［M］. 中共中央马克思恩格斯列宁斯大林著作编译局，译. 北京：人民出版社，1964：239.

② 同①：240.

③ 同②.

④ 马克思，恩格斯. 马克思恩格斯全集：第2卷［M］. 中共中央马克思恩格斯列宁斯大林著作编译局，译. 北京：人民出版社，1957：357.

所有权对他们只能成为一条锁链"①，锁住了他们反抗资产阶级的力量。分期购买房屋所有权的道路走不通，以扎克斯为代表的小资产阶级将目光投向资本家，企图让资本家修建公共移民区，为工人提供集中的住宅。扎克斯认为，厂主帮助自己的工人得到勉强可用的住宅是合乎自己利益的：一方面，修建住宅本身就有利可图；另一方面，也必然会提高工人的生活质量，这种"无形的组合"② 可以说是双赢之策。但事实真是这样吗？这种看似不乏温情的人道主义关怀，实则是隐蔽的福利陷阱，而且这种陷阱在英国早就已经存在，并且引起了工人的强烈抗议。恩格斯认为这是资产阶级提出的诡计：一方面，修建工人住房的投资本身有利可图；另一方面，厂主没有竞争对手，工人不得不为房屋付出垄断价格。更重要的是"每一次罢工的时候，他们（工人）立刻就无家可归。因为厂主一句话不说立刻就把他们赶出去，使得任何反抗都极难进行"③。可见，让资本家修建工人住宅的伎俩与促成工人购买住房的伎俩，本质上都是为了压制工人阶级的反抗。其终极目的是继续维持资本主义生产方式，极大限度剥夺劳动力的剩余价值。然而与工人自助购买房屋所有权相比，资本家修建工人住宅的高明之处在于，这种行为不仅为资本家披上"慈善的外衣"，而且法权上的不公平也荡然无存。如此，自力救济和资本家帮助的方案都被恩格斯犀利地反驳，小资产阶级最后只能寻求国家帮助。扎克斯建议：第一，国家可立法降低建筑费用；第二，国家政权对工人住宅的卫生条件和建筑质量进行监督；第三，国家政权给自己的下级官吏和职员修建住宅。对此，恩格斯以英国的案例进行反驳。在英国，政府将有关建筑的立法范围压缩到最低限度，建筑业成本的控制使英国的住宅便宜到极点，但是建筑质量也随之差到极点，这对解决工人住宅问题无济于事。也许是扎克斯意识到了这一点，虽然第二项建议从表面上看能与第一项建议有效衔接，但是英国的现实再次告诉我们，即使有看似"良好"的法律，到最后也都是"一纸空文"。因为法律的实施有巨大的制度阻碍，"执行法律的市政当局就是一

---

① 马克思，恩格斯. 马克思恩格斯全集：第 18 卷［M］. 中共中央马克思恩格斯列宁斯大林著作编译局，译. 北京：人民出版社，1964：267.

② 扎克斯认为这种无形组合是雇主隐蔽在人道主义外衣下的对工人身体、经济、精神和道德福利关怀的结果，这种关怀自然会因为生产应有的结果，即因为吸引和保持许多能干、熟练、勤劳、质朴和忠实的个人而在金钱方面获得报酬。

③ 同②：274.

切贪赃枉法、徇私舞弊和 jobbery① 行为的中心"②。而第三项建议就更不用说，不仅不是为了解决工人的住宅问题，而且这项措施本身也不足以推行。英国的前车之鉴说明政府为公务员修建住宅或者提供住房贷款的努力只能是杯水车薪。种种现实案例都表明，在资本主义生产方式下，"国家无非是有产阶级即土地所有者和资本家用来反对被剥削阶级即农民和工人的有组织的总合权力"③，从根本上就不愿意解决工人住宅短缺问题，也无法解决。

那么住宅问题该如何解决呢？在认识论上，恩格斯首先识别出主要矛盾及矛盾的主要方面，指出住宅问题的解决与社会上其他问题的解决一样，需要"靠供求关系在经济上的逐渐均衡来解决，但是这样解决之后，这个问题还会不断产生，就是说，一点也没有解决"④。唯有社会革命才是终极的解决办法，而社会革命最首要的因素就是消除城市与乡村之间的对立。消灭城乡对立的办法在于"使人口尽可能地平均分布于全国，使工业生产和农业生产发生密切的内部联系，并使交通工具随着由此产生的需要扩充起来——当然是以废除资本主义生产方式为前提，——才能使农村人口从他们数千年来几乎一成不变地栖息在里面的那种鼓励和愚昧的状态中挣脱出来"⑤。蒲鲁东主义者认为恩格斯并没有提出一定的具体的解决办法，应该"脱离抽象的社会主义，接近一定的具体的社会关系"。同样，现在也有学者提出类似观点，认为"在住宅问题的解决方面，恩格斯只提出了宏观的理论，在微观方面，由于历史时代的局限性没有提出具体细节的政策。恩格斯住宅思想只是笼统地提出住宅问题解决方案，不是完整的系统理论"⑥。恰恰相反，恩格斯的住宅理论体系是完整的，限于当时的资本主义生产方式，任何具体的解决办法都无济于事。正如他本人所言：

---

① Jobbery 一词的意思是官吏利用职权图谋个人或家族的私利。参见"马克思，恩格斯. 马克思恩格斯全集：第 18 卷 [M]. 中共中央马克思恩格斯列宁斯大林著作编译局，译. 北京：人民出版社，1964：286."

② 马克思，恩格斯. 马克思恩格斯全集：第 18 卷 [M]. 中共中央马克思恩格斯列宁斯大林著作编译局，译. 北京：人民出版社，1964：286.

③ 同②：288.

④ 同②：252.

⑤ 同②：313.

⑥ 颜洪平，黄崇利，刘民培. 论恩格斯住宅思想的时代性及对我国住宅建设的启示 [J]. 学术论坛，2012（4）：14-17，23.

"要接近一定的具体的社会关系的第一步就是研究这些关系，考察他们之间的实际的经济联系。"[1] 如果不改变根本的生产关系，"凭空推向未来的社会将怎么调整食品和住宅的分配，——这就是直接陷入空想"[2]。

2.2.1.2 马克思、恩格斯住宅观与我国住宅问题的联系

恩格斯在与蒲鲁东主义者的论战中——反驳了资本主义国家解决工人住宅问题的方案，得出在资本主义生产方式下无法彻底解决工人住宅问题的结论。尽管恩格斯住宅观是对资本主义社会的反映，但恩格斯对资本主义国家住宅问题的认识对不同所有制国家同样具有借鉴意义。他在《论住宅问题》中阐明的住宅商品经济、市场经济的一般原理，无论是对资本主义社会还是对社会主义社会来说都是普遍适用的[3]。尤其是提到的几组关系对总结我国住房制度改革的历史经验和教训，以及对新时代住房制度改革都具有指导意义。

第一组是生产力与生产关系的关系。城市化与工业化是马克思、恩格斯研究资本主义国家工人住宅问题的社会经济背景。看似工业化与城市化不可避免地导致了工人阶级的住房贫困，但恩格斯认为不能因工人住宅问题的出现而否定工业化与城市化的历史进步性。相反，工人阶级的住房贫困是生产力发展到一定程度的必然产物。但与此种生产力发展矛盾的是资本主义生产方式，在不改变这种生产方式的条件下，生产力水平的提高不仅无法解决工人住宅问题，反而会加大工人阶级与资产阶级之间的住房矛盾。因此，资本主义国家的住房问题是具有革命性的生产关系的变革。在生产关系中，所有制关系起着决定性作用。与资本主义国家不同的是，新中国成立初期已经解决了生产资料的所有制问题，确立了城市土地国家所有和农村土地集体所有的公有制基础。在马克思主义理论下，土地国有将使劳动者和资本家的关系彻底改变，归根到底将完全消灭工业和农业中的

① 马克思，恩格斯. 马克思恩格斯全集：第18卷 [M]. 中共中央马克思恩格斯列宁斯大林著作编译局，译. 北京：人民出版社，1964：319.
② 同②.
③ 纪尽善. 恩格斯《论住宅问题》与我国住房租赁市场发展问题 [G] //中国《资本论》研究会. 全国马克思列宁主义经济学说史学会第六届理事会暨第一次学术讨论会论文集. 福州：福建师范大学，2007：3.

资本主义生产方式①。因此，我国的住宅问题从根本上讲不是革命性问题，而是社会主义初级阶段中的发展问题，集中表现为人民日益增长的美好生活需要和不平衡不充分的发展之间的矛盾②。恩格斯关于工业化和城市化的历史进步论断说明我国新时代的新型城镇化的发展道路的正确性，以及"以人为核心的新型城镇化"发展战略的创造性和进步性。

第二组是城市与农村的关系。恩格斯在《论住宅问题》中提出的城乡关系具有特定的社会经济背景。资本主义国家城乡关系的论断不能直接照搬到我国当前的城乡关系中。但恩格斯提出的城乡融合理论对我国城乡劳动者住房问题的解决意义重大。目前，我国城乡关系的紧张表现为城市与农村生产力发展水平的差异，农村生产力落后于城市生产力，促使农村劳动力脱离原有的生产关系而进入城市寻求新的就业机会。农村人口向城市的单一流动不可避免地衍生出农民工城市住房困难的问题。并且在城市内部这种二元化也同样存在，大城市住房价格高涨、小城市住房空置问题并存。我国城乡矛盾与资本主义国家的区别在于，我国的城乡人口住宅资源配置不平衡的主要原因是渐进式改革中的体制性因素。有学者将我国的城乡关系归纳为城乡分割—城乡统筹—城乡融合三个阶段③。由于受到历史条件的制约，中央政府不得不采取优先发展城市的改革路径，因此在现存制度上突出地表现为市民与农民的身份认同分化、城乡资源要素不平等、政府对城乡发展的不平衡控制等问题，而其中的首要问题是产权问题④。新时代，中央政府在多部文件中已经提出"城乡融合发展"的战略，这不是对"城乡一体化""城乡统筹"的简单替代，而是在认识论上的进一步深化⑤。

尤其是《中共中央 国务院关于建立健全城乡融合发展体制机制和政

---

① 马克思，恩格斯. 马克思恩格斯全集：第 18 卷 [M]. 中共中央马克思恩格斯列宁斯大林著作编译局，译. 北京：人民出版社，1964：67.

② 习近平. 决胜全面建成小康社会 夺取新时代中国特色社会主义伟大胜利 [M]. 北京：人民出版社，2017：11.

③ 何永芳，余赛男，杨春健. 新时代城乡融合发展问题与路径 [J]. 西南民族大学学报（人文社科版），2020，41（7）：186-190.

④ 郭殿生，宋雨楠. 马克思恩格斯城乡融合思想的新时代解读 [J]. 当代经济研究，2019（2）：16-22.

⑤ 参见《中共中央关于坚持和完善中国特色社会主义制度、推进国家治理体系和治理能力现代化若干重大问题的决定》《中共中央 国务院关于建立健全城乡融合发展体制机制和政策体系的意见》。

策体系的意见》这一纲领性文件，不仅提到要"健全农业转移人口市民化机制"，还提到"建立城市人才入乡激励机制"，而且多次提到农村土地的产权改革问题，并确立 2022 年"基本建成城乡统一的建设用地市场"和 2035 年"全面建成城乡统一的建设用地市场"这两个阶段性目标。可见，新时代我国城乡住宅问题不是单一的城市住宅问题，还包含了农村的住宅问题，不仅要处理好城乡居民与住房之间的关系，更要处理好城乡居民之间的关系。

第三组是租赁住房与购买住房的关系。在《论住宅问题》中，恩格斯反对蒲鲁东主义者建议工人阶级拥有住宅所有权的方案。对于这一观点，我们需要做全面的、历史的、具体的分析。在资本主义生产关系语境下，恩格斯认为工人拥有住宅所有权会导致其被束缚在一个固定的地方，无法自由流动，最后只能任凭资本家剥削而失去革命的力量。在恩格斯讨论住宅问题的时代背景下，工人阶级的任务就是推翻资产阶级的统治。而这一目标在我国已经实现，新中国成立后已经建立起以生产资料公有制为主体的所有制结构，这是我国解决劳动者住宅问题与资本主义国家解决工人住宅问题最本质的区别。不论是租赁住房还是购买住房，同属于商品经济领域，符合商品价值规律，因此社会主义国家住房问题的解决要以发展社会生产力、建设社会主义现代化国家、实现人的全面发展为己任。在租赁住房和购买住房问题上，要认识到住宅所有制是消费资料所有制，土地是生产资料所有制①。社会主义中国住房制度改革应坚持土地国家所有和集体所有的根本制度，在住宅产权问题上不必拘泥于购买住宅还是租赁住宅。同时也应认识到，租赁住房消费与购买住房消费对于住房问题的解决同等重要，在居住权利上租赁和购买这两种形式应是无差别的。

2.2.2　国际公约住房权平等思想

1997 年我国正式签署《经济、社会、文化权利国际公约》，2001 年经全国人民代表大会常务委员会批准后该公约已经生效。经过几十年的发展，国际社会已公认住房权是一种较为成熟的经济、社会和文化权利，并平等地适用于各国人民。世界各国基本达成共识：对中低收入者而言，国

---

① 蔡德容. 住宅经济学 ［M］. 沈阳：辽宁人民出版社，1993：98.

家直接或间接的帮助不是国家良心的体现，而是国家的人权义务和法律义务①。

在《第 4 号一般性意见：适足住房权》中，联合国经济、社会和文化权利委员会不仅阐明住房制度的构建不应狭隘地将住房权看作"头上一遮瓦的住处或完全将其视为商品，而应把它视为安全、和平和尊严地居住于某处的权利"②，而且从多方面论述了住房权实现的路径和方法。首先，从住房权覆盖的内容看，《第 4 号一般性意见：适足住房权》并非仅侧重于对弱势群体的住房保障，而是从一个全面的视角出发，表明无论是保障房还是商品房都是住房权的客体。重要的不是强调住房归谁所有，而是对住房的不同使用方式设立明确的法律规则。《第 4 号一般性意见：适足住房权》提出的住房使用权包罗万象，"包括租用（公共和私人）住宿设施、合作租房、租赁、房主自住住房、应急住房和非正规住区……"③。其次，从正面看，作为《经济、社会、文化权利国际公约》缔约国，需从四个层面保护公民的住房权。一是"尊重"。"尊重"是最低层次的住房权利保障义务，它意味着缔约国作为国家主体的行为受到限制，国家不得做出对公民住房权利不利的行为。二是"保护"。"尊重"是从"不作为"的角度谈及国家履行住房权的义务，"保护"则要求缔约国要组织任何个人或非国家行为违反个人的住房权。三是"促进"。"促进"意味着国家需要以更加积极的姿态，把住房权利相关的规则融入一国的住房政策与法律制度。四是"实现"。国家为保障其住房政策目标的实现，需要就公共财产支出、政府对住房市场的调控、公共住房的供给和住房补助等其他措施做出具体规划④。此外，住房权的实现还要求实施综合性的立法审查，因为法律扩展的程度会影响任何一个社会享受住房权的规模。除了与住房直接相关的法律外，还包括租赁者权利条例、计划、规划、土地和土地使用法律、征收征用规则、财产性规则等⑤。最后，从反面看，尽管缔约国有义

---

① 王宏哲. 住房权研究 [M]. 北京：中国法制出版社，2008：6.

② 参见《第 4 号一般性意见：适足住房权》第 7 段。

③ 参见《第 4 号一般性意见：适足住房权》第 8 段（a）。

④ 莱基. 适足住房的权利 [M] //艾德，等. 经济、社会和文化权利教程. 中国人权研究会组织，译. 成都：四川人民出版社，2004：129-131.

⑤ 莱基. 适足住房的权利 [M] //艾德，等. 经济、社会和文化权利教程. 中国人权研究会组织，译. 成都：四川人民出版社，2004：129-131.

务"尽最大能力"采取法律以及其他措施"逐步"实现公约承认的权利，但缔约国的义务并不包括：为所有人口建立住房；为所有请求的人免费提供住房；在缔约后马上实现所有承诺部分；在任何时候任何地方都呈现完全相同的住房权形式①。

2.2.3 新时代"房住不炒"思想

2016 年 12 月中旬，中央经济工作会议首次提出"房子是用来住的，不是用来炒的"定位。2016 年 12 月 21 日，习近平总书记在中央财经领导小组第十四次会议上重申"要精准把握住房的居住属性"。综合"房住不炒"提出的背景和语境，系统结合了马克思主义政治经济理论和我国实际。"房住不炒"思想至少在以下三方面实现了统一。

一是住房使用价值与交换价值的统一。大卫·哈维在《资本社会的 17 个矛盾》中提到，资本主义社会的房屋供给已经从追求使用价值为主变为追求交换价值为主，因为这种怪异的转变，房屋的使用价值日趋变质，首先变成一种储蓄手段，其次变成一种投机工具②。这种投机带来的后果是：一方面，在住房价值量不变的情况下，住房价格飞涨，导致刚需购房人群更难以实现住有所居；另一方面，高房价带来的资本增值持续扩大居民间收入和财产的差距。当前，我国的住房市场也未能避免这一现象，高房价收入比和房价租金说明住房价格偏离住房价值。程明选等认为，当前我国"房住不炒"的逻辑本质上是指住房的使用价值与交换价值需经历从统一到分离再到统一的转变③；斯蒂芬·巴顿在论述城市住宅问题时讲道："住宅由于其使用价值而不可直接等同于资本。然而由于住宅可以使其拥有者以金钱挣取更多的金钱，进行资本投资和积累，因此除非可以保持住宅的交换价值，否则使用住宅所得收入来供养住宅则毫无道理。"④ 从这一层面上讲，基于社会主义市场经济的基本制度，"房住不炒"并非完全否定住

---

① 参见《第 4 号一般性意见：适足住房权》第 7 段，以及《经济、社会、文化权利国家公约》第 11 条第 1 款。

② 哈维. 资本社会的 17 个矛盾 [M]. 许瑞宋，译. 北京：中信出版社，2016：14.

③ 程民选，冯庆元. 试析新时代"房住不炒"定位的理论逻辑：基于大卫·哈维的马克思主义经济学分析框架 [J]. 经济问题，2019（1）：1-5.

④ 原文出自程瑶翻译的斯蒂芬·巴顿于 1977 年在期刊 Review of Radical Economics 第 9 卷第 4 号上发表的文章《城市住宅问题：马克思主义理论与社区组织》（节选）。参见"臧峰宇，等. 恩格斯《论住宅问题》研究读本 [M]. 北京：中央编译出版社，2014：291."

房投资，而是禁止以资本增值为目的的低买高卖行为。充分利用商品房以及私人投资的住房来满足普通居民的居住需求，同样符合"房主不炒"定位。

二是经济发展与民生保障的统一。"房住不炒"定位提出后，2019年7月召开的中共中央政治局会议明确指出"落实房地产长效管理机制，不将房地产作为短期刺激经济的手段"①。即使我国在2020年遭受疫情重创的特殊时期，也从未放松对住房市场的调控，受灾最严重的湖北省也仅仅针对个人受灾企业和居民出台了相对宽松的住房政策，整体上依然坚守"房住不炒"定位②。

比较过去房地产的经济支柱地位可以发现，新时代，中央政府对住房的定位已经发生转变。在维持房地产市场稳定建康发展的同时，更加重视住房的社会功能。在十九大报告中，"房住不炒"被置于"提高保障和改善民生水平"一节，属于"加强社会保障体系建设"的一部分。住房同教育、医疗、失业、养老保险等制度并列成为我国多层次、全方位保障体系的组成部分。"加快建立多主体供给、多渠道保障、租购并举的住房制度，让全体人民住有所居"进一步阐释了"房住不炒"的内涵③。

三是绿色生态保护与经济发展的统一。习近平总书记在2018年全国生态环境保护大会上强调："生态环境问题归根结底是发展方式和生活方式问题。"④ 经济部署上的空间格局、产业结构、生产方式，以及个人的生活方式与行为，都是直接影响生态环境的重要方面。在作用机理上，"保护生态环境，就是保护经济社会发展的潜力和后劲"⑤。近几年，我国大力推进的集体经营性建设用地入市、宅基地腾退与整治、征地制度改革、增减挂钩等土地改革制度均以盘活存量建设用地、节约集约利用土地为原则，以18亿亩耕地红线为底线。在城市住房制度改革方面，老旧小区改

---

① 新华社. 不将房地产作为短期刺激经济的手段：从中央政治局会议透视房地产市场发展[EB/OL].（2019-07-31）[2020-05-11].http://www.gov.cn/xinwen/2019-07/31/content_5417630.htm.

② 参见《湖北省人民政府办公厅关于印发促进建筑业和房地产市场平稳健康发展措施的通知》。

③ 人民网. 习近平在中国共产党第十九次全国代表大会上的报告【10】[EB/OL].（2017-10-28）[2020-11-10].http://cpc.people.com.cn/n1/2017/1028/c64094-29613660-10.html.

④ 习近平. 推动我国生态文明建设迈上新台阶[EB/OL].（2019-01-31）[2020-10-02]. http://www.qstheory.cn/dukan/qs/2019-01/31/c_1124054331.htm.

⑤ 习近平. 推动我国生态文明建设迈上新台阶[EB/OL].（2019-01-31）[2020-10-02]. http://www.qstheory.cn/dukan/qs/2019-01/31/c_1124054331.htm.

造、闲置工业商业用房转变用途、集体土地建租赁住房同样以资源的节约高效利用为导向。在当前我国房地产市场总量基本饱和，甚至出现较高住房空置率的背景下，"房住不炒"实际上综合体现了生态保护与经济发展统一的思想。

住房作为人类生产生活的必要居所，除供人类居住使用外，其使用价值无从体现。住房不同于其他商品，它需要在稀缺的土地上建造开发，住房生产占用和消耗资源巨大。当出现住房过剩时，钢筋混凝土的拆建对土地肥力造成的损害难以逆转。无论是人口停增还是未来三胎政策的刺激，住房资源的节约集约利用都必将是住房制度改革需要把握的重要方面。住房空置与住房炒卖均不符合"房住不炒"的政策定位。因此，在"房住不炒"思想下，"两房"制度衔接需要满足充分利用现有土地和住房资源的内在要求。

2.2.4 社会主义"平等""公正"核心价值观

思想是行动的先导，以人民为中心的平等公正核心价值观是我国制度建设的基本品质。马克思、恩格斯关于"平等""公平"的基本理念是我国核心价值观的理论源泉；同时，中国特色社会主义"平等""公正"核心价值观在马克思、恩格斯等经典作家思想的基础上更加丰富和完善。

马克思主义公平观是历史的、发展的公平观，其研究源于对资本主义社会现实正义的关注。从马克思早期著作《黑格尔法哲学批判》到《哥达纲领批判》再到《德意志意识形态》，马克思逐渐从对法权的公平正义探讨深入到对资本主义生产方式和资本主义制度本身正义的探讨。在《哥达纲领批判》中，马克思从批判拉萨尔主义者"劳动是唯一价值源泉"的论断出发，阐明"劳动不是一切财富的源泉，自然界和劳动一样也是使用价值（而物质财富本身就是由使用价值构成的！）的源泉"[①]。在马克思看来，劳动、自然界和物质资料都是创造财富的源泉，资本主义生产关系下看似劳动力的买卖双方进行的是等价交换，实质上，基于生产资料所有制的不平等，资本主义国家法律标榜的公平、正义根本无从实现。恩格斯继承并发展了马克思的这一观点，在《论住宅问题》中针对蒲鲁东主义者提

[①] 马克思，恩格斯. 马克思恩格斯全集：第19卷 [M]. 中共中央马克思恩格斯列宁斯大林著作编译局，译. 北京：人民出版社，1963：15.

出的"永恒的公平"观念进行反驳,他认为当公平进入永恒视域,就不再是因时因地考量的尺度,而成为观念化神圣化的标准①。在马克思、恩格斯看来,正义的基础是生产资料的社会化,且"正义"不是观念的存在,必须上升到制度的层面。

中国特色社会主义进入新时代,已经具备了马克思所设想的正义基础,但正义在制度上的实施还需要落实,社会主义制度的内在正义性还需要强化和巩固②。习近平指出,我国现阶段存在有违公平正义的现象,许多是发展中的问题,是能够通过不断发展,通过制度安排、法律规范、政策支持加以解决的③。而解决的基础就在于要坚持社会主义基本经济制度和分配制度,调整收入分配格局,完善以税收、社会保障、转移支付等为主要手段的再分配调节机制④。在住房制度领域,城市土地国家所有、农村土地集体所有的基本经济制度是我国住房制度改革和住房资源分配的基础。从这一层面看,在我国以"两房"制度衔接实现全体居民住有所居,不是法权观念上的设想,而是具有坚实的理论基础。

2.3　支撑"两房"制度衔接研究的基础理论

2.3.1　制度变迁理论

自交易费用概念引入,以科斯为代表的新制度经济学派在经济学领域崭露头角。经过几十年的发展,新制度经济学已跻身主流经济学的殿堂。从方法论上讲,新制度经济学在保留新古典经济学的硬核的基础上,创造性地将制度与制度变迁纳入供需均衡的分析框架,在诸多的新制度经济学理论中独树一帜。

2.3.1.1　制度需求

传统西方经济学理论认为,对商品的需求是指消费者在一定时期内,

---

① 马克思,恩格斯. 马克思恩格斯选集:第三卷 [M]. 中共中央马克思恩格斯列宁斯大林著作编译局,译. 北京:人民出版社,1995:211-212.

② 魏传光."正义"介入"制度"的三大议题:基于马克思正义思想的当代释义 [J]. 河北学刊,2021,41 (5):69-77.

③ 习近平. 切实把思想统一到党的十八届三中全会精神上来 [J]. 求是,2014 (1):3-6.

④ 习近平. 习近平谈治国理政:第二卷 [M]. 北京:外文出版社,2017:214.

在各种可能的价格水平上，愿意而且能够购买的该商品的数量，主要表现为数量关系。而对制度的需求是指在既有的制度安排下，人们无法获取潜在的收益，如果改变这种制度就能实现这一部分利益。对制度的需求主要表现为质的提高，即制度需求不是研究制度的数量而是要看需要哪方面的制度。影响制度需求的要素主要有产品和要素的相对价格、宪法制度、技术和市场规模等①。要素相对价格的变化会直接改变原有的激励结构。例如人口数量的变化会使土地价值上升，进而推动土地产权制度的改革；宪法制度作为一国根本的制度结构，其改变会引起连锁的制度变革；技术作为经济增长的内生动力，其提高一方面可降低原有的交易费用，另一方面会开辟新的领域，需要制度予以规范，如电子商务、冷冻胚胎等。市场规模越大、分工越细，对制度的精细化程度要求越高，且利益主体越多成本越高，要减少交易费用必须进行制度创新。

2.3.1.2 制度供给

制度的供给即制度的生产。人作为社会经济活动的主体，天然地也是制度供给的主体，但是个人并不能成为制度的直接供给者，而是间接地参与制度的供给。传统新制度经济学理论认为，制度的供给主要分为正式的制度供给和非正式的制度供给②。正式的制度供给常常表现为国家强制实施的正式规则，国家作为最高统治者，既是制度的供给者，又是制度的监督者和执行者。因此，必须通过必要的程序对正式制度供给模式加以制衡。相对于正式制度供给的强制性，非正式的制度供给是自由契约的结果，取决于不同主体对成本收益的计算。社会整体对新的非正式规则要达成共识，需要经过漫长的时间积累。新制度经济学家在此基础上还提出将制度供给划分为核心制度的供给与配套制度的供给③、内部规则的供给和外部规则的供给④。邓大才认为配套制度缺失会导致效率的损失，而核心

---

① 卢现祥. 新制度经济学 [M]. 武汉：武汉大学出版社，2004：152-154.

② 同①：154.

③ 邓大才. 论当前我国制度供给现状及制度变迁方式的转换 [J]. 江苏社会科学，2002（6）：67-72.

④ 周业安. 中国制度变迁的演进论解释 [J]. 经济研究，2000（5）：3-11，79.

制度的缺失会导致制度跌入陷阱[①]。因此在制度供给策略上，核心制度与配套制度应该互为补充，尤其应该强调核心制度的供给。

2.3.1.3 制度均衡与非均衡

均衡的基本含义包括两个方面：一是指对立变量相等的均等状态，此即为"变量均衡"，对立变量不相等即为"变量非均衡"；二是指对立实例中的任何一方不具有改变现状的供给和能力的均势状态，此即为"行为均衡"，相反则为不均衡[②]。制度的均衡主要指后者。戴维斯和诺思认为制度的均衡是这样一种状态：在给定的一般条件下，现存制度安排的任何改变都不能给经济中任何个人或任何个人的团体带来额外的收入[③]。这意味着制度的均衡不同于传统经济学语境下的总量均衡，而是结构性的均衡状态，这种状态并不是在主观上符合所有人的意愿。在给定条件下改变现有制度的成本大于收益，就会出现暂时的稳定或者停滞状态。但当成本收益发生改变，制度便会一直处于不均衡—均衡—不均衡的循环过程之中，这个过程即制度的变迁过程。

通常情况下，制度的不均衡有以下三种表现：一是制度供给不足。诺思等认为认知（cognition）和理性（rationality）是两个完全不同的概念，行为人认知能力的大小直接决定理性选择的结果。在真实世界中，因为存在着正的交易费用，所以世界是不完全竞争的世界。信息的不完全、合约的不完全，以及政府对市场的控制都会影响认知，进而直接影响行为决策[④]。因此，认知的形成是一个漫长而复杂的过程，制度供给相对于制度需求会存在滞后性，导致制度供给不足。二是制度供给过剩。制度供给过剩是指相对于制度需求而言存在多余的或者低效的制度安排。一般来说，短期内某些过剩的制度会随着时间的推移自动消失，而某些长期的过剩制

---

① 制度供给的陷阱是指如果核心制度供给短缺，不管安排多少有利于经济增长、城乡居民收入增加的制度都没有任何效果。也就是制度供给的边际效率不变或者下降，制度结果效率趋向于一种零和状态。参见"邓大才. 论当前我国制度供给现状及制度变迁方式的转换 [J]. 江苏社会科学，2002 (6)：67-72."

② 洪名勇. 制度经济学 [M]. 北京：中国经济出版社，2012：146.

③ 戴维斯，诺思. 制度创新的理论：描述、类推与说明 [M] //科斯，等. 财产权利与制度变迁：产权学派与新制度学派论文集. 刘守英，等译. 上海：格致出版社，上海人民出版社，2014：207.

④ MANTZAVINOS C, NORTH D, SHARIQ S. Learning, institutions, and economic performance [J]. Perspectives on Politics, 2004, 2 (1)：75-84.

度与政府的干预相关，会一直存在，例如政府管制导致的寻租活动①。三是制度供给错位。制度供给错位是指制度供给者提供的制度规范与其所欲实现的制度供给目标错位②。可以说，以上三种非均衡状态都是制度无效率的状态。诺思曾描述过一个评价制度效率的方法，这个方法可能最适合新制度经济学所思考的经济背景，即将经济增长视为提升社会福利的一个过程，一个"有效率"的体系是通过创设制度和其他条件来完成的。因此从这个观点出发，新制度经济学的效率不同于传统经济学上关注的静态效率，而更关注"适应性效率"③。这个概念的要点是着眼于系统的整个结构以及结构对系统演化过程的影响④。而"制度结构"这个概念也不同于制度安排的数量构成，而是不同制度安排的耦合结果，也就是说一项制度安排是制度结构中其他制度安排的函数⑤。

2.3.2　关于法的运行理论

研究保障房与商品房的制度衔接意在通过系统性的制度优化实现"房住不炒""住有所居"。法律制度作为指导和激励经济活动参与主体行为的主要正式规则，本身存在一套体系化的运行机制。传统法理学理论认为，从大的方面可以将法的运行分为法的创制和法的实施，按照各环节的部署，可以进一步分为立法、执法、司法、守法、违法、法律监督、法律解释与法律推理等活动。

在传统法理学视域下，要维持法律的良好运行，需要各个环节的有机衔接。在法的创制方面，要保持法的稳定性和连续性，法律不能像政策一样多变但也不能一成不变。要制定新法必须深入研究旧法，新旧法律制度的衔接是立法活动的主要内容。此外，基于法的效力理论，不同效力位阶的法律规范对个人的行为会产生不同激励，为保持法律运行的灵活性与体

①　袁庆明. 新制度经济学［M］. 上海：复旦大学出版社，2012：270.

②　杨秋宇. 民商二元视角下《民法总则》法人制度的不足：以制度供给理论为方法展开［J］. 大连理工大学学报（社会科学版），2019，40（6）：100-108.

③　诺思认为制度适应性效率是指某些社会面对存量进行弹性调整的能力，以及演化制度以有效处理改变了的现实的能力。参见"诺思，胡志敏. 理解经济变迁的过程［J］. 经济社会体制比较，2004（1）：1-7."

④　弗鲁博顿，瑞切特. 新制度经济学：一个交易费用分析范式［M］. 姜建强，罗长远，译. 上海：上海人民出版社，2006：610-611.

⑤　袁庆明. 新制度经济学［M］. 上海：复旦大学出版社，2012：238.

系性，还需重视法规之间的衔接配套，以及不同层次法律、法规、规章之间的衔接配套，及时进行立、改、废的活动①。为增强法的预见性，一国立法活动还应合理吸收外国经验并结合本国实际，与国际法与国际惯例衔接。法的实施是实现法律秩序的重要保障，古言"徒法不足以自行"，制定的法律若无法对人的行为产生影响，则将沦为一纸空文。传统法教义学视域下，通常重视立法活动的公平性，但容易忽略法律实施的效率性，法律实施过程中多方利益主体的博弈行为将反过来影响立法目的的实现。因此，法律的运行是一个包含了法理关系与经济关系的综合体系。正如马克思在《政治经济学批判》中描述的："法的关系正像国家的形式一样，既不能从它们本身来理解，也不能从所谓人类精神的一般发展来理解，相反，它们根源于物质的生活关系，这种物质的生活关系的总和……"②

2.3.3　产权理论

2.3.3.1　马克思产权理论

马克思主义产权思想坚持了马克思、恩格斯一贯的唯物史观。马克思、恩格斯并没有像对待资本一样对待产权，没有将其作为独立的研究对象。产权思想与所有制理论相伴相生，寓于生产关系的研究之中，散见于《哲学的贫困》《政治经济学批判》以及《哥达纲领批判》等论著。马克思、恩格斯关于产权的研究最初是从公有产权开始的。原始公有所有制条件对应公有产权，但伴随偶婚制向一夫一妻制的演变，家庭范围逐渐缩小并成为独立的经济个体。同时，在公有制内部也出现小范围的私有制，产生了私有产权关系。马克思产权思想的起源和演进无疑是伴随人类社会生产力与生产关系的变化而变化的，与生产力决定生产关系的命题始终保持高度一致。

马克思产权理论之所以又被称为所有制理论，原因在于马克思的产权理论与所有制理论联系紧密，所有制是马克思主义生产关系的核心。刘诗白总结道："自国家产生以来的所有制，乃是以生产关系，即经济的所有

---

① 时显群. 法理学 [M]. 北京：中国政法大学出版社，2013：226.

② 马克思，恩格斯. 马克思恩格斯选集：第二卷 [M]. 中共中央马克思恩格斯列宁斯大林著作编译局，译. 北京：人民出版社，1995：32.

制为其内容，而以法律的所有权为其形式。"① 因此，所有权只是所有制在法律上的表现形式，马克思主义的所有权理论或者说法权理论根本上要从生产力与生产关系的冲突中去寻找。若"要想把所有权作为一种独立的关系、一种特殊的范畴、一种抽象的和永恒的观念来下定义，这只能是形而上学或法学的幻想"②。马克思在《政治经济学批判》中直言："法的关系正像国家的形式一样，既不能从它们本身来理解，也不能从所谓人类精神的一般发展来理解，相反，它们根源于物质的生活关系。"③

我们可以进一步推导出马克思考察产权或制度绩效的核心因素是生产关系是否适应生产力的发展需要。"在历史上出现的一切社会关系和国家关系，一切宗教制度和法律制度，一切理论观点，只有理解了每一个与之相应的时代的物质生活条件，并且从这些物质条件中被引申出来的时候，才能理解"④。因此，不仅法律，甚至国家都是物质生活条件的产物，一切上层建筑都是由经济基础决定的。不能因表面上"一切共同的规章都是以国家为中介的，都获得了政治形式"⑤，就误以为法律是以自由意志为基础。

以上可以看出马克思产权思想为我们展示了一个宏大的研究视角，一切制度研究都必须扎根于我国处于社会主义初级阶段的现实经济状况，以及以公有制为主体的多种所有制并存的根本经济制度。尤其是住房与土地在物理形态上的不可分割性，意味着土地的所有制形式对于我国住房的产权形式至关重要。城市土地国家所有、农村土地集体所有的根本经济制度是研究新一轮住房制度改革不可回避和变更的基础。

2.3.3.2　西方产权理论

"产权"一词在英美语系中是一个复数名词，译为 property rights，这表明西方经济学语境下的产权不是单一的权利，而是一组权利束或者一个权利体系。在所有权问题上，马克思主义的整体主义研究视角和西方经济

---

① 刘诗白. 刘诗白文集：第 4 卷［M］. 成都：西南财经大学出版社，1999：62.
② 马克思，恩格斯. 马克思恩格斯选集：第一卷［M］. 中共中央马克思恩格斯列宁斯大林著作编译局，译. 北京：人民出版社，1995：132.
③ 马克思，恩格斯. 马克思恩格斯选集：第二卷［M］. 中共中央马克思恩格斯列宁斯大林著作编译局，译. 北京：人民出版社，1995：32.
④ 同③：38.
⑤ 同①：178.

学产权理论的个体主义研究视角，揭示了所有权研究的宏观和微观双向
性：广义的所有权等于产权，狭义的所有权只是产权的一个组成部分①。
尽管部分学者对西方产权理论的严谨性和科学性有所质疑，但大多数学者
主张西方经济学产权理论可被视作与马克思产权理论互补的经济理论。因
为西方经济学产权理论为现代产权制度研究和具体制度的构建提供了可视
化的研究方法。

　　西方经济学产权理论的内容十分丰富，本研究着重关注与马克思产权
思想一脉相承的产权二维理论及产权权能的分割理论。受马克思产权思想
的启发，新制度经济学家巴泽尔明确提出，产权包括经济权利和法律权利
两个部分。经济权利是（人们追求的）最终目标，而法律权利则是达到最
终目标的手段和途径②。他结合商品多维属性特征和交易成本概念进一步
提出产权并不能完全被界定的理论，将产权范围缩小到一个又一个小单位
的属性概念上来。西方经济学产权理论认为，产权的分离不仅要满足不同
个体的现实需要，而且也是实现物尽其用的效率选择。产权的分离是实现
效率最大化之必要。巴泽尔指出，商品的初始所有者只转让商品的一部分
属性而保留其余部分，常常就能增加来自交换的净得益③。同时由于交易
费用或技术水平等因素，商品的属性并不能完全被界定和分割，这部分未
能完全界定的部分就进入公共领域（public domain）。受利益最大化驱使，
个人总想要花费资源去攫取这部分利益，这就导致这些属性所有者之间有
时会发生互相侵权的行为。因此巴泽尔指出，为了有效预防这种情况的出
现，有必要对各种属性的所有权进行限制，这种限制并非传统产权经济学
家认为的会稀释掉产权（attenuation of rights），相反有利于保护产权。

　　从西方经济学产权理论可以看出，产权具有极强的工具价值，产权本
身就具有排他性、可交易性和可分解性等基本特征。这些特征的存在都是
为了规范交易行为、促进市场交易。德姆塞茨（Demsetz）认为产权是一
种社会工具，其意义在于帮助社会人形成他与其他人进行交易的合理预
期④。因此，西方经济学产权理论为评价一项产权制度是否有效率，不可

　　① 黄少安. 产权经济学导论［M］. 济南：山东人民出版社，1995：72.
　　② 巴泽尔. 产权的经济分析［M］. 费方域，段毅才，钱敏，译. 上海：格致出版社，2017：3.
　　③ 同②：6.
　　④ Demsetz H. Toward a theory of property rights［J］. The American Economic Review，1967，579
（2）：347-359.

避免地引入了交易费用的概念。西方产权经济学对一项产权制度的效率评价本质上就是对某一产权制度进行成本与收益的衡量。这既是西方产权理论不同于马克思主义产权思想的独特之处，又是西方经济学产权理论的核心要点。

但是交易费用理论由于其存在固有的缺陷，本身在成本和收益的测度上就存在极高的成本，故在新制度经济学内部发展出两种差异性的主流测度标准：一种是以科斯为代表的客观结果标准，一种是以布坎南为代表的交易过程评价标准。后者是以交易双方的"一致性"为原则，具有一定的主观性①。相比科斯的结果测度标准和布坎南的"一致性"标准，本研究更倾向于威廉姆森提出的比较评价方法。威廉姆森认为，交易成本的计算问题并不是一个大问题，或者说对某一制度的评价没有必要采用复杂的数学计算公式，"只要比较出哪个大、哪个小即可，不一定非要算出具体数值来"②。持类似观点的学者还有奥斯特罗姆，他在《制度激励与可持续发展》一书中对公共政策的绩效评价提出了一套系统性的绩效评价指标，一是总体绩效指标，二是间接绩效标准③。事实上，威廉姆森和奥斯特罗姆的这一制度评价方法接近于马克思的制度比较分析方法，更加符合制度变迁理论的内在逻辑，这种分析方法最终将产权研究的重点转移到产权的机制设计上。要分析一项产权制度是否具备效率，就要重点考察产权是否清晰界定，是否具备激励约束机制，以及是否能够较好地内部化这几个方面④。

2.4　"两房"制度衔接的作用机理

2.4.1　保障房制度与商品房制度的交互关系

---

① 布坎南认为："如果客观上不存在一种关于资源利用的客观尺度，并用这种尺度来间接检验交易过程的效率，那么，只要交易是公开的，只要没有发现强制与欺骗，并在这种交易上达成一致协议，那么根据定义，这种状态就是有效的。"参见"布坎南. 自由、市场与国家［M］. 平新乔，莫扶民，译. 上海：上海三联书店，1989：137."

② 威廉姆森. 资本主义经济制度：论企业签约与市场签约［M］. 段毅才，王伟，译. 北京：商务印书馆，2002：36.

③ 奥斯特罗姆，等. 制度激励与可持续发展：基础设施政策透视［M］. 毛寿龙，译. 上海：上海三联书店，2000：9.

④ 袁庆明. 新制度经济学［M］. 上海：复旦大学出版社，2012：117.

2.4.1.1 商品房反映住房市场制度

住房作为劳动产品，与一般商品无异，均遵循等价交换的规律。货币关系的存在决定了住房市场的运行。在马克思主义政治经济学语境下，要实现住房商品的交换还要满足三个前提，即互相认可的所有权、等价交换以及交易主体的自由意志①。因此，从产权的角度来看，商品房通常具是具有完全产权，可以在市场上自由流通并受价格和价值规律调整的产品。商品房制度本身反映的是市场机制。

市场制度的优劣在理论上和实践中都已被国内外学者反复讨论，我国住房商品化取得的成就也印证了市场制度的效率和重要性，但住房分配的结构性问题也表明市场机制本身存在缺陷。萨缪尔森等认为市场本身存在资源配置的真空区，竞争的市场可以解决生产什么以及如何生产的问题，但无法解决为谁生产的问题②。顾钰民指出，市场机制失灵除存在无法调节的方面，还存在市场调节产生副作用这一方面，市场解决不了总量调节、结构优化、经济发展速度的控制等问题③。市场制度以纯经济理性为作用机制，个体的经济理性可能引致集体的非理性。因此，本研究认为住房市场的完善包括两个部分：一是继续深化住房市场制度改革，弥补不成熟市场导致的市场失灵。例如放松政府对土地和劳动力要素市场的管制，创造有利于土地和劳动力自由竞争的制度环境，建立与市场经济发展阶段相适应的现代产权制度。二是矫正市场缺陷，通过政府干预解决市场无法自行解决的公共产品供给不足问题，即完善和健全住房保障制度。

2.4.1.2 保障房是社会公平正义的平衡机制

前文已阐明，市场机制本身的缺陷通常无法自行消除，保障房制度只是干预的手段之一。更重要的是，在我国，保障房制度的建立和完善还代表了社会主义市场经济的重要价值取向。在社会主义核心价值观中，公平、公正是重要的价值来源。马克思在提出"有计划按比例分配社会劳

---

① 张国顺. 马克思主义平等哲学的历史叙事及其现实逻辑 马克思恩格斯平等理论研究［M］. 南京：东南大学出版社，2018：101.

② 萨缪尔森，诺德豪斯. 经济学：第 12 版［M］. 高鸿业，等译. 北京：中国发展出版社，1992：955.

③ 顾钰民. 社会主义市场经济论［M］. 上海：复旦大学出版社，2004：142.

动"的政治经济思想时，已内含公平合理配置社会资源的本意①。追溯市场失灵的成因可知，不完全竞争、不完全信息、交易成本、个人资源禀赋、个人理性与集体非理性、制度性租金②等均可引发市场失灵。"总有一部分群众由于劳动技能不适应、就业不充分、收入水平低等原因而面临住房困难"③。如果一个人只因与生俱来的经济状况或非自身原因导致贫困，就失去与其他人竞争的机会，那在道义上不合理，在经济上也不合算，因为这样做不到人尽其才。因此，市场经济同样要注重机会公平和结果公平，机会公平有利于促进市场效率，结果公平有利于促进社会稳定④。保障房制度既是市场经济的补充，又是公平公正的平衡机制。任何社会主体都无法预知未来个人经济状况的变化，保障房制度实际起到对每个社会经济主体的"兜底"作用，以制度为个人成为"自由劳动者"护航。

2.4.1.3 "两房"制度衔接以提高社会整体居住质量为取向

保障房制度与商品房制度的关系，实际代表了政府干预与市场机制的关系、公平与效率的关系。市场和计划这两种配置住房资源的方式都无法单独调和公平与效率问题。圭多·卡拉布雷西认为，纯粹的市场分配和指令性分配的外部性道德成本都大到令人难以接受。以住房市场为例，如果完全以市场分配住房，其结果可能是在既定财富收入不平等条件下，富人将主导房价导致穷人无力负担；如果完全以计划分配住房，可能会出现住房短缺。可行的方法是尝试确立改进型的分配方案，借以改进型的计划分配方案识别不同人的不同需求，或者借以改进型的市场方案令特定物品市场不完全依赖于既定的财富分配状态⑤。

我国现在仍处于社会主义初级阶段，尽管生产力发展水平已得到极大提高，但还不足以实现全社会按需分配。在此条件下，商品房制度和保障房制度较长时期内会并存。改革和完善不成熟的市场机制、消除计划体制遗留的制度障碍、发挥市场配置资源的作用，为社会生产出更高品质、更多样化的住房产品将十分必要。与此同时，生产技术、社会经济发展水

① 杨志平. 中国市场经济体制变革的理论与实践［M］. 北京：中国社会科学出版社，2017：2.
② 韦登，等. 收入不平等与市场失灵［J］. 国外理论动态，2015（9）：19-30.
③ 习近平. 习近平谈治国理政［M］. 北京：外文出版社，2014：193.
④ 吴雅杰. 中国转型期市场失灵与政府干预［M］. 北京：知识产权出版社，2011：13.
⑤ 卡拉布雷西. 法和经济学的未来［M］. 郑戈，译. 北京：中国人民大学出版社，2019：61.

平、个人对居住质量的要求都在不断提高，保障房的标准也不再仅限于"生存"层面，保障房供给同样还要兼顾整体居住质量。保障房与商品房标准悬殊，可能将更多的中低收入家庭推向商品房市场。因此，在保障房供给中同样需要激发市场活力，重视对个人、企业、集体的产权保护，建立现代产权制度，并在不危害机会平等的前提下，保持适度的收入差距和住房差距①。综上，"两房"制度衔接的理论关系如图 2-1 所示。本研究旨在在以上理论基础的指导下对"两房"制度的衔接规则进行研究，通过对第三层次制度（III）的研究，构建第二层次制度（II）框架，最终丰富和践行第一层次制度（I）。

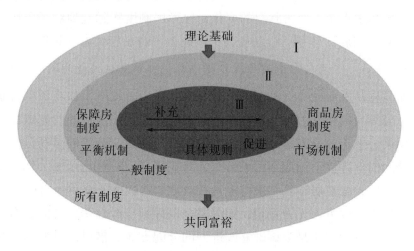

图 2-1　保障房制度与商品房制度的作用机理

2.4.2　"两房"制度衔接的总体原则

2.4.2.1　"房住不炒"原则

前文已述，"房住不炒"既适用于商品房，又适用于保障房，既要防止住房炒作，又要防止住房空置。按照产权理论的思路，践行这一原则需要丰富和完善与居住相关的权利束，在我国现有的产权框架内以最小的制度变迁成本获得理想的制度效果。具体到民事法律制度创新上，要求推进他物权制度革新，需要实现住房制度相关立法思路"从归属到利用"的转

---

① 杨遂全. 试论运用法律手段抑制贫富过分悬殊 [J]. 社会科学研究，1998（2）：73-76.

变。从第二层次住房制度的变革层面看，以社会化大生产和市场配置资源为基础的社会必然具有一些共性，在解决住房利用问题方面的矛盾是共同的。基于这一共同基础，在研究"两房"制度衔接过程中，可以在立足我国实际的基础上，研究和分析资本主义发达国家的文明成果。探索利用不同所有权主体的住房来满足自身住房需要的住房消费模式。历史的经验已经表明，在住房泡沫时，单一保有权体制的国家损失惨重，而采取"社会市场"住房体制的国家损失较小①。理论和现实都要求我国在"房住不炒"原则的指引下，探索适合我国国情的多层次住房保有权体系。

2.4.2.2 法治原则

法治是住房长效机制建立的最终归宿。我国现行保障房制度主要由行政法规、部门规章、地方性法规以及其他规范性文件构成，整体上灵活性有余、稳定性不足。基于理性人假设，"个体投资于任一经济方面的意愿理所当然地需要高水平的预见性，而预见性又依赖于支配行为规则被广泛地理解和有效地执行的可能性"②。人们对未来预期越稳定，越会减少"一锤子买卖"中的短利行为③。我国作为成文法国家，由全国人民代表大会及其常委会制定的法律是司法实践的基本参照。尽管近年来案例指导成为审判活动中统一法律适用的重要手段④，但此方法作为一种事后补救机制或临时性的司法措施难以提高住房制度的可预见性，尤其难以扭转"重售轻租""重商品房轻保障房"的局面。长远看，要促进"两房"制度的衔接，重点是要弥补保障房制度供给的不足。因此，本研究将紧紧围绕目前我国现行"两房"制度供给的现状展开经济分析，从法的创制和法的实施这两方面探索"两房"制度构建的必要性和可行性，最终提出优化路径。

2.4.2.3 公平与效率原则

公平与效率的关系一直处于运动过程中，两者的先后顺序伴随一国经济体制改革的不同阶段而不断调整。现阶段，我国"两房"制度体系已基

---

① 程民选，冯庆元. 试析新时代"房住不炒"定位的理论逻辑：基于大卫·哈维的马克思主义经济学分析框架［J］. 经济问题，2019（1）：1-5.

② 奥斯特罗姆，施罗德，温. 制度激励与可持续发展：基础设施政策透视［M］. 陈幽泓，谢明，任睿，译. 上海：上海三联书店，2000：224.

③ 张维迎. 通往市场之路［M］. 杭州：浙江大学出版社，2012：62.

④ 高尚. 论司法判例在成文法国家的适用空间：以德国对判例的演绎推理"二重需求"为例［J］. 社会科学战线，2020（5）：214-223.

本定型，保障性租赁住房、共有产权住房、公共租赁住房将成为我国保障房的核心组成部分，与商品房共同构成我国的"两房"制度体系。但经济适用住房作为我国住房制度体系中长期存在的且极为重要一种住房类型，仍存在诸多未解决的理论和现实问题。这些问题直接关系到共有产权住房制度的构建和实施。

因此，要实现住房资源配置的效率与公平，还需要重点思考我国如何顺利从旧的"两房"制度体系（经济适用住房、公共租赁住房、廉租房、商品房）跨越到新的"两房"制度体系（公共租赁住房、保障性租赁住房、共有产权住房、商品房）。这就要求"两房"制度衔接研究需要从历史的和发展的角度系统思考，注重对制度变迁过程中存在的问题进行分析。基于绿色发展的理念，未来"两房"制度的构建需要新增与盘活并重。新增主要指住房供给的新增，盘活既包括存量建设用地的盘活又包括存量住房的盘活。我国在渐进式的住房制度变迁过程中客观上存在一些既未被明确界定为商品房又未被界定为保障房的住房类型，今后如何将此类住房融入"两房"制度的框架也值得思索。

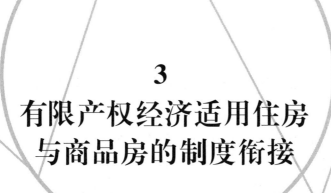

3

有限产权经济适用住房
与商品房的制度衔接

经济适用住房在我国的住房制度史上具有举足轻重的地位。从住房制度变迁的轨迹来看，房改初期提出的"经济实用的商品房"、保障房制度萌芽时期提出的"保障性质的政策性商品房"，以及双轨住房制度建立后提出"具有保障性质的政策性住房"均具有不同的制度内涵。整体上，经济适用住房制度经历了从商品属性定位到保障属性定位的转变[①]。经济适用住房本身与商品房制度之间存在紧密的联系，对于不同发展阶段的经济适用住房应当依据其存在的历史条件构建其与商品房制度衔接转化的具体规则。本章的研究着重从经济适用住房的制度变迁、现行经济适用住房与商品房的制度衔接规则，以及在集体土地上此种产权住房与商品房制度的衔接三方面展开。

3.1　经济适用住房有限产权制度变迁与经济绩效

3.1.1　房改时期经济适用住房产权的权能与经济绩效

20 世纪 80 年代开始的住房商品化和社会化改革拉开了我国双轨住房制度的序幕。改革伊始，解决城市中低收入家庭的住房问题就成为我国城镇住房制度改革努力的方向，住房商品化的初衷也是希望通过市场配置资源的方式提高住房的生产和分配效率，最终改善城镇居民的居住条件。

在公房出售阶段，中央政府已经意识到住房商品化会导致收入较低的家庭无力购买公房或者商品房，因此采取了"减、免、补"等优惠政策，并针对人均居住面积 2 平方米以下的特困户专门出台"解困"计划。同时，在50 万人口以上的大城市和居住特困户 1 000 户以上的中小城市设立"解决住房困难问题领导小组"，督促各地财政自筹"解困"资金，对口下达指令性建房计划[②]。"专款专用，对口扶持"的住房解困思路为我国后来的保障房制度设计起到了铺垫作用。同时，由于我国大部分城镇居民收入和家庭储蓄都处于低水平阶段，在此背景下，1991 年国务院提出了"国家、集体、个人"三方面共同投资建设"经济实用的商品房"的方案，并在此后针对这

---

①　最直观的体现是在 2007 年《经济适用住房管理办法》以"政策"二字替代 2004 年《经济适用住房管理办法》中的"商品"二字。

②　建设部，全国总工会.《关于印发〈解决城镇居住特别困难户住房问题的若干意见〉的通知》［M］//国务院住房制度改革领导小组办公室. 住房制度改革政策法规汇编. 北京：改革出版社，1991：88-91.

一方案的实施密集出台了一系列文件，在各部门颁布的文件中混合使用"经济实用的商品房""经济适用住房""经济适用住房（安居工程）""安居工程（经济适用住房）""自建经济适用住房"等概念（如表 3-1 所示）。

表 3-1 房改前后经济适用住房相关政策文件及主要内容

文件名	主要内容
《国务院关于继续积极稳妥地进行城镇住房制度改革的通知》（国发〔1991〕30 号）	大力发展经济实用的商品房，优先解决无房户和住房困难户的住房问题
《建设部 国家土地管理局 国家工商行政管理局 国家税务总局 关于加强房地产市场宏观管理促进房地产业健康持续发展的意见》（建房〔1993〕598 号）	各地要实行集资建房、合作社建房等多种形式加快经济适用房的建设
《国务院关于深化城镇住房制度改革的决定》（国发〔1994〕43 号）	建立以中低收入家庭为对象、具有社会保障性质的经济适用住房供应体系
《关于〈印发城镇经济适用住房建设管理办法〉的通知》（建房〔1994〕761 号）	经济适用住房是指以中低收入家庭住房困难户为供应对象，并按照国家住宅建设标准（不含别墅、高级公寓、外销住宅）建设的普通住宅
《国务院办公厅关于转发国务院住房制度改革领导小组国家安居工程实施方案的通知》（国办发〔1995〕6 号）	国家安居工程住房直接以成本价向中低收入家庭出售
《国家发展计划委员会等部委关于进一步加快经济适用住房（安居工程）建设有关问题的通知》（计投资〔1998〕1474 号）	新增项目重点：（一）企事业单位在符合土地利用总体规划和城市规划的前提下，利用已取得合法使用权的建设用地，组织本单位职工集资建设经济适用住房的项目；（二）在开发企业已取得建设用地使用权或在建的普通住宅项目中，调整转换为经济适用住房项目
《建设部关于继续做好 1998 年国家安居工程（经济适用房）实施工作的通知》（建房〔1998〕76 号）	实施国家安居工程要结合城镇住房制度改革，调动各方面积极性，加快城镇住房商品化和社会化进程，促进城镇住宅建设，加速促进住宅作为经济增长点的形成
《国务院办公厅转发建设部等部门关于支持科研院所、大专院校、文化团体和卫生机构利用单位自用土地建设经济适用住房若干意见的通知》（国办发〔1998〕130 号）	在当地房改货币化方案出台前开工、1999 年底前竣工的自建经济适用住房，可以按国发〔1994〕43 号规定的成本价向职工出售。 有条件的单位可以按国发〔1998〕23 号规定的经济适用住房建造成本向职工出售并按当地房改货币化的规定向职工发放住房补贴

从文件的主要内容可以看出，尽管该阶段经济适用住房的概念已经无限趋近于现阶段的经济适用住房，但比较分析经济适用住房和保障性安居

工程住房的销售价格、成本构成、资金来源、上市交易限制条件、申报要求以及住房面积标准等方面，可以看出这一阶段的保障性安居工程住房（经济适用住房）要比普通经济适用住房更具有保障属性（如表3-2所示）。用时任建设部副部长宋春华的话讲，"经济适用住房、安居工程都是为解决中低收入职工住房建设的普通住宅，所不同的是安居工程以成本价出售，重点是解决中低收入家庭中的住房困难户①，经济适用住房以微利价出售给广大中低收入家庭"②。因此，本研究认为，房改时期针对特定住房困难户的保障性安居工程（经济适用住房）住房更接近于保障房，其他普遍出售给中低收入家庭的经济适用住房实质上是一种低利润、低标准、低门槛的普通商品房。实际上，建设部也指出，"市场价的商品房与经济适用住房都是商品房，所不同的只是政府是否给予优惠、是否限定价格、是否控制销售对象"③。而这一时期将经济适用住房确定为住房供给的主体④是基于客观经济状况的考量，一是住房制度改革必须改变政府集中投资、集中供给的住房投资结构和供应格局，二是完全以市场为主导的经济适用住房建设不符合当时我国居民收入大部分处于中低收入水平的客观状况。1992年到1994年，全国各地出现的房地产热和商品房滞销现象为我国发展商品房市场敲响警钟⑤。因此亟须一种过渡性的住房投资结构，既能兼顾大部分居民的收入水平，又能改变政府大包大揽的旧住房格局。

---

① 需要说明的是，住房困难户在房改时期是一个特定概念，范围要比中低收入家庭更窄。住房困难户是指无房户、拥挤户和不方便户；无房户又包括婚后无房、暂时住非住宅房、临时简易房或暂时住亲友住房等；拥挤户是指人均居住面积4平方米以下的住户；不方便户是指三代同室、父母与12岁以上子女同室、12岁以上兄妹同室、二户同室等。参见"宋春华，等. 房地产大辞典 [M]. 北京：红旗出版社，1993：139."

② 宋春华. 积极行动 主动协调 加快经济适用住房建设 [J]. 中国房地产，1998（10）：4-7.

③ 建设部住宅与房地产业司，建设部住房制度改革办公室. 当前住房制度改革政策问题：《国务院关于进一步深化城镇住房制度改革加快住房建设的通知》政策问答 [M]. 北京：中国物价出版社，1998：37.

④ 建设部认为经济适用住房应占住房市场总量的80%，因为这一阶段我国中低收入家庭占家庭结构的80%。参见"建设部住宅与房地产业司，建设部住房制度改革办公室. 当前住房制度改革政策问题：《国务院关于进一步深化城镇住房制度改革加快住房建设的通知》政策问答 [M]. 北京：中国物价出版社，1998：39."

⑤ 《1994年全国房地产开发统计年报》显示，1992年全国房地产开发投资共计732亿元，同比增长117%，1993年追加到1 500亿元，比上年增长124.9%，仅1993年的投资额就比1990年前5年的总量还多500亿元。然而住房销售价格超过居民承受能力，1994年商品房空置面积3 289万平方米，其中住宅2 512万平方米，高档商品房158万平方米，而同年城镇住房困难户有440万户。参见"凌云志，吴桂宏. 商品房：俏货缘何难销？[J]. 中国房地产，1995（8）：50-53."

表 3-2 房改时期国家安居工程住房与经济适用住房政策比较

指标	国家安居工程住房	经济适用住房
销售价格	成本价出售、不得赢利	保本微利，利润控制在3%以下
成本构成	（1）征地和拆迁补偿费 （2）勘察设计和前期工程费 （3）建设工程费 （4）住宅小区基础设施建设费（小区及非营业性配套公建费，一半由城市人民政府承担，一半计入房价） （5）贷款利息 （6）税金 （7）1%~3%的管理费	（1）征地及拆迁补偿安置费 （2）勘察设计和前期工程费 （3）住宅建筑设计及设备安装工程费 （4）小区内基础设施和非经营性公用配套设施建设费 （5）贷款利息 （6）税金 （7）前四项费用1%~3%的管理费
资金来源	国家贷款资金与城市配套资金4：6	地方政府用于住宅建设的资金；政策性贷款；其他资金
上市交易限制条件	个人所购住房一般住用5年后可以依法进入市场，在补缴土地使用权出让金或所含土地增值收益并按规定交纳有关税费后，收入归个人所有	无
申报要求	实施国家安居工程的城市必须符合以下条件： （1）普遍推行住房公积金制度，建立住房公积金制度的职工一般要达到60%以上 （2）积极推进租金改革，制定并公布到2000年的租金改革规划 （3）按国家统一规定的房改政策确定售房价格 （4）城市配套资金筹集到位50%以上；等等	无
住房面积标准	以二室为主，比重应在60%以上，平均每套住宅建筑面积控制在55平方米以下	无

此外，在房改阶段，经济适用住房与已购公房存在紧密的衔接关系，除大专院校、科研院所等机构自建经济适用住房可参照房改房政策出售外，在上市交易规则方面也适用共同的管理规范。房改房以及经济适用住房上市交易规则主要适用1999年出台的《已购公有住房和经济适用住房上市出售管理暂行办法》《关于印发已购公有住房和经济适用住房上市出

售土地出让金和收益分配管理的若干规定的通知》（财综字〔1999〕113号），以及《国土资源部关于已购公有住房和经济适用住房上市出售中有关土地问题的通知》（国土资用发〔1999〕31号）这三部文件。通过这三部文件对经济适用住房上市交易的管理规定，可以归纳出该阶段经济适用住房产权的权能构成（如表4-3所示）。按照所有权权能理论的构成要素，房改时期经济适用住房在处分权、收益权、占有权以及使用权方面均享有高度的自主性。尽管政策规定房屋产权人在上市交易时必须经过主管部门的审核，但审查内容主要包括房屋产权的形式要件，如有无法定房地产证、有无经成年共有人同意、是否以成本价取得房屋所有权等，本质上形式审查并不对房屋处分权产生影响。在占有权、使用权、抵押权和转让权方面均亦无明确限制条件，房屋所有权人可自主占有和使用经济适用住房，也可交由他人占有和使用。而在收益权方面，房屋所有权人在上市时补交税费和土地出让金，本质上是偿还前期政府资助购买经济适用住房的投入成本，房屋上市后所得的增值收益完全归业主个人所有。因此，房改时期的经济适用住房的所有权权能无限接近于普通商品房。

表 3-3　房改时期经济适用住房产权的权能构成

处分权	须提交申请经主管部门审核；上市出售后形成新的住房困难的不得上市
占有权	完全占有权
收益权	补缴土地出让金和有关税费后收益归个人所有
使用权	未限制
抵押权	未限制
转让权	转让对象、转让价格均无明确限制
其他权利	再次购买商品房以及继承住房无须退出经济适用住房，但不得再享受政策性住房；鼓励上市交易换购商品房

注：房改阶段经济适用住房中还包括一类部分产权经济适用住房，由于这类住房购买价格低于成本价购买的经济适用住房，因此在上市交易时需要先按照成本价补齐有关税费和土地增值收益，再按经济适用住房上市交易规则办理，或者直接上市交易再补齐土地增值收益和相关税费收，所得收益按产权份额与产权单位分成。此种模式可视作我国共有产权住房的雏形。

得益于此种低门槛、高流通性以及完整产权的经济适用住房产权设计，经济适用住房成为我国大部分城镇家庭的住房首选。我国人均居住面积自改革开放以来稳步增加，截至2003年城镇人均居住面积达到23.7平方米（如图3-1所示），经济适用住房的开工量在2002年达到历史顶峰（如图3-2所示）。但经济适用住房作为具备高流通性和高补贴（政府减免各项税收优惠及土地优惠）的住房产权，势必供不应求，"经济适用住房购房资格"灰色交易市场因此出现。

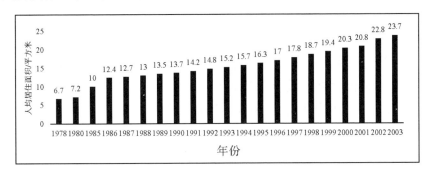

图 3-1　1978—2003 年城镇居民人均居住面积

数据来源：历年《中国统计年鉴》。

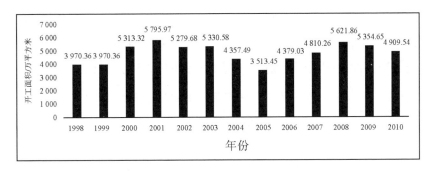

图 3-2　经济适用住房历年开工面积

数据来源：历年《中国统计年鉴》。

3.1.2　保障房制度建立初期经济适用住房的权能与经济绩效

前文已述房改阶段经济适用住房的定位是面向中国80%的中低收入家庭的普通商品房，具有经济实用的特点，因此在产权的权能构成上，经济适用住房除土地属于划拨性质、需在上市交易时补缴政府优惠的税费和土地出让金外，其余的收益权、使用权、继承权、转让权、抵押权等均不受限制，是一种相对完整的产权模式。这种产权模式极大地刺激了中低收入群体的购房需求，客观上推动城镇居民改善居住条件，但同时造成了供不应求的局面，导致"经济适用住房购房资格"灰色交易市场的出现。

2003 年，《国务院关于促进房地产市场持续健康发展的通知》（国发〔2003〕18 号文件）改变了经济适用住房的主体供应地位，提出"调整供给结构，逐步实现多数家庭购买或承租普通商品房"的改革方向，经济适用住房的地位和产权结构随之发生改变。此时，经济适用住房的保障房属性进一步被明确。2004 年，建设部等部门出台的《经济适用住房管理办法》将经济适用住房的概念界定为"政府提供政策优惠，限定建设标准，供应对象和销售价格，具有保障性质的政策性商品房"。虽未完全去除"商品"二字，但从转让规则来看，2004 年的《经济适用住房管理办法》相对于 1994 年的《城镇经济适用住房建设管理办法》在住房面积标准、流通锁定期，以及收益分配方式、使用权能范围等方面都做出了更细致的规定（如表 3-4 所示），城镇经济适用房更接近于现行实施的"有限产权"经济适用住房。与房改时期经济适用住房流转最大的区别在于：2004 年以后的经济适用住房必须在取得土地使用权证和房屋所有权证一定年限以后才能上市交易，但对于具体期限国务院并未说明，而是授权给地方政府决定。其上市补缴收益方面也与 1994 年不同，不再直接补缴土地出让金，而是按照商品房与经济适用住房的差价的一定比例上缴。

表 3-4　1994 年与 2004 年经济适用住房管理细则比较

指标	《城镇经济适用住房建设管理办法》	《经济适用住房管理办法》
房屋性质	普通住宅	保障性质的政策性商品房
供应对象	中低收入家庭	各地因地制宜确定供应对象
面积标准	无明确标准	中套住房面积 80 平方米左右，小套住房面积 60 平方米左右
流通锁定期	无限制	在取得房屋所有权证和土地使用证一定年限后
租售方式	可租可售	可租可售
收益分配	补缴相关税费和土地出让金后，收益归个人所有	按照同地段普通商品房与经济适用住房差价的一定比例向政府缴纳收益
使用权	无限制	补缴收益前不得出租
强制退出条件	无限制	无限制
继承条件	无限制	无限制

　　虽然这一阶段在经济适用住房产权限制方面出台了更多实施细则，但仍将诸多权利滞留在"公共领域"。例如，经济适用住房作为保障房供给，当经济适用住房购房人因继承、购买或受赠获得其他产权住房时，是否应当退出经济适用住房？既然经济适用住房作为保障房在进入门槛上存在收入限制，那因继承发生的经济适用住房产权变更是否同样受收入水平的限制呢？若继承人收入超标，经济适用住房在"流通锁定期内"① 是继续保留经济适用住房属性，还是必须转化为商品房？诸如此类的问题在2004年的《经济适用住房管理办法》中未详尽说明。合理的解释是，此阶段商品房价格与经济适用住房的价格差异并不显著②，政策制定者无法预见商品房作为供给主体后住房价格的走势，因此在2004年制定《经济适用住房管理办法》时，于经济适用住房的流转和继承问题未做过多限制。

　　宽松的经济适用住房政策和以商品房作为供给主体的住房战略在该阶段促进了住房市场的繁荣。据统计，2007年我国房地产开发企业已经达到62 518家，较1998年翻了近3倍。除内资企业外，还有港澳台投资企业和外商投资企业，其中内资企业又可细分为国有企业、集体企业、股份合作企业、国有联营企业、集体联营企业、国有与集体联营企业、股份有限公司、国有独资公司等多种类型的企业。房地产企业的出现极大地降低了过去住房建设和分配的制度成本：一方面，房地产企业代替了政府组织生产和分配住房的职能，使政府从经济事务中剥离出来，更加有利于明晰政府与市场之间的界限；另一方面，房地产企业的专业化和内部协调能力发挥了价格机制以外的重要作用，不仅节约了制度成本，还提升了住房产品的质量，直接改善了城镇居民的居住条件。2007年，城镇居民人均住房面积达到22.6平方米，较1978年增长了4.4倍③，住房的用水普及率和燃气普及率分别达到93.8%和87.4%，城镇居民的居住质量和居住环境均得到改善。

　　但以商品房为主的政策定位使房地产市场的产品供给结构发生重要转变，房地产企业作为盈利法人从事房地产开发的首要目的在于获取最大程

---

　　① 此时的"流通锁定期"并无确定的时间标准，仅规定"一定期限"。

　　② 国家统计局数据显示，2003年我国商品房的均价为2 197元/平方米，相对于前几年的商品房价格有小幅提升，但与经济适用住房每平方米的差价控制在1 000元以内。

　　③ 国家统计局. 改革开放30年报告之五：城乡居民生活从贫困向全面小康迈进[EB/OL].(2008-10-31)[2020-03-01]. http://www.stats.gov.cn/ztjc/ztfx/jnggkf30n/200810/t20081031_65691.html.

度的商业利润，因此在产品供给上更多倾向于产出利润回报率高的产品。同时，地方政府为获得高额土地财政收入，也倾向于供给更多的商品房用地甚至高档住宅用地。这一时期，经济适用住房用地面积长期处于10%以下，与商品房用地供给悬殊（如表3-5所示）。

表3-5　2004—2008年各类住宅的供地面积（按用途分）

年份	住宅用地总面积/公顷		普通商品房			经济适用住房			高档别墅（出让）/公顷
	出让	划拨	出让/公顷	划拨/公顷	占比/%	出让/公顷	划拨/公顷	占比/%	
2004	48 677.03	9 811.79	39 510.95	2 390.08	71.64	1 247.96	3 371.34	7.90	201.43
2005	43 675.39	10 584.97	36 653.25	953.54	69.31	1 459.21	4 336.09	10.70	26.03
2006	55 016.00	8 982.48	45 930.49	1 638.06	74.33	1 220.17	4 048.12	8.23	23.93
2007	66 575.22	12 850.04	57 271.08	1 957.24	74.57	1 446.32	3 635.59	6.40	68.33

数据来源：历年《中国国土资源统计年鉴》。

除政府在土地供给方面向商品房用地倾斜造成经济适用住房用地供给递减的局面外，以商品房为主的住房供应格局还出现了产品供需错配现象。据学者统计，该阶段有70%的家庭都希望购买面积介于65至100平方米的中小户型住宅①，但2007年国家统计的数据显示，各地房地产开发企业开发的90平方米以下的商品房面积总共只有21 050.39万平方米，仅占全年新开工住宅面积的26.72%。经济适用住房作为小户型、低成本住房的供给主体，无法满足城镇居民的需要。1998—2007年，经济适用住房的开工面积呈连年下降的趋势（如表3-6所示）。

表3-6　1998—2007年我国经济适用住房新开工面积情况

年份	新开工经济适用住房面积/万平方米	新开工住宅面积/万平方米	占比/%
1998	3 466.4	16 637.5	20.8
1999	3 970.4	18 797.9	21.1
2000	5 313.3	24 401.1	21.8
2001	5 796.0	30 532.7	19.0
2002	5 279.7	34 719.4	15.2

① 张群. 居有其屋：中国住房权历史研究 [M]. 北京：社会科学文献出版社，2009：217.

表3-6(续)

年份	新开工经济适用 住房面积/万平方米	新开工住宅 面积/万平方米	占比/%
2003	5 330.6	43 853.9	12.2
2004	4 257.5	47 949.0	8.9
2005	3 513.5	55 185.1	6.4
2006	4 379.0	64 403.8	6.8
2007	4 810.3	78 795.5	6.1

数据来源:《2008 年中国统计年鉴》。

3.1.3　双轨住房制度确立后经济适用住房的权能与经济绩效

2007 年,国发〔2007〕24 号文的出台被学界视作我国住房保障制度变迁史上的里程碑[1]。有学者提出,国发〔2007〕24 号文标志着我国正式走向住房权时代[2]。本研究赞同这一观点,主要出于以下几方面考虑:一是该文件提出了以"廉租住房""经济适用住房""棚改安置住房""旧城区改造"等为一体的住房保障思路;二是该文件将农民工城市居住问题纳入城镇住房保障体系;三是该文件成为《经济适用住房管理办法》(建住房〔2007〕258 号)部门规章,以及地方政府与保障房建设管理相关地方法规及政府规章的直接法律渊源;四是该文件出台后,住房市场调控与保障房制度建设双向并重,预示着我国双轨住房制度基本成型。

在这一阶段,经济适用住房的保障范围和权能构成进一步完善(如表4-7 所示),最明显的变化是在经济适用住房的概念中删去"商品"二字,并新增第三十条阐明"经济适用住房购房人拥有有限产权"。《经济适用住房管理办法》(建住房〔2007〕258 号)第三十条第二款及第三款内容是对"有限产权"的进一步说明,从中可归纳出"有限产权"主要体现在以下几方面:一是经济适用住房的流通锁定期为 5 年,不满 5 年不得上市交易;二是经济适用住房上市交易需要补缴土地增值收益及相关价款,在未补缴前为有限产权;三是地方政府享有优先回购权。但本研究认为,比

①　柏必成. 改革开放以来我国住房政策的变迁:轨迹与动力分析 [M]. 武汉:武汉大学出版社,2016:145.

②　张群. 居有其屋:中国住房权历史研究 [M]. 北京:社会科学文献出版社,2009:231.

较 2007 年《经济适用住房管理办法》与 2004 年《经济适用住房管理办法》可发现，"有限产权"的权能还体现在以下几个方面：一是使用权方面，经济适用住房所有权人只能自住，"不得出租、出售、闲置、出借"；二是被保障人购买经济适用住房后又购买其他住房的，应当退出经济适用住房或者补缴土地增值收益，使房屋转化为完全产权住房；三是尽管新的《经济适用住房管理办法》没有对继承条件进行约束，但结合房屋所有权人购买经济适用住房后又购买其他住房需强制退出的规定可推断，继承人若拥有其他住房产权，在继承时，也应该补缴增值收益，使房屋转化为完全产权或者由政府收回继承现金遗产。

表 3-7 2004 年与 2007 年经济适用住房管理细则比较

指标	2004 年《经济适用住房管理办法》	2007 年《经济适用住房管理办法》
房屋性质	保障性质的政策性商品房	购房人拥有有限产权的保障性政策住房
供应对象	各地因地制宜确定供应对象	城市低收入住房困难家庭
面积标准	中套住房面积 80 平方米左右；小套住房面积 60 平方米左右	单套面积 60 平方米左右
流通锁定期	按照同地段普通商品房与经济适用住房差价的一定比例向政府缴纳收益；补缴收益前不得用于出租	购买经济适用住房不满 5 年不得上市交易；满 5 年可上市转让
租售方式	可租可售	只售不租
上市收益分配	(同地段普通商品房-经济适用房)×特定比例	(同地段普通商品房-经济适用房)×特定比例
使用权	补缴收益前不得出租	取得完全产权前只能用于自住，不得出租、出售、闲置、出借
强制退出条件	无限制	已购经济适用住房又购买其他住房的，必须退出经济适用住房或补缴土地增值收益等，从而取得完全产权
继承条件	无限制	无限制

注：上表系笔者根据《经济适用住房管理办法》（建住房〔2004〕77 号）以及《经济适用住房管理办法》（建住房〔2007〕258 号）整理而成。

尽管新《经济适用住房管理办法》明确界定了经济适用住房的有限产权属性，但旧《经济适用住房管理办法》中未解决的问题依然存在并逐步被激化。首先，因商品房价格攀升，经济适用住房的资产价格也随之增长，与经济适用住房相关的民事纠纷案件大量爆发（如图3-3所示）。《经济适用住房管理办法》的部门规章属性成为司法纠纷的导火索，司法实践中有的法院认为部门规章不属于法律和行政法规，因此"流通锁定期内"上市交易行为即使违反部门规章，房屋买卖合同也依然有效。这就意味着《经济适用住房管理办法》中的"流通锁定期"形同虚设。当然也有相反意见，认为2007年《经济适用住房管理办法》的法律渊源是国发〔2007〕24号文。国发〔2007〕24号文属于行政法规，因此违反《经济适用住房管理办法》而签订的房屋买卖合同无效（该问题将在下文详细说明）。其次，新《经济适用住房管理办法》本身存在诸多疏漏，例如其规定"已购经济适用住房又购买其他住房的，必须退出经济适用住房"，此处不免产生疑问：因受赠或继承等原因获得其他住房的是否应当退出经济适用住房？最后，由于我国的经济适用住房的建设和开发主体以及分配主体是地方各级政府，政府既作为责任主体又作为权利主体，因此经济适用住房在前期资金筹集和管理、项目建设与施工，以及后续分配与管理三大环节中均存在随意性过大、权责利分配不清等问题。2012年，审计署在抽样调查全国66个市县的经济适用住房制度实施情况时发现，66个市县中有36个市县存在建设资金不到位的情况，截留提取的资金达53.14亿元，其中从住房公积金增值收益中少提取和少缴纳的资金占7.6亿元，从土地出让收益中少安排的资金为45.54亿元。除此之外，还存在挪用住房保障专项资金、滞留保障性安居工程资金，以及违规拨付专项资金的情况，其中有10个市县未按照规定将保障房出让和出租收益纳入国库实行"收支两条线"管理，涉案资金高达1 015.25万元。在分配管理上，9个市县5 479户保障对象未经审查即被纳入保障范围；42个市县2.1万户保障对象存在收入超标、重复享受保障待遇、应退不退保障房的问题；有2 801套保障房被当作商品房对外销售，226套保障房被挪作他用，1.46万套保障房闲置半年以上，19.3万套（占调查总量24.85%）保障房面积超过国家规定面积标准，平均每套超出面积为26.52平方米。2012年全国66个市县保障性安居工程抽样审计情况如表3-8所示。由于经济适用住房具有诸多弊端，在这一阶段，经济适用住房制度开始消退、改良或被替代。2007年，江苏省淮安市率先出台《共有产权经济适用住房管理办法（试行）》，改变经济适用住房划拨供应土地方式，将政府优惠税费及土地成本显化为政府出资与购房人共有产权。2012 年，广东省政府明确提出暂停新建经济适用住房，将原符合经济适用住房申请条件的对象纳入公租房供系统[1]。2013 年，四川省也将经济适用住房、限价商品房等并轨到共有产权住房统一管理[2]。与经济适用住房停建和投资下滑相对应的是棚户区改造力度加大。在部分省市，棚户区改造被视作经济适用住房的替代，这导致部分棚改项目"参照经济适用住房管理"的政策却不受法律保护，造成住房产权混乱的局面[3]。

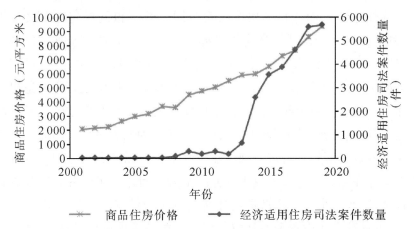

图 3-3 2000—2020 年经济适用住房司法案件量与商品房价格趋势图

数据来源：无讼案例官网、国家统计局。

---

① 参见《印发广东省住房保障制度改革创新方案的通知》（粤府办〔2012〕12 号）。

② 参见《四川省城镇住房保障条例》（征求意见稿）、《关于〈四川省城镇住房保障条例（征求意见稿）〉的总体思路和主要内容的说明》。

③ 例如，《重庆市万盛工矿棚户区住宅房屋拆迁补偿方案的通知》（万盛府发〔2008〕12 号）第十八条规定，棚改安置房执行经济适用房相关政策，5 年内不得直接上市交易，5 年后转让安置房应按照届时的有关规定和标准补缴市区两级免收的土地出让金、城市建设配套费等各种行政事业性收费和政府性基金，方可转为完全产权。但在《董长梅与董平、黄自力房屋买卖合同纠纷二审民事判决书》〔（2013）渝五中法民终字第 03180 号判决书〕中，法院认为，棚改安置住房是参照经济适用房相关政策执行，并非研究意义的经济适用住房，原棚改户通过产权调换可获得完全产权。因此安置房买卖不受《经济适用住房管理办法》和国发〔2007〕24 号文约束。

表 3-8　2012 年全国 66 个市县保障性安居工程抽样审计情况

资金筹集与管理	未足额提取保障房工程资金	36 个市县少提取或少安排工程资金 53.14 亿元,其中住房公积金增值收益少提取 7.6 亿元,土地出让收益少安排 45.54 亿元;11 个市县 58 个项目地方财政投入资金有 6.12 亿元未到位占项目资金的 44.74%
	未按规定落实优惠政策	19 个单位违规收取行政事业性收费和政府基金 8 941.78 万元;49 个项目未按规定享受利率优惠
	未按规定拨付、使用专项资金	29 个单位违规拨付和滞留保障房专项资金 23.33 亿元;22 个单位将 29.55 亿元工程资金挪作他用;10 个市县 1 015.25 万元保障房出租或出让收入未纳入地方国库实行"收支两条线";5 个市县违规向城建单位返还土地出让收入 5.33 亿元
项目建设与施工	保障房建设用地管理规范问题	9 个市县存在土地未批先用、未办理土地用途变更手续等问题;95 个保障房项目变相用于商品房开发
	项目建设程序问题	46 个市县 803 个项目在勘察、设计、施工、建立和招标等环节未严格执行规定,违规发包、分包给个人或缺乏资质的企业;14 个市县 47 个项目存在施工不合规、质量不过关问题;12 个项目未经验收擅自分配入住
后续分配与管理	保障房分配问题	9 个市县 5 479 户未经资格审查被纳入保障房范围;42 个市县 2.1 万户收入超标,重复享受保障待遇,应退未退
	保障房使用问题	2 801 套保障房被作为商品房对外销售;226 套保障房被挪作他用;1.46 万套保障房闲置半年以上;19.3 万套保障房建设面积超标

数据来源:《66 个市县 2011 年城镇保障性安居工程审计结果》(2012 年第 33 号)。

　　综上,从经济适用住房在我国住房市场的地位变化可见,经济适用住房有限产权制度的确立是一个渐进的过程,直到 2007 年《经济适用住房管理办法》出台才最终明确其"有限产权"属性,但一直维持在低层次的立法状态。按照法律制度变迁的规律①,经过 30 余年的制度实践,这一普遍存在的物权类型理应进入高位阶的法律制度层面。但经济适用住房制度目前处于住房制度的边缘,是逐渐被共有产权住房替代还是继续存在,仍

---

　　① 周林彬教授认为:法律制度的变迁往往从低层次立法逐渐到高层次立法,从特别法渐次到基本法。参见"周林彬. 物权法新论:一种法律经济分析的观点 [M]. 北京:北京大学出版社,2002:306."

无定论。如果社会博弈的最终结果是选择共有产权制度，那在制度上就应当寻找更加有效和公平的出路。

3.2 现行经济适用住房与商品房制度衔接的均衡分析

新制度经济学理论认为，制度的非均衡状态是制度变迁或制度创新的必要条件。通常，判断一项制度是否均衡主要考察相关个人或团体是否都不再有变动现有制度的动机和行为，如果任何一方都无法从制度的变动中获得更多的净收益，即无改变现有制度的需要。但社会经济发展是一个不断变化的过程，制度的均衡是暂时的非均衡才是常态。当产品要素相对价格改变、技术进步及其他相关制度变迁等因素出现时，原有的制度均衡状态即被打破。因为实施新的制度安排将可能减少现有制度的成本或者产生更大的净收益。最终，制度的非均衡表现为制度的供给过剩和制度的供给不足两种状态。前者表明制度的供给相对于需求来说存在低效或无用的制度安排，这通常与政府的干预和管制有关；而后者则表现为制度的"时滞"[①]。对于成文法国家而言，制度的"时滞"是最常见的情况。本研究认为除制度的供给过剩和供给不足这两种情况外，在经济适用住房制度渐进式改革过程中，还存在制度错配这种非均衡状态，即误将 A 事物的制度套用在 B 事物之上，或者 A、B 两事物的规则交叉使用。这一情况的出现主要源于对同一概念的不同事物的本质认识的差异。例如，在经济适用住房领域，因未厘清房改经济适用住房和经济适用住房产生的历史背景和制度环境而发生制度混淆。

3.2.1 制度供给错配：经济适用住房划拨土地使用权转轨制度

理论上，住房政策与法律控制作为我国住房市场调控的重要手段，二者相得益彰。住房政策具有适应性和灵活性，可根据住房市场的阶段性变化及时调整，而法律控制则能够提供稳定的制度预期和行为准则。但我国的住房政策与法律控制之间存在内生矛盾，"住房政策的自由裁量与权利保护之间存在极为复杂的张力"[②]，且住房政策调控的社会目标与经济目标

---

① 袁庆民. 新制度经济学 [M]. 上海：复旦大学出版社，2012：265.
② 凌维慈. 住房政策的任务分化及法律控制 [J]. 法商研究，2019，36（2）：53-65.

因经济体制转轨[①]和家庭资产配置过度依赖住房市场常常左右摆动[②]。因此，经济适用住房作为发端于房改时期的产权型保障房，兼具经济体制转轨和家庭资产过度依赖房产配置这两大要素，在住房政策目标和现行法律规制之间出现衔接疏漏，导致制度供给错配。主要表现在以下两个方面。

3.2.1.1 计划经济体制下设立的划拨土地使用权转轨制度（以下简称"传统划拨土地使用权转轨制度"）与住房市场化以后确立的"公共利益"划拨土地使用权转轨制度混用

划拨土地使用权制度作为我国计划体制下国有建设用地分散利用的唯一方式，不论是居住用途、公益性用途，还是经营性用途，一律实行行政划拨方式供地。1988 年《中华人民共和国宪法》修正后，我国才正式确立土地使用权市场化制度[③]，因此我国实际上存在两种划拨土地使用权，一种是计划体制下不区分"公共利益"的传统划拨土地使用权，另一种是市场经济体制下与出让土地使用权并行的"公共利益"划拨土地使用权，也就是现行物权制度上的划拨土地使用权[④]。而划拨土地使用权转轨制度是伴随土地使用权市场化、商品房制度改革，以及国有企业改革这一系列的制度变迁出现的。因此，我国现行的划拨土地使用权转轨制度的对象实际是计划经济时期确立的传统划拨土地使用权，未涵盖市场经济体制下以"公共利益"需要设立的划拨土地使用权。但从现行《经济适用住房管理办法》的转轨规制来看，实际上现行经济适用住房转轨规则继承了传统划拨土地使用权转轨规则，唯一的区别在于经济适用住房保障房受到"5 年流通锁定期"限制，但一旦期限届满，房屋所有权人即具有上市交易或不上市交易的权利，完全忽视了保障房划拨用地的"公共利益"标准。这一现状的成因可归结于我国保障房制度对福利住房制度的路径依赖。

1990 年，国务院出台的《中华人民共和国城镇国有土地使用权出让和

---

① 程大涛. 中国住房政策社会目标及供应体系重构的设想 [J]. 经济学家，2010（12）：50-57.

② 崔光灿. 住房政策目标双重属性与市场稳定 [J]. 华东师范大学学报（哲学社会科学版），2018，50（1）：149-155，180-181.

③ 1988 年《中华人民共和国宪法修正案》将 1982 年《宪法》第十条第四款修改为："任何组织或个人不得侵占、买卖或者以其他形式非法转让土地。土地使用权可以按照法律的规定转让。"同年，《土地管理法》第二条规定："国有土地和集体所有的土地的使用权可以依法转让。土地使用权转让的具体办法，由国务院另行规定。"

④ 高富平，黄武双. 房地产法学 [M]. 北京：高等教育出版社，2003：48.

转让暂行条例》（以下简称《暂行条例》）作为我国土地使用权管理规范
的雏形，最先从体系上对划拨土地使用权的物权变动规则进行了说明①，
其分别阐述了划拨土地使用权的概念、权能范围、转轨条件以及收回条
件。值得注意的是，此时《暂行条例》关于划拨土地使用权的规范相对松
散，也未完全确定划拨土地使用权"无偿、无期限、无流通性"的三无特
征②，并采用排除法将划拨土地使用权概括为"除出让土地使用权以外的
方式获取的国有土地使用权"③；转轨规则也未设置其他前置条件，只要满
足第四十五条④的要求，即可连同地上建筑物一并转让、出租或抵押。直
到1994年《城市房地产管理法》出台，划拨土地使用权的应用范围才以
列举式的方式进一步缩小⑤。结合2001年颁布的《划拨用地目录》，可抽
象出划拨土地使用权包括"福利性住宅"在内的公益性特征⑥。2002年，
国土资源部将商品住宅用地同商业、娱乐、旅游用地共同界定为经营性土
地⑦，至此在物权规则上商品房与保障房（《划拨用地目录》称之为"福
利性住宅"）分属出让与划拨两大领域。但严格按照物权法定原则，这种
住宅用地双轨制在2007年《中华人民共和国物权法》（以下简称《物权
法》）⑧出台后才正式确立，计划体制下的居住用地、公益用地及经营性

---

① 依据物权变动的基本理论，不动产物权变动涉及物权设立、变更和终止三个环节。参见"陈
耀东. 保障房物权变动研究 [J]. 法学杂志，2011，32（S1）：105-112."
② 《暂行条例》第四十三条第二款规定："前款（指划拨土地使用权）土地使用者应当依照《中
华人民共和国城镇土地使用税暂行条例》的规定缴纳土地使用税。"
③ 参见《划拨土地使用权管理暂行办法》第二条。
④ 《暂行条例》第四十五条规定，"符合下列条件的，经市、县人民政府土地管理部门和房产管
理部门批准，其划拨土地使用权和地上建筑物、其他附着物所有权可以转让、出租、抵押：（一）土
地使用者为公司、企业、其他经济组织和个人；（二）领有国有土地使用证；（三）具有地上建筑物、
其他附着物合法的产权证明；（四）依照本条例第二章的规定签订土地使用权出让合同，向当地市、
县人民政府补交土地使用权出让金或者以转让、出租、抵押所获收益抵交土地使用权出让金"。
⑤ 1994年《城市房地产管理法》在《暂行条例》的基础上将"划拨土地使用权"修改为"土
地使用权划拨"，并详细列举能采用划拨方式设立建设用地使用权的符合第二十三条规定的情形：
（一）国家机关用地和军事用地；（二）城市基础设施用地和公益事业用地；（三）国家重点扶持的能
源、交通、水利等项目用地；（四）法律、行政法规规定的其他用地。
⑥ 此处"福利性住宅"概念依然保留了福利分房制度的特色，未完全过渡到双轨制下的保障房
概念。
⑦ 参见《招标拍卖挂牌出让国有土地使用权规定》。
⑧ 2007年《中华人民共和国物权法》第一百三十七条规定："设立建设用地使用权，可以采取
出让或者划拨等方式。工业、商业、旅游、娱乐和商品住宅等经营性用地以及同一土地有两个以上意
向用地者的，应当采取招招标、拍卖等公开竞价的方式出让。严格限制以划拨方式设立建设用地使用
权。采取划拨方式的，应当遵守法律、行政法规关于土地用途的规定。"

用地三位一体格局才演变为现在的经营性与公益性二元格局，经营性用途吸收商品房用地，公益性用途吸收保障房用地（如图3-4所示）。

因此，划拨土地使用权转轨制度是在以经营性和公益性为标准构建的出让土地使用权和划拨土地使用权双轨制下展开的，其设立初衷旨在处理经济体制转轨过程中遗留的传统划拨土地使用权问题，其中包括国有企业改革领域的划拨土地使用权转轨问题和福利住房制度改革遗留的划拨土地使用权转轨问题。故将传统划拨土地使用权制度转轨规则套用于双轨住房制度建立后才出现的经济适用住房保障房，必然出现"住房保障"与"住房福利"的混淆。本研究认为，这也是多年来经济适用住房被学界"讨伐""不经济、不公平"的制度性成因。因此，为了提高经济适用住房制度的公平性与效率，必须对"房改经济适用住房"与"经济适用住房保障房"加以区分。对后者而言，其制度的运行应始终把握"公共利益"这一核心标准，这是决定经济适用住房所有权人是继续"无偿"使用国有土地，还是"有偿"使用国有土地的重要准则。

土地使用权市场化

	前	后
城市	住宅用地 公益用地 经营性用地 划拨	公益用地　　　经营性用地 划拨　　　　出让
农村	宅基地 公益用地 经营性用地 划拨	宅基地 公益用地 经营性用地 划拨　　划拨　试点可出让

图3-4　土地使用权市场化前后划拨土地使用权与土地用途衔接规则

但根据现行《经济适用住房管理办法》的顶层设计，经济适用住房转轨规则的启动通常发生在两种场合，一是经济适用住房所有权人购房满5年后上市交易经济适用住房，二是经济适用住房所有权人去世时发生经济适用住房的继承。其余情况下，经济适用住房所有权人拥有自主选择权。由此可见，我国的划拨土地使用权管制思路主要集中在划拨土地使用权

（划拨土地）的流转环节，而忽视了划拨土地使用权持有环节的管制①。根据理性人假设，在这一规则激励下，相关主体在划拨土地使用权存续期间可能会采取以下策略行为：一是经济适用住房所有权人根据商品房市场的行情变化，选择自住、交易、出租、闲置或出借等多种经济适用住房使用方式；二是地方政府保障房管理部门或土地资源管理部门作为代理人，在无强制性管理约束的情况下采取偷懒等方式，放弃对经济适用住房违规使用行为的监管。实际上，笔者在调研时从某县房管部门的工作人员处得知，对于经济适用住房通常不会进行入户审查，只会对公共租赁住房的实际使用情况进行入户调查②。一是由于近几年经济适用住房基本停建，实际上不存在经济适用住房等候名单，而公共租赁住房却存在房源有限、轮候人员较多的情形；二是在意识形态上，房管部门认为经济适用住房作为产权性保障房，实际上就是个人所有产权，一经分配便归个人所有，因此无须干预。这一系列行为产生的直接后果是国有土地使用权长期作为沉淀资产，无法实现投入资金的循环利用，同时激励和保护了大量"应转未转"③ 的产权主体，最终导致经济适用住房与"公共利益"原则相背离。

3.2.1.2 未对分房改经济适用住房与经济适用住房保障房加以区分，混淆适用划拨土地使用权转轨后的土地使用权续期规则

前文已述，经济适用住房制度在不同时期具有不同的产权权能和制度定位，但有必要重申房改经济适用住房④本质上属于福利产权住房而非保障房。

一是从资金来源上看，房改经济适用住房主要是单位集资建的住房或

---

① 傅强. 对深化行政划拨土地使用权改革的思考：从英国的土地税制谈起 [J]. 中国土地科学，1997（5）：44-47.

② 《住房城乡建设部关于加强经济适用住房管理有关问题的通知》（建保〔2010〕59 号）规定："市、县、住房保障部门应当定期或不定期对经济适用住房使用情况（包括自住、闲置、出租、出借、出售以及住房用途等）进行检查。"

③ 本研究所称"应转未转"是指经济适用住房所有权人在"5 年流通锁定期"届满后、家庭经济状况改善、不再符合住房保障条件的情况下继续无偿占用和使用国有土地使用权的情形。

④ 房改经济适用住房是现实生活中存在的一种特殊的已购公房，主要指 1998 年至 2007 年个别单位的房改。例如，根据 1998 年 9 月 18 日《国务院办公厅转发建设部等部门关于支持科研院所、大专院校、文化团体和卫生机构利用单位自用土地建设经济适用住房若干意见的通知》（国办发〔1998〕130 号），科研院所、大专院校、文化团体和卫生机构按照房改政策向职工出售的自建经济适用住房。因此房改经济适用住房又称自建经济适用住房。参见"杨遂全，文项，罗蓉，等. 房地产法学新论 [M]. 成都：四川大学出版社，2013：78."

单位统一购买再分配的住房。"单位制"依然是房改经济适用住房的突出特征，政策初衷有意补偿科研院所等单位职工未享受到的房改福利①。故有学者指出这类住房实际上是一种单位福利房，与住房社会保障本意有出入②。也有学者认为，补贴出售的公房实际上就是我国实行商品化之后出现的第一种保障房类型③。按此推论，房改经济适用住房属于保障房。本研究认为，在双轨制正式建立之前出现的房改经济适用住房具有一定的保障性，但不宜完全定性为保障房。

二是从住房产权受限程度上看，房改经济适用住房除上市时需补缴土地出让金和相关税费外，其余均不受限制，既可以自住又可以出租，已经购买公房或房改经济适用住房的，除不能再购买其他政策优惠住房外，仍可以购买商品房并不用强制退出经济适用住房；并且对于房改经济适用住房的产权转化，中央政策实际上持积极态度④。中央政府曾明确指出，鼓励已购公房和经济适用住房上市交易的目的是开放住房二级市场，其政策目标仍然是实现住房的商品化与社会化⑤，这与住房商品化以后建立的经济适用住房制度的初衷⑥截然相反。

三是从划拨土地使用权的使用期限看，尽管房改经济适用住房与经济适用住房保障房都是划拨土地使用权，但房改经济适用住房的划拨土地使

---

① 国办发〔1998〕130号文指出，有条件的单位可以按照国发〔1998〕23号规定的经济适用住房建造成本向职工出售住房，并按当地房改货币化的规定向职工发放住房补贴。

② 朱雪刚. 经济适用住房法制研究〔D〕. 成都：四川大学，2007.

③ 陈耀东，田智. 我国保障房制度的法律思考：以房地产宏观调控政策为背景〔J〕. 经济法研究，2009，8：223-239.

④ 《已购公有住房和经济适用住房上市出售管理暂行办法》第九条第二款规定："在本办法实施前，尚未领取土地使用权证书的已购公有住房和经济适用住房在2000年底以前需要上市出售的，房屋产权人可以凭房屋所有权证书先行办理交易过户手续……"第十一条规定："鼓励城镇职工家庭为改善居住条件，将已购公有住房和经济适用住房上市出售换购住房。已购公有住房和经济适用住房上市出售后一年内该户家庭按照市场价购买住房，或者已购公有住房和经济适用住房上市出售前一年内该户家庭已按照市场价购买住房的，可以视同房屋产权交换。"

⑤ 参见《建设部关于已购公有住房和经济适用住房上市出售若干问题的说明》。

⑥ 保障房建设的初衷是弥补住房市场失灵的缺陷，实现对居民住房权利的兜底保障。

用权在本质上类似于出让土地使用权①，具有特定的使用期限。梳理经济适用住房制度变迁中的相关规范性文件不难发现，对于已购公房和房改经济适用住房的市场化问题，实际上依然存在有效的针对性管理文件。《国土资源部关于已购公有住房和经济适用住房上市出售中有关土地问题的通知》规定，已购公有住房和经济适用住房所在宗地为划拨性质的，同一宗地上住宅的土地使用权年限从第一套住房上市交易时起算，最高不超过70年，后续交易的住房剩余年期依次递减。这表明房改经济适用住房的划拨土地使用权是一种有期限的土地使用权，这是特定经济关系在法律制度上的体现，也符合土地使用权年限与居住权人寿命保持一致的"房住"逻辑。但现行的经济适用住房上市衔接制度忽视了这一制度演化的背景，一律采用统一的土地使用权期限设定规则。例如，成都市在不动产登记时对于房改经济适用住房和经济适用住房均以目标房屋第一次上市或继承时间为节点，重新计算70年土地使用权。因此，现已出现在同一宗地上不同时间上市交易的房屋拥有不同期限的土地使用年期的情况，若按此制度发展，今后甚至还会出现房龄超过50年但土地使用权仍剩余70年的情形。

3.2.2　制度供给不足：经济适用住房"5年流通锁定期"规则

威廉姆森在研究交易成本问题时提出，交易包括资产专用性、确定性和交易频率三个维度，此三者可独立地或组合地影响交易行为。其中，交易的不确定性常常是交易双方主体在缔约时最关注的，为了避免不确定性带来的损失，缔约双方通常会在合同中尽可能详细地约定可预见的行为。但由于缔约过程本身存在交易费用且受到行为人有限理性约束，契约无法完全解决交易的不确定性问题。因此，各国为保护不动产等大宗消费品的市场交易行为，通常会以成文法形式或不动产登记外观形式预告不动产交易行为的有效性，避免交易行为不确定引起的社会福利损失。

---

　　① 实际上，参照房改政策执行的经济适用住房的来源有二：一是划拨方式取得的土地使用权上建筑的经济适用住房，主要是集资建房；二是出让方式取得土地使用权上建筑的经济适用住房，如原单位购买商品房后再根据房改政策出售给职工的经济住房。按规定，这两种经济适用住房的土地出让金都应当由职工个人承担。因此，原土地使用权为划拨的经济适用住房上市交易时需补缴土地出让金，原土地使用权为出让的需补缴相当于土地出让金的价款，但不同的是，后者应当根据原投资渠道返回原产权单位。参见《国土资源部关于已购公有住房和经济适用住房上市出售中有关土地问题的通知》（国土资用发〔1999〕31号）、《建设部关于已购公有住房和经济适用住房上市出售若干问题的说明》。

然而，有限产权经济适用住房目前并未进入我国的物权法体系，其主要管理规范《经济适用住房管理办法》在效力等级上属于部门规章，处于效力位阶的底端，无法直接作为对经济适用住房的交易行为进行司法裁判的依据（如图3-5所示）。依据现行《经济适用住房管理办法》的规定，经济适用住房交易的不确定性主要集中于"5年流通锁定期"内的房屋交易行为。对此，法学界更多从法学理论上探讨交易的合法性，而忽略"5年流通锁定期"设置的合理性。因此，本研究希望从制度供给与需求的角度说明"5年流通锁定期"规则存在的经济合理性和现行规则设置的异质性，以及其产生的交易费用问题。

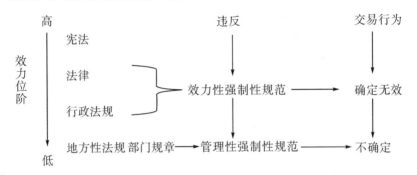

图3-5　我国法律效力位阶与交易行为的关系示意图

前文已经分析，经济适用住房作为一种有限产权住房，是房屋所有权与划拨土地使用权结合而成的产权形式。划拨土地使用权的有限性决定了住房产权的有限性，因此，有限产权转化为完全产权的关键是划拨土地使用权转化为出让土地使用权。制度上以划拨土地使用权的方式解决中低收入家庭的住房问题，是基于直接降低住房建造成本和购买门槛的政策考量。故"5年流通锁定期"的制度功能有三：一是通过事前的制度预警机制过滤掉非刚需购房者和投机者；二是事后作为识别经济适用住房购房人经济状况是否改善的工具，为经济适用住房购房人提供积累财富的缓冲期，帮助中低收入家庭依靠储蓄最终实现有限产权向完全产权的过渡；三是以划拨土地使用权方式资助经济适用住房建设可减少政府的直接财政支出，结合上市补缴收益规则，可在被保障人经济状况改善时收回土地成本，避免无限期的土地投入。因此，设定"5年流通锁定期"有其合理性。但从现行的规则设计来看，"5年流通锁定期"并未发挥其应有的制度功能，相反加大了经济适用住房制度的交易成本。

首先，"5 年流通锁定期"是管理性规范而非效力性强制性规范，全国各地法院以及各层级法院对于违反"5 年流通锁定期"签订的买卖合同效力持不同意见。以北京市为例，北京作为全国人房矛盾最集中的城市，经济适用住房的民事纠纷案件量位居全国第一①。北京市朝阳区人民法院认为，"5 年内交易"既未违反法律和行政法规的强制性规定，又未违反不特定多数人的利益，转让协议合法有效②。北京市第一中级人民法院则回避讨论《经济适用住房管理办法》的法律位阶问题，直接以"5 年内上市交易损害社会公共利益"为由判决无效③。北京市第三中级人民法院则另辟蹊径，认为买卖协议签订时未满 5 年但诉讼时已满 5 年，故合同依法有效④。暂不论法院判决的理由是否恰当，"有效判决"虽然维持了住房交易的秩序，但同时也意味着宣告《经济适用住房管理办法》不具有任何约束力。而"无效判决"尽管维护了经济适用住房管理制度，但同时也意味着鼓励市场交易主体"出尔反尔"的行为，因为提出买卖合同无效的主体通常是原房屋所有权人，其行为动机是不动产办理过户登记前，房屋市场价值发生较大波动，继续履行合同将导致出卖人丧失获得巨额潜在收益的机会。

其次，现行规则将"流通锁定期"排除在土地使用期限之外，制度上强化了经济适用住房的实物期权属性。我国居住用地现实行划拨与出让双轨制，划拨土地使用权无偿无期限使用，出让土地使用权有偿使用 70 年。按现行"流通锁定期"规则，经济适用住房所有权人自购买该住房起即具有无偿无期限使用国有土地的权利，并可办理国有土地使用权登记（划拨）。设划拨土地使用权实际使用期限为 N，按照现行"流通锁定期"规则，该套住房不变更所有权人，原购房人可一直使用划拨土地使用权。当所有权人决定转化为完全产权住房时，可补缴土地出让金，重新获得 70 年土地使用权。按此推算，经济适用住房的所有权人实际可获得 N+70 年的土地使用权。这一规则不仅会增加后期经济适用住房的管理成本，还会造成居住物业价值与资产价格的严重背离。因为，在土地所有权与使用权

---

① 截至 2021 年 5 月 1 日，北京市经济适用住房民事纠纷案件量为 4 046 件；江苏省位列第 2，案件量为 2 290 件。数据来源：无讼案例官网。

② 参见《李剑与孟玉凤房屋买卖合同纠纷一审民事判决书》（2019）京 0105 民初 42704 号。

③ 参见《陈某与魏某房屋买卖合同纠纷一案》（2010）一中民终字第 1851 号。

④ 参见《闫瑾等与王晓飞等房屋买卖合同纠纷二审民事判决书》（2015）三中民终字第 13985 号。

相统一的情况下，房地产的价值取决于土地价值与房产价值两个部分。理论上，房屋是具有使用期限的物品，随时间的推移将逐渐丧失资产属性，但我国土地使用权一次批租 70 年，房地产资产中包含了一次收取的 70 年的土地出让金，这便使房地产资产与居住物业具有不同的市场价值①。

最后，"流通锁定期"被设计成"赋权性规范"，导致经济适用住房制度的内循环机制处于失灵状态。经济适用住房制度设计之初，实际上为经济适用住房的流转预留了两条道路：一是"流通锁定期"内由政府回购，将经济适用住房重新分配给低收入家庭；二是，"流通锁定期届满"后补缴土地增值收益转化为完全产权住房。本研究称前者为内循环系统，后者为外循环系统（如图 3-6 所示）。但从调研的实际情况来看，内循环系统几乎处于闲置状态，实践中少有在"流通锁定期"内将住房退还给房管部门的案例。如有在"流通锁定期"内确需变现的，房屋所有权人可以通过出租或签订住房买卖合同但暂不办理过户登记的方式规避政府的回购条款②。

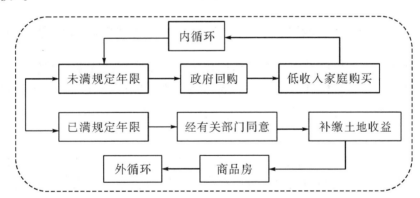

图 3-6　经济适用住房的内循环与外循环系统示意图

按照理性人假设，导致这种现象发生的根本原因在于"5 年流通锁定期"被塑造成"赋权性规范"，"5 年内"与"5 年外"所享有的权利截然

————————

①　程大涛. 基于土地使用权对重构住房供应体系的设想：兼谈按年征收土地出让金的合理性 [N]. 光明日报，2016-05-04（015）.

②　实际上，我国《经济适用住房管理办法》在法律位阶上属于部门规章。在司法裁判中，经济适用住房即使在"流通锁定期"内上市交易，也因未违反法律、行政法规等效力性强制规范被判合同有效。参见《方明与王强，重庆美联营销策划有限公司房屋买卖合同纠纷二审民事判决书》（2014）渝五中法民终字第 734 号。

不同。住房所有权人通过外循环系统所获收益远高于内循环系统。依据现行"流通锁定期"规则，5年内退出的经济适用住房，政府以原价并考虑折旧与物价水平回购，有的城市按原价及同期银行存款利息回购。虽然购房人通过这种方式可收回全部投资并免除居住期间的租金成本①，但与外循环系统相比毫无优势。一是因为不论是内循环还是外循环退出，购房人均能收回购房成本，并能享受划拨土地使用权"地租减免"的收益，且实际使用的时间越长，享受的"地租减免"收益越大。二是因为"流通锁定期"为一次性交易规则，5年期限届满后，经济适用住房的实际使用情况便不再受到政府部门的监管②，且我国没有实行强制租赁备案登记制度，经济适用住房所有权人在有限产权期间将住房用于出租的行为难以被识别。

综上，"5年流通锁定期"规则的制度供给不足，一方面是由于效力层级较低导致交易的不确定性，另一方面是由于"5年流通锁定期"被塑造成"赋权性规范"，无法发挥监督管理职能。

3.2.3　制度供给过剩：土地出让金补缴及增值收益分配规则

补缴土地增值收益作为经济适用住房从有限产权向完全产权转化的关键环节，目前在我国并未形成统一的补缴公式。2007年《经济适用住房管理办法》第三十条第三款规定，发生以下两种情行时需补缴土地增值收益。一是发生住房交易时需补缴土地增值收益，按照《城市房地产管理法》第四十条的规定，此种情形下的土地使用权出让金应由受让方缴纳；二是未发生住房交易但购房人自愿补缴土地增值收益转化为完全产权，当然此种情形由房屋所有权人自行补缴。2010年，为规范经济适用住房上市交易行为，住建部补充申明"经济适用住房上市交易，必须符合有关政策规定并取得完全产权"③。基于以上规则，我们可初步判断经济适用住房的退出④和交易实际属于两个环节，经济适用住房的退出不等于经济适用住

① 并非所有城市的购房人均能收回所有购房款。例如，东莞市规定，满5年但未取得房屋完全产权需要退出的又政府回购，回购价格按照原购房价格从第六年起每年扣减1%计算。参见《东莞市经济适用住房管理办法》。

② 历年司法裁判文书中几乎不存在5年届满后，因违规使用被起诉腾退经济适用住房的案例。

③ 参见《关于加强经济适用住房管理有关问题的通知》（建保〔2010〕59号）。

④ 经济适用住房的退出是指停止国家保障，而非退回经济适用住房。

房的交易。补缴土地出让金对应的是经济适用住房退出环节，此时补缴土地出让金及优惠税费是划拨土地使用权向出让土地使用权转变的对价。而增值收益对应的是住房交易所获得的差额，只有当住房发生不动产变动时才会产生。因此，区分土地出让金与增值收益这两个概念并厘清其价值来源，是完善经济适用住房与商品房衔接制度的前提。

3.2.3.1 土地出让金与增值收益的价值来源

按照马克思地租理论，"地租是土地所有权在经济上的实现"[①]，"消灭土地私有制并不要求消灭地租，而是要求把地租——虽然是用改变过的形式——转交给社会"[②]。这表明，在社会主义条件下地租的存在合理且必然。根据马克思地租理论以及多年来学者对马克思地租理论的发展可以看出，我国城市土地建筑地租实际上由绝对地租 I、级差地租 II 以及空间级差地租 III 三个部分组成。

绝对地租 I 源于国家对城市土地的垄断，任何组织和个人使用国有土地都应当向国家缴纳租金，这部分记为 A_0。级差地租 II 源于建筑地段的区位条件和后续的资本投入，前者记为 A_1，后者记为 A_2。值得注意的是，马克思曾提出地租本质上都是剩余价值，"一切地租都是剩余劳动的产物"[③]，"地租的量完全不是由地租获得者的参与决定的，而是由他没有参与、和他无关的社会劳动的发展决定的"[④]，因此，A_2 可细分为政府直接对公共基础设施的投入，以及劳动者间接对城市发展的贡献。政府直接投入可记为 A_{2a}，社会劳动发展间接产生的辐射投入可记为 A_{2b}。空间级差地租 III 的大小则由土地自然力、法律规则[⑤]以及建筑技术决定[⑥]，分别记为 A_3、A_4、A_5。本研究认为，以上价值来源中，空间级差地租 III 中的建筑技术部分 A_5 主要由房地产开发公司决定，级差地租 II 中的间接投入 A_{2b} 是城市化过程中的自然增值，是社会劳动的结果，不能直接归于政府投入。但政府作

① 马克思，恩格斯.马克思恩格斯选集：第二卷［M］.中共中央马克思恩格斯列宁斯大林著作编译局，译.北京：人民出版社，1995：543.

② 马克思，恩格斯.马克思恩格斯全集：第18卷［M］.中共中央马克思恩格斯列宁斯大林著作编译局，译.北京：人民出版社，1964：315.

③ 同①：544.

④ 同①：547.

⑤ 政府规划权决定土地容积率的大小，因此法律规则是形成空间级差地租 III 的重要价值源泉。

⑥ 杨奇才，杨继瑞.空间级差地租：基于马克思地租理论的研究［J］.当代经济研究，2017（3）：60-66.

为国家代理人，可收取这一部分地租再转交给社会。因此，政府应收地租包括绝对地租 I、级差地租 II，以及空间级差地租 III 中的一部分，用公式表示为 $A = A_0 + A_1 + A_{2a} + A_{2b} + A_3 + A_4$。

以上地租计算公式是静止的地租缴纳方式，代表的是当年收取的地租。结合我国住宅用地一次批租 70 年的实际情况，土地出让金还应当反映土地使用权 70 年的动态变化，可被视作一定期限地租的折现总和。设第 n 年的租金为 a_n，利息率为 i_n，当年租金为 a_0，利息率为 i_0，出让年限为 t[①]，则出让金可表示为

$$A = a_0 + \frac{a_1}{(1+i_1)} + \frac{a_2}{(1+i_2)^2} + \frac{a_3}{(1+i_3)^3} + \cdots + \frac{a_t}{(1+i_t)^t}$$

而从实际征收情况看，土地出让金的支付主要参考当年土地招投标价格，因此实际征收的土地出让金表示为

$$A^* = a_0 + \frac{a_1}{(1+i_1)} + \frac{a_2}{(1+i_0)^2} + \frac{a_3}{(1+i_0)^3} + \cdots + \frac{a_t}{(1+i_0)^t}$$

由此可以看出，批租土地出让金只收取了不以时间为变化的绝对地租 A_0、级差地租 A_1、空间级差地租 A_3 和 A_4，后续政府直接投资和社会劳动发展所产生的级差地租 A_2 被遗漏了。因此，级差地租 A_2 实际上就成为遗留在公共领域（public domain）里的资源，并伴随城市基础设施的进一步投入和城镇化的发展逐渐被放大。但这部分价值通常不会立刻显现，只有当不动产权人行使除自己居住使用以外的交易行为（如出租、买卖、抵押、继承等）时才能表现出来。因此，土地出让金实际上是一次预付未来几十年的土地使用权租金但未包含土地使用权的增值部分；而增值收益对应的是政府就公共基础设施投入和社会劳动产生的地租量，当然不可否认增值收益中还包含个人支付的资金机会成本[②]。

3.2.3.2 现行补缴公式存在的问题

补缴公式的多样化是目前我国经济适用住房上市收益补缴规则最突出的特征。据本研究不完全统计，我国至少存在 8 种收益补缴公式（如表 3-

---

① 此计算方式引自"马海涛，韦烨剑，郝晓婧，等. 从马克思地租理论看我国土地出让金：兼论房地产税背景下土地出让金的存废之争 [J]. 税务研究，2019（9）：72-79."

② 王育坤认为，地价是一定年期内的总地租，地租则是地价与资金机会成本（利息率）之间的一种函数关系。参见"王育坤. 我国城市土地开发过程中的实物地租 [J]. 经济研究，1992（10）：37-44."

9 所示，其相应细则参见表 3-10）。

表 3-9　经济适用住房上市收益补缴公式

公式编号	土地增值收益补缴公式
①	政府/个人产权份额×住房交易价格
②	（经济适用住房上市指导价-原购房价）×固定缴纳比例
③	（经济适用住房上市评估价-原购房价）×固定缴纳比例
④	（同地段普通商品房成交价-经济适用住房成交价）×固定缴纳比例
⑤	（同地段普通商品房成交价-原购房价）×固定缴纳比例
⑥	（经济适用住房成交价-原购房价）×固定缴纳比例
⑦	（经济适用住房成交价-原购房价）×固定缴纳比例×修正年期
⑧	（同地段普通商品房单价-经济适用住房购买单价）×经济适用住房价购买面积×浮动缴纳比例①

注：2007 年《经济适用住房管理办法》确定的补缴公式为④式，2010 年建设部将其改为①式。其中，政府出资额为减免的土地出让金、税费等政策优惠之和，经济适用住房成交价低于指导价的按指导价执行。

表 3-10　部分城市经济适用住房土地增值收益补缴细则

城市	流通锁定期内退出	流通锁定期届满后退出
北京	回购；原价基础上考虑折旧和物价水平等因素	按届时同地段普通商品房和经济适用住房差价的一定比例缴纳土地增值收益
临沂	原价基础上考虑折旧和物价水平收回	2007 年 11 月 19 日之前购买的经济适用住房上市交易按照《已购公有住房和经济适用住房上市出售土地出让金和收益分配管理的若干规定》（鲁财综字〔2000〕10 号）的规定，按房屋总价款的 1%补缴土地出让金 2007 年 11 月 19 日后购买的计算公式为：补缴土地增值收益等价款＝（届时同区位普通商品房交易单价-经济适用住房购买时单价）×按经济适用住房价格购买的面积×缴纳比例
上海	原销售价格加同期银行存款利息	购房人与政府按照拥有的"有限产权份额"获得总价款的相应部分

---

①　浮动比例是指上市交易的时间节点不同，缴纳的比例不一致。缴纳比例以 50%为基数，按照购买经济适用住房年限（从预售合同签订之日起计算）逐年降低 5 个百分点，即满 5 年的按 50%计算，满 6 年的按 45%计算，满 7 年的按 40%计算，满 8 年的按 35%计算，满 9 年的按 30%计算，满 10 年的按 25%计算，满 11 年以及以上的按 20%计算。

表3-10(续)

城市	流通锁定期内退出	流通锁定期届满后退出
厦门	同北京	按照原购房价格与届时相应地段经济适用住房上市交易指导价差的90%向政府缴纳土地增值收益价款
广州	原价回购并参照成新折旧或安排取得经济适用住房资格的家庭购买	按照同地段普通商品房与经济适用住房差价的80%缴纳土地增值收益价款
南京	不详	按届时同地段普通商品房与经济适用住房差价的50%缴纳;集体土地被拆迁户取得的经济适用住房不需缴纳差价
三亚	同北京	按同地段普通商品房与原经济适用住房差价的90%缴纳
杭州	不得交易	a. 满5年,上市交易,按照届时销售价与购房价差价的55%向政府缴纳土地增值收益价款;b. 满3年,以政府定价向符合经济适用住房购房资格的群体出售
宁波	原价回购	a. 2005年9月9日《宁波市市区普通(限价)商品房销售管理办法》实施后购买的经济适用住房,出让用地的按届时楼面基准地价5%缴纳土地增值收益;本时段前购买的,属于出让建设用地的免缴土地增值收益。b. 14日之前已签订购房合同的,按照基准地价10%缴纳土地出让金。c. 2009年后签订购房合同的,按新计税价格与原价差价的50%缴纳土地增值收益
珠海	同北京	按照同地段普通商品房与经济适用住房差价的70%缴纳土地增值收益价款
天津	原价回购	按经济适用住房市场评估价与原购房价格差额的一定比例缴纳
东莞	同广州	同地段普通类型商品房与经济适用住房差价的70%向政府缴纳土地增值收益价款
金华	同北京	届时同地段普通商品房评估价与经适房原价的差价的50%
武汉	同北京	房屋市场价与房屋原购置价差价的70%补缴土地出让金;继同一建筑第一套房屋上市后其他住房上市交易的土地出让金按照市场价格与房屋原价差价的70%乘以年期修正系数的标准收取
青岛	按照规定及合同约定回购	按成交价格与购买经济适用住房价格差价的50%缴纳土地增值收益等价款
昆山	不得上市交易	满5年的,按照同地段商品房与经济适用住房差价的50%缴纳收益金;满10年的,按照同地段商品房与经济适用住房差价的30%缴纳收益金

注:《上海市经济适用住房管理试行办法》已经于2016年5月1日失效,由《上海市共有产权保

障住房管理办法》代替,2016 年以前分配的经济适用住房现适用《上海市共有产权保障住房管理办法》。这两部文件在标题上虽有所不同,但内容上有继承关系。

前文已经分析,土地出让金和增值收益均是地租的组成部分,土地出让金的价值源于绝对地租 I、级差地租 II 和空间级差地租 III 的一部分。按法理,在经济适用住房变为完全产权之前,实际上不具有上市交易的权利,正确的处理程序是:先由房屋所有权人补缴土地出让金,从而获得完整的处分和收益等权利;再与买受人在住房市场上自由交易,其中所获得的增值收益的一部分是由政府直接投资产生的地租和社会劳动产生的剩余价值,可以由税收进行二次分配。其背后的经济逻辑实质是经济适用住房所有权人经济状况的改善,以及与国家之间的经济关系的改变。当其属于被保障对象时,以有限产权规范双方之间的生产关系,当条件改善后政府不再具有保障义务,相应地经济适用住房所有权人必须退出有限产权关系,使经济适用住房进入商品房市场。因此,退出经济适用住房不应以所有权人的个人意志为转移。

但根据以上公式和具体实施细则可以看出,现行的收益补缴规则均以上市交易为前提假设,土地收益和增值收益被合并在一个公式当中,不存在单独补缴土地收益的情况。因此,不免存在以下问题:第一,①式实际上表达的产权关系是共有产权而非有限产权,有限产权是"完全的房屋所有权和划拨土地建设用地使用权两个权利的总称"[①],政府并不享有分享房屋及其添附不动产的价值的权利,相应地,个人在未获得出让土地使用权之前也缺乏分享土地增值收益的法律基础。第二,②③④⑤⑥式中现交易价与原购房价差价中包含了土地使用权的价格,且按固定比例征收可以体现政府和购房人对不动产增值的贡献,符合有限产权性质。但这类公式均忽略了土地使用权的价值,按照该公式上,市交易的经济适用住房的土地使用权年限均是重新计算 70 年。若以此为标准,实际上并不存在个人按比例分享增值收益的基础,因为补缴的土地出让金是未来 70 年土地使用权的对价,此时未产生实际增值收益。除⑥式外,其他四种上市交易价格均需要采用第三方评估或政府定价的方式确定被减系数,不免会增加交易成本或导致指导价与市场价偏离。第三,⑦式"修正年期"体现了土地使用权的价值,但需要配合经济适用住房强制退出制度才能体现补缴收益的

---

① 廖融. 我国保障房有限产权的缺陷及完善 [D]. 北京:首都经济贸易大学,2013.

公正性，若"应退未退"① 者长期无偿占有和使用经济适用住房，则易导致占有期间的土地使用权收益流失。第四，⑧式补缴办法实际反映了学界对于经济适用住房管理的一种倾向，即出于抑制骗购和投机行为的目的，以设定固定折现率（介于银行年利率与理财利率之间）的方式来确定"流通锁定期"与补缴比例之间的关系，以此推导出政府收益分配的比例应与流通锁定期呈反向指数关系的结论，即"流通锁定期"越长，应向政府补缴收益比例则越低，流通锁定期越短，应补缴收益比例则越高②。临沂市的"浮动比例"计算公式正是这一理论观点的现实反映，虽政策动机具有合理性，但不符合实际情况。首先，未体现土地使用权的价值。按照补缴土地增值收益重新计算 70 年规则，经济适用住房越晚上市，其所有权人实际占有和使用国有土地的期限越长，无法实现将地租"转交给社会"的目的。其次，大量的司法案例已经表明，不进行不动产登记但私下进行经济适用住房交易的隐形市场一直存在。如果政策鼓励经济适用住房不变更有限产权性质，那么政府投入的划拨土地使用权和相关税费就无法收回；且有限产权持续的时间越长，越意味着政府需要持续追加监管成本。最后，假设购房人在 2009 年购买一套 70 平方米的经济适用住房，此时全国经济适用住房均价为 2 134 元每平方米③，在不考虑通货膨胀等因素的情况下，按照"浮动比例"计算可初步得出以下结果（如表 3-11 所示）。由于现行规则未区分只退出不交易和退出并同时交易这两种情形，我们可以推断若个人不上市交易经济适用住房，只是将经济适用住房转化为完全产权住房，那么越晚退出经济适用住房，个人实际获得的收益越大。

表 3-11　"浮动"比例规则下经济适用住房上市应交土地增值收益

时间	商品房均价/元/平方米	上市应缴土地增值收益/万元	自留收益/万元	土地使用权到期年份

---

① 应退未退包括重复享受住房保障、违规使用经济适用住房，以及经济条件改善不再符合保障标准等情形。

② 当然，此处学者所称的流通锁定期与本研究所指不同，此处专指"保障房转为商品房后，在这个期限内不允许在商品房市场上自由买卖"。本研究对这一界定存在些许疑问，若保障房已转为商品房，产权上已经不受限制，缘何继续禁止商品房的买卖？参见"聂小龙. 我国商品房与保障房互通机制研究 [D]. 重庆：重庆大学，2016."

③ 数据来源：国家统计局。

表3-11(续)

时间	商品房均价/ 元/平方米	上市应缴 土地增值收益 /万元	自留收益 /万元	土地使用权 到期年份
2014（满5年）	5 933	13.3	13.3	2084
2015（满6年）	6 473	13.7	16.7	2085
2016（满7年）	7 203	14.2	21.3	2086
2017（满8年）	7 614	13.4	26.9	2087
2018（满9年）	8 553	13.5	31.5	2088
2019（满10年）	9 287	12.5	37.6	2089

数据来源：国家统计局。

综上，经济适用住房土地出让金和土地增值收益补缴规则繁多，且均未区分经济适用住房退出和经济适用住房交易这两种情形，导致补缴公式将土地出让金和增值收益合二为一，既不利于地租的实现又增加了政府的监管成本。

3.3 集体留用地安置房与商品房的制度衔接

3.3.1 集体留用地安置房城乡差异化处置的制度供给分析

集体留用地安置住房，是指在集体土地征收时政府按一定比例留给集体经济组织的土地上建设的安置住房。留用地作为我国制度转型中一次以实用主义和渐进主义为特征的权益让渡尝试，实质上是对过去国家垄断城市建设用地制度和征地制度的折中处理方式。目前在"两房"制度体系中，留用地安置住房的性质暂无明确定性。有的地方政府认为安置房就是经济适用住房；有的地方政府认为安置房虽然不属于经济适用住房但可参照经济适用住房管理；有的地方政府将城市被拆迁户与集体被拆迁户进行区分，认定城市拆迁户的安置住房性质为经济适用住房、集体被拆迁户的安置住房性质为定向安置房；还有的地方政府要求对安置住房统一管理，按照经济适用住房统一销售（如表3-12所示）。但不论地方政府如何定性安置住房，只要安置住房建设在集体土地之上，就只能在集体经济组织内

79

部进行流转①。因此，在现行制度框架内，同宅基地流转一样，交易主体的身份限制依然是集体留用地安置住房与商品房制度衔接的关键障碍，即使部分城市将安置住房明确定性为经济适用住房，留用地安置住房也无法适用《经济适用住房管理办法》确立的产权规则。

表 3-12　集体留用地安置房定性四分类

类型	示例规范性文件	具体内容
安置住房不属于经济适用住房	《浙江省经济适用住房管理办法》（2010修正）	城市房屋拆迁安置用房以及引进人才用房等专门用房，不属于经济适用住房，不得占用经济适用住房建设项目计划
安置住房参照经济适用住房管理	北京市《关于加强"三定三限三结合"定向安置房产权登记及上市交易管理有关问题的通知》	"三定三限"定向房②产权性质为定向安置住房，安置家庭自取得房屋产权证或契税完税凭证之日起，5年内不得上市交易；5年后可按市场价上市交易，不补缴土地增值收益。若有特殊情况确需在5年内转让的，由房屋所在区县人民政府指定机构按原销售价格回购，纳入本市保障房统一管理
城市拆迁安置住房为经济适用住房；农村拆迁安置住房为安置住房	江苏省无锡市《加强经济适用住房、拆迁安置房建设交易管理有关问题的通知》（锡政办发〔150〕号）。	经济适用住房和拆迁安置住房适用于保障城市房屋拆迁和集体土地拆迁安置的普通住房，享受土地划拨、规费减免等相关政策，具有社会保障性质。经济适用住房的供应对象为城市国有土地的被拆迁居民家庭，征地拆迁安置住房的供应对象为集体土地的被拆迁居民家庭
安置住房属于经济适用住房	《天津市经济适用住房管理办法》《天津市示范小城镇安置房管理办法》（津国土房市〔2012〕155号）	本办法所称经济适用住房包括面向普通拆迁家庭的定向销售经济适用住房、为市政公用基础设施建设拆迁、分散平方拆迁建设的定向安置经济适用住房，以及面向其他非拆迁低收入家庭的经济适用住房等示范小城镇安置住房应当纳入全市统一的销售网络系统进行管理，开发建设单位应当依法向国土资源和房屋管理局申请办理经济适用住房销售许可证

① 《新时期异地扶贫搬迁工作百问百答》第104问在回答异地扶贫搬迁安置住房不动产交易有何特殊限制时强调：使用集体土地建设的安置住房只能在集体经济组织成员之间进行交易。

② "三定三限"定向房是指按照"三定三限三结合"原则，经市政府批准建设和分配，用于安置符合条件的建设项目征收集体土地设计的搬迁农（居）民，并纳入全市保障房年度建设计划的定向安置住房。"三定"是指定性、定向、定量。"三限"是指限户型，限价格，限交易。"三结合"是指此类定向安置住房建设方式应与相对应的征地拆迁方式相结合，销售价格应与相应的征地、拆迁补偿标准及农村产权制度改革的相关政策相结合，安置住房建设应与本市现行的农村地区拆迁安置用房政策相结合。

实践中，部分改革先行试验城市为激活留用地的经济功能，改变粗放的利用方式，尝试对留用地制度进行突破，尽可能地让留用地进入第二和第三产业，从而增加农民的财产性收入。例如，广东将留用地分为城市规划区外留用地和规划区内留用地，原则上规划区外留用地保留集体土地性质，由市县人民政府依法办理用地手续，进行集体建设用地使用权登记，规划区内留用地以征收后无偿反拨的方式退还给集体，反拨后的土地无须补办土地有偿使用手续和补缴土地出让金，土地增值收益全部归集体经济组织所有①。杭州和上海则全部将留用地转性为国有土地，该幅土地既可用于自主经营又可用于合作开发②。但不论是保留集体土地性质还是转变为国有土地性质，各地均规定留用地不得用于房地产开发，留用地上建筑物只能整体办证，而不得分割登记和转让；但对于留用地是否可以建保障房，均未做禁止性规定。

3.3.2 集体留用地安置房城乡差异化处置的制度成因分析

3.3.2.1 外生因素：农村住房制度改革与城市住房制度改革进程悬殊

从我国住房制度改革的历史过程可知，在住房制度确立初期，在"先生产后生活"思想的指导下，为了保证中央政府能够最大限度地调配社会资源集中发展生产，包括住房在内的所有生活资料以及生产资料均以计划分配。因此，无论是在农村还是城市，住房的最终用途都是为了满足劳动力再生产的基本居住需求服务，从而演化出农村居民无偿分配宅基地、城市居民低租金承租公房的城乡住房产权模式（如图 3-7 所示）。而这种模式的基础是长期存在的城乡身份关系，在特定条件下，这种以身份为基础的管理模式无疑是成本最低、阻碍最小的制度选择。但行政配置的住房分配模式在 20 世纪 90 年代逐渐开始消退。伴随住房市场化的改革，城市居民伴通过以成本价购买公房或低价购买经济适用住房，获得了家庭财富的原始积累。同时，在地方政府土地财政激励和城镇化的加持下，房地产业

---

① 参见《广东省人民政府办公厅关于加强征收农村集体土地留用地安置管理工作的意见》（粤府办〔2016〕30号）、《广东省集体建设用地使用权流转管理办法》（粤府令100号）。

② 参见《上海市人民政府关于本市实施农村集体征地留用地制度暂行意见》（沪府发〔2005〕35号）、《关于加强杭州市区留用地管理的暂行意见》（杭政函〔2005〕128号）、《关于进一步完善村级集体经济组织留用地出让管理的补充意见》。

成为国民经济的支柱产业。相应地，为了弥补市场配置住房资源的不足，政府开始承担城市居民的住房保障责任，建立起以租赁型保障房、产权型保障房，以及住房公积金等为核心的城市住房保障制度，而农村依然保持着单一的宅基地分配制度。此时，以身份制度为基础构建的城乡住房制度向城市倾斜。因为城市居民所拥有的商品房乃至产权型保障房均可通过市场变现，而农村居民既不能进入城市住房保障体系，又无法在公开市场上将其拥有的宅基地农房变现（如图3-8所示）。一静（不变的农村宅基地制度）一动（不断发展的城市住房制度）之间，身份成为影响农村集体土地住房（其中就包括集体留用地安置住房）流转的主要障碍。

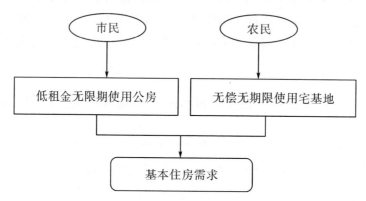

图3-7 城市住房制度改革前城乡住房分配模式

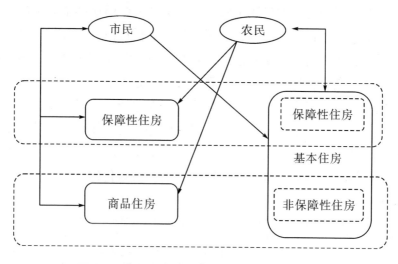

图3-8 城市住房制度改革后城乡住房分配模式

3.3.2.2　内生因素：宅基地的保障性功能与财产性功能冲突

城市和农村的住房分配始于城乡户籍管理制度。在我国，户籍除具有人口登记、社会管理的功能外，还在一定程度上决定着社会福利的分配。自三次重大的农村土地制度变革①后，"户籍"与"地权"之间就一直保持着静态统一的关系②。

但"户籍"与"地权"的静态统一关系随着农地制度的变迁而发生变化。包产到户后，集体土地所有权与经营权开始分离，劳动力的利用效率与土地的利用效率同时得到提高，大量的剩余劳动力被释放出来，直接推动了农村人口向城市大规模迁移和流动。由于户籍与公共服务挂钩，农村人口在城市难以获得平等的社会福利待遇。为了降低农村人口在城市流动的风险，宅基地就成为满足返乡农民居住需求的兜底性制度安排。这一制度安排尚能符合老一代农民工的生产和生活需求，因为这部分农民工进城的主要目的是挣钱③，最后会返回农村。而随着生产力发展加速，较长时期内我国新生代农民工成为城市劳动力市场的主力，他们的居住需求主要在城市而不是农村。因此集体土地承载的保障性功能逐渐淡化，而财产性诉求日渐增强，这一变化将直接影响宅基地或留用地安置住房的市场化问题④。

3.3.3　集体留用地安置房入市的必要性与可行性分析

2020年4月9日，《中共中央 国务院关于构建更加完善的要素市场化配置体制机制的意见》（以下简称《要素市场化意见》）正式对外发布。这是迄今为止中央政府关于要素市场化改革的第一份文件，也是改革开放40余年我国对市场配置资源作用的肯定和继续深化。《要素市场化意见》创造性地将土地、资本、技术、劳动力、数据作为新时代我国社会主义市场经济发展的核心要素，并就每一个要素的市场化方向做出了战略部署。

---

①　三次重大的农村的土地制度变革分别指新中国成立前后的土地改革、农业社会主义改造和当代家庭联产承包责任制改革。

②　王文录. 城市化背景下的户籍制度变迁研究 [M]. 石家庄：河北人民出版社，2014：307.

③　董昕. 中国农民工住房问题的历史与现状 [J]. 财经问题研究，2013（1）：117-123.

④　由于留用地兼具生活和生产所需的功能，在留用地上并未全部按照一户一宅分散修建农房，大部分留用地采用集中修建高楼的形式安置被征地农民，因此称为留用地安置房，而不是宅基地农房。但从住房的实际功能看，其仍与宅基地农房保持一致。

结合《国家新型城镇化规划（2014—2020）》提出的意见，劳动力要素与土地要素是实现城乡统一要素市场的必备要件①。从城乡统一的视角观察，土地与劳动力要素市场化改革的纵深推进，也是宅基地住房以及集体留用地安置房破解身份障碍的突破口。在现行各相关制度改革的基础上，破除集体土地农民自建经济适用住房和集体土地安置房的流转障碍，已具有现实可行性。

首先，宅基地"三权分置"改革将有利于宅基地资格权与宅基地使用权分离。宅基地的保障性与财产性冲突是宅基地制度改革的难点。自宅基地"三权分置"改革提出后，学界就"三权"的内涵、关系、制度变迁以及改革的出路等方面进行了大量创新性研究②。虽然学界对于"三权分置"中的宅基地资格权与宅基地使用权的定性和内部关系还存在分歧，但一致肯认宅基地"三权分置"改革的本质就是要在现行的宅基地制度中引入集体成员以外的市场主体，从而达到盘活闲置资产、增加农民财产性收入的目的③。

市场主体的引入对宅基地制度最大的影响就是使宅基地使用权开始流转，其将过去"两权"时期限定的集体成员的使用权扩大到其他市场主体。宅基地的功能转换是宅基地从保障性利用到财产性利用的跨越。然而，前文已述宅基地上农户自建经济适用房和集体土地安置住房是与国有土地经济适用住房平行的住房制度设计。前者主要凭借"一户一宅""出卖、出租、赠与住宅后不得再申请宅基地"，以及"无偿无期限"使用宅基地等规则体现其保障性，而后者则依赖于"有限产权"制度体现其保障性。因此，集体留用地安置房的流转可参照国有土地经济适用住房流转规则，当留用地安置房的资格权人凭借其成员身份初始无偿取得宅基地使用权用于家庭生活居住使用时，体现其保障功能；当其生活条件改善或者举

---

① 《国家新型城镇化规划（2014—2020）》中提出的"城乡统一要素市场"包括"城乡统一的人力资源市场"和"城乡统一的建设用地市场"。

② 相关研究可参见"张勇. 宅基地三权分置'改革'：'三权'关系、政策内涵及实现路径[J]. 西北农林科技大学学报（社会科学版），2020，20（2）：61-68." "李怀. 农村宅基地'三权分置'：历史演进与理论创新[J]. 上海经济研究，2020（4）：75-82，127." "靳相木，王海燕，王永梅，等. 宅基地'三权分置'的逻辑起点、政策要义及入法路径[J]. 中国土地科学，2019，33（5）：9-14."

③ 刘国臻，刘芮. 宅基地"三权分置"下宅基地上房屋转让制度改革路径[J]. 学术研究，2019（2）：54-62.

家迁出本地生活后，宅基地的保障属性淡化，可通过出让、出租、抵押，甚至赠与的方式处分安置房以体现其财产属性①。此时，土地的使用性质从无偿无期限使用转为有偿有期限使用。

其次，集体经营性建设用地入市为集体土地安置房流转提供了更多的可能性。流转作为一个政策用语并非特定的法律概念，具有更加广阔的适用空间。通常出让、出租、抵押、赠与、互换等都可视作流转的主要方式。集体经营性建设用地作为与土地征收、宅基地制度改革并行的三大农村土地制度改革内容之一，在全国范围内已经积累了可供复制的经验。在入市用途上，利用集体经营性建设用地建租赁住房和产权型（共有产权）保障房都已不再新鲜。宅基地农房或留用地安置房退出可以实现与集体经营性建设用地入市的衔接。为避免留用地安置房入市变相成为商品房开发，集体经济组织可将留用地安置房有偿收回后，作为集体土地租赁住房入市。

事实上，作为问题的对立面，要完善集体经营性建设用地入市制度，就要思考闲置宅基地以及闲置安置住房的转化问题。在集体经营性建设用地制度设计之初，学者就意识到要建立集体经营性建设用地使用权直接入市制度，就要首先界定清楚存量集体经营性建设用地的范围，以及未来可以转化为集体经营性建设用地的范围。只有这样才有可供入市的实物，客观上建立集体土地入市制度才有意义②。毫无疑问，作为居住用途的宅基地和留用地，都应当作为集体经营性建设用地的一部分，在不改变居住用途的情况下，通过分离宅基地和留用地安置房的保障属性与财产属性，并入集体经营性建设用地入市的轨道。目前，这一思想已经政策化③和法律化④，未来需要落实的问题在于确定闲置宅基地和闲置留用地安置房向集体经营性建设用地转化的条件与程序。

---

① 中共中央、国务院对此问题的态度十分明确，在《乡村振兴战略规划（2018—2022 年）》中采用的措辞是"保障农民房屋财产权"，而非"房地财产权"。

② 杨遂全. 论集体经营性建设用地平等入市的条件与路径 [J]. 郑州大学学报（哲学社会科学版），2019，52（4）：35-49.

③ 2019 年 5 月，《中共中央 国务院关于建立健全城乡融合发展体制机制和政策体系的意见》明确提出："允许村集体在农民自愿前提下，依法把有偿收回的限制宅基地……转变为集体经营性建设用地入市。"

④ 《中华人民共和国土地管理法》第六十二条新增一款："国家允许进城落户的农村村民依法自愿有偿退出宅基地，鼓励农村集体经济组织及其成员盘活利用闲置宅基地和闲置住宅。"

　　最后，户籍制度与公共基础服务联动改革有利于打破身份隔离的城乡住房保障制度。城镇化与乡村振兴的协同发展要依靠城乡人口的互动，而非农村劳动力向城市的单向转移。在户籍制度改革以前，城乡二元的户籍管理制度与城乡人口的公共服务和社会保障体系联系紧密，在城市与农村之间树立起隐形的制度屏障。近年来，中央政府意识到劳动力要素流动的重要性，对影响要素流动的关键因素提出诸多改革意见，其中也包括居住问题的意见。例如，《国务院关于解决农民工问题的若干意见》（国发〔2006〕5 号）鼓励招工较多的企业和农民工集中的工业园区统一建设农民工宿舍，鼓励有条件的企业为农民工缴纳住房公积金，用于农民工购房或租赁住房。但以上意见并非具有强制性，执行力度的大小取决于地方政府的政治魄力和企业的经济实力。因此，要落实中央提出的政策主张，还需要更加细化的操作方案，要结合户籍制度改革的方向，在流动人口的住房保障方面做出具体调整。

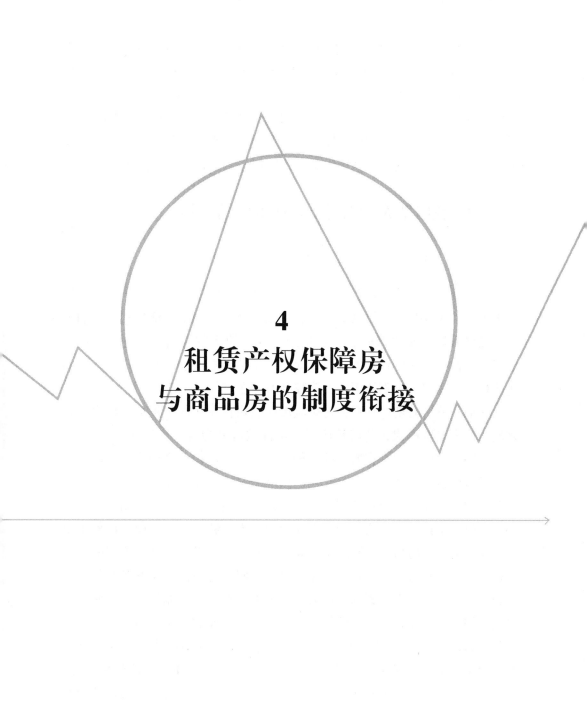

4

**租赁产权保障房
与商品房的制度衔接**

租赁型保障房是现阶段我国住房制度改革重点探索和研究的方向。在"两房"制度体系中，租赁型保障房的地位逐步提高，但其制度供给长期滞后，尤其在"租购同权"视域下与商品房制度存在衔接疏漏。若无法从制度上解决"租购同权"问题，集体土地建租赁住房制度也会受到影响。因此，本章主要从租赁产权保障房的制度演进逻辑、现行制度供给与需求，以及集体土地建此类保障房的制度阻碍与利益博弈三方面展开研究。

4.1 我国租赁产权保障房制度的演进逻辑

4.1.1 福利分公房时期：物权性公房使用权

产权既属于经济学范畴又属于法学范畴。巴泽尔从产权经济学的角度提出了经济权利与法律权利双重权利分割理论，并阐明经济权利是人们追求的最终目标，而法律权利是实现经济权利的手段与途径[①]。由此可见，法律是一种实现经济权利的手段，即使未将某种财产性权利确定为特定的法律权利，客观上也不能否定经济权利的存在。

在福利分房时期，承租公房是城市居民除自建住房和租赁私房之外最普遍的住房消费模式，公房按所属单位性质可分为直管公房和自管公房。整体上，公房使用权具有取得的身份性、使用的低租金无期限性，以及转让的受限性特征，此三者相互影响、相互制约。首先，住房的不可转让性以职工的身份和不能终止的租赁关系为前提，因此职工公房使用权的流转必须依附于单位。单位内部职工需要换房的需先腾退公房，职工调离本单位的需腾退原公房后，再到新单位获得福利住房。其次，公房承租的无期限性与职工的身份相关。在计划经济时期，职工身份涵盖了职务高低、工龄长短、年龄大小以及家庭人口数量等因素。在计划编制体制下，职工一旦获得编制内工作，便可与单位之间保持长久的雇佣关系。因此当个人承租公房后，个人与单位或政府之间便建立起永久使用的租赁关系。事实上，公房承租人不仅拥有使用权，还享有永久占有权和实际控制权[②]。最后，公房承租的低租金和无期限性与职工的低工资制度直接相关。计划经

---

① 巴泽尔. 产权的经济分析 [M]. 费方域，段毅才，钱敏，译. 上海：上海三联出版社，2017：3.

② 高富平，黄武双. 房地产法学 [M]. 北京：高等教育出版社，2003：70.

济时期，职工的工资实际由两部分组成，一部分是货币工资，另一部分是实物工资，住房作为实物工资的一种形式，由单位根据职工身份进行分配。职务越高、工龄越长的职工所分的房屋面积越大、质量越好，实际获得工资收入也越高，这一定程度上与劳动者的工资收入相适应。但干部职工既作为住房分配的权力主体，又作为住房分配对象，不仅无法保证分配的公正性，而且他们与单位之间的租赁关系也会变成一种单位和职工集合而成的模糊混沌的权利共同体关系①，承租人享有实际的控制权，而单位拥有名义上的所有权。

在福利分房向住房商品化过渡阶段，"提租补贴"与"公房出售"作为并行的住房商品化政策，对公房使用权的市场化起到了推波助澜的作用，公房使用权的不可转让性和低租金特征同时发生转变。1997 年，武汉市率先开始直管公房使用权有偿转让试点②，公房承租人经出租人同意后可将公房使用权转让给市场主体，也可以经专业机构评估后由交易双方以补差价的方式调换公房使用权。但公房使用权的转让也受到特定条件的限制，例如"转让人转让后人均住房面积低于 8.5 平方米"的不得转让。由此可见，公房承租权的转让是以不降低居住条件为前提，此时公房承租权兼具财产性和保障性特征。

4.1.2　住房市场化以后：单一债权性住房租赁权

1998 年福利分房全面停止后，我国住房制度的发展重心转移到商品房市场。由于城市最低收入群体既无单位福利分房保障，又难以通过商品房市场购买住房，因此，建设部在 1999 年出台《城镇廉租住房管理办法》，制定了针对城镇最低收入家庭的住房解决办法。廉租住房的房源包括腾退的公有住房、最低收入家庭承租的符合廉租房标准的现公有住房、新建的廉租住房以及购置的廉租住房等。可以看出，此时廉租住房制度有意与原承租公房制度接轨，将最低收入家庭承租的公房直接转化为廉租住房。此时的廉租住房申请政策采用申请审批制，与原有公房承租制度保持一致。1999 年的《城镇廉租住房管理办法》中未对廉租住房的租赁合同期限进行限定，也未明确廉租房主管部门的监督管理责任。廉租房的退出主要依

---

① 吕福新. 住房制度改革中的产权建设 [J]. 经济研究, 1993 (3): 69-73.

② 参见《武汉市直管公房使用权有偿转让管理试行规定》（武房物〔1997〕134 号）。

靠承租人主动报告①。2003 年《城镇最低收入家庭廉租住房管理办法》出台，原《城镇廉租住房管理办法》停止实施。新出台的《城镇最低收入家庭廉租住房管理办法》确定了三种廉租住房保障方式：一是发放补贴的保障，二是实物配租，三是租金核减。租金核减方式主要适用于公房承租家庭的租金减免。相对于《城镇廉租住房管理办法》的规定而言，新办法在退出机制上更加完善，对廉租房使用权的权利内容做出了明确规定：当发生转租、转借、不合理空置、家庭人均收入水平改善等情形时，承租人需退出廉租住房。值得注意的是，廉租住房的保障范围仅限于本市户籍常住人口。直到 2012 年《公共租赁住房管理办法》出台，才将保障对象的范围扩大至在城市稳定就业的外来务工群体。此时，廉租住房与公共租赁住房这两种租赁方式形成互补。前者适用于本市户籍最低收入家庭，后者扩展至中等收入住房困难家庭和外来务工人员。公共租赁住房在申请方式、退出事由等方面与廉租房住房基本相同；不同的是《公共租赁住房管理办法》设定的租赁合同通常为 5 年，其租金水平略低于市场租金水平。通过对比可以发现，公租房制度是一种过渡性的住房解决方案②，公租房承租人通常不具有长久的住房租赁权利。而廉租住房承租人只要不出现法定退出事由，实际上与住房保障单位之间签订的是无期限租赁合同。

廉租房与公租房平行运营的局面在 2014 年宣告结束③。廉租房与公租房同作为租赁型保障房，其并轨无疑可实现资源的整合，改变原来两种租赁型保障房分别申请、分别排队的状态，有利于提升租赁型保障房的运行效率。但廉租房住房并轨到公租房制度后，原最低收入家庭与其他中等偏下收入家庭同等适用公共租赁住房的申请和退出规则。原则上公共租赁住房的承租期限为 5 年，这意味着在房源有限的情况下，最低收入群体需要与中低收入群体共同竞争公共租赁住房。原二元化的不定期租赁与短期固定期限租赁转变为单一的短期债权型租赁，对最低收入群体而言其权力空间实际上被压缩。

---

① 1999 年出台的《城镇廉租住房管理办法》第十一条规定："当家庭收入超过当年最低收入标准时，应当及时报告房地产行政主管部门，并按期腾退已承租的廉租住房。"

② 吴海瑾. 城市化进程中流动人口的住房保障问题研究：兼谈推行公共租赁住房制度［J］. 城市发展研究，2009（12）：82-85.

③ 参见《关于公共租赁住房和廉租住房并轨运行的通知》（国发〔2013〕178 号）。

4.1.3 "租购并举"时期：长期租赁居住权萌芽

租赁产权保障房制度在廉租房与公租房并轨后基本定型，我国对租赁产权保障房的政策长期未有大的变动，直到 2015 年中央经济工作会议明确提出将"购租并举"的住房制度作为发展的主要方向，租赁产权保障房才被提升到新的政策高度。2016 年《中共中央关于制定国民经济和社会发展第十三个五年规划的建议》（以下简称《"十三五"规划》）进一步阐明"购租并举"："对无力购买住房的居民特别是非户籍人口，支持其租房居住，对其中符合条件的困难家庭给予货币化租金补助。把公租房扩大到非户籍人口，实现公租房货币化。"从这一层面可以看出，"购租并举"的提出实际上首先侧重于公租房制度的深化，其次通过租赁补贴的方式将保障房的覆盖范围进一步引向商品房市场。但在土地财政模式下，地方政府实际建设投资公租房的动力不足，从 2011 年到 2019 年，地方公共财政对于公租房项目的投入整体下滑，即使在 2015 年购租并举政策出台后，地方财政对公租房的投入也未见回升（如表 4-1 所示）。但 2017 年，集体土地建租赁住房试点从 13 个城市增至 18 个，集体土地入市建租赁住房及公租房成为"购租并举"住房制度建设的主要制度供给。截至 2020 年 9 月，北京市通过集体土地租赁房项目提供了 5.3 万余间租赁住房。

表 4-1　2011—2019 年公共财政对公租房的投入

单位：亿元

时间	全国公共财政支出	中央本级公共财政支出	地方公共财政支出
2011 年	645.01	8.58	636.43
2012 年	858.59	16.94	841.65
2013 年	789.94	6.26	783.68
2014 年	715.11	37.9	677.21
2015 年	639.38	—	639.38
2016 年	597.43	10	587.43
2017 年	390.71	1.67	389.04
2018 年	329.63	7.07	322.56
2019 年	285.57	—	285.57

数据来源：Wind 数据库。

　　与此相应的，在民事法律制度方面，2020 年我国《民法典》新增的有关居住权一章开创了全新的居住产权形式。从形式上看，居住权与房屋租赁权存在相似之处，但本质上存在重大差别。居住权是介于所有权与债权之间的一种用益物权形式，比租赁权的产权内涵更加丰富，且居住权利也更加稳定。尽管目前居住权这一制度还未拓展至公租房领域，但长期租赁居住权的萌芽为未来公租房制度的完善提供了新的路径。

　　综上，我国住房租赁产权制度整体上经历了从物权性租赁到债权性租赁，再到物债并举的这一发展历程（如图 4-1 所示）。在物权性租赁阶段，住房制度还未商品化，不存在与商品房制度进行衔接。在债权性租赁阶段，租赁产权保障房制度与商品房制度之间是"兜底"补充的关系。在长期租赁居住权萌芽后，"租购并举"是对租赁产权保障房与商品房关系的高度总结。

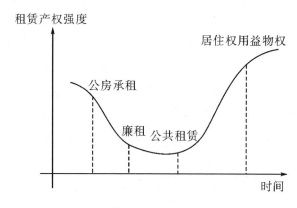

图 4-1　我国租赁产权的变迁过程

4.2　"租购同权"下租赁产权保障房制度的供给与需求　分析

4.2.1　"租购同权"与租赁产权保障房制度供给的关系辨析

　　"租售同权"理念的提出可追溯至 2015 年年末的中央经济工作会议，彼时房地产领域的主要任务之一还在于"化解房地产库存"，"购租并举"

最早就是在"化解房地产库存"语境下提出的①。次年3月，第十二届全国人大第四次会议审议通过的《"十三五"规划》正式提出"完善购租并举的住房制度"并对其做出解释②。从解释的内容可以看出，"购租并举"政策的主要目标是发展住房租赁市场，无论是普通家庭还是被保障家庭都可以通过市场租赁解决住房问题。这一点在《国务院办公厅关于加快培育和发展住房租赁市场的若干意见》（国办发〔2016〕39号）中得到证实③。往后与租赁住房制度改革相关的规范性文件均以该文件为蓝本。但中央政策文件并未使用"租购同权"的概念，该概念最早出现在广州市发布的地方性政府文件中。《广州市人民政府办公厅关于印发广州市加快发展住房租赁市场工作方案的通知》开篇指出："赋予符合条件的承租人子女享有就近入学等公共服务权益，保障租购同权。"由此，诸多学者在探讨"租购同权"的内涵时，均认为此处的"权"不仅指承租人与所有权人享有同等的居住权，还包括教育在内的诸多公共服务权利④。但也有反对意见认为，现阶段要实现以上学者所认为的"租购同权"，不具有现实可行性，尤其一线和二线城市在公共资源没有增长的情况下，"租售同权"的象征意义大于实际意义⑤。坚持此种广义的"租售同权"观不仅不能改变教育资源的稀缺性，相反还会使问题更加突出⑥。

　　此两种观点均具有一定合理性。从长远看，公共服务均等化是我国经

---

① 中央经济工作会议认为，要明确深化住房制度改革方向，以满足新市民住房需求为主要出发点，以建立购租并举的住房制度为主要方向，把公租房扩大到非户籍人口。

② 对"购租并举"的住房制度的解释是：对无力购买住房的居民特别是非户籍人口，支持其租房居住，对其中符合条件的困难家庭给予货币化租金补助。把公租房扩大到非户籍人口，实现公租房货币化。

③ 该文件指出，以建立购租并举的住房制度为主要方向，健全以市场配置为主、政府提供基本保障的住房租赁体系，推进公租房货币化，支持公租房保障对象通过市场租房。

④ 黄锐（2018）认为"租售同权"是指在"合法承租期内，承租人与所有权人享有同等的居住权以及居住权为基础对外延展的公共教育、劳动创业等81种权利"。史丽萍（2018）认为"租售同权的'权'具有公共服务均等化、租赁权物权化、租赁权社会化以及住宅权保障的内涵"。谢鸿飞（2017）认为"租售同权"有两个层次的内涵：一是通过规范性文件赋予承租人与房屋所有权人在公共领域同等的权利；二是拓宽房源促使租赁企业的发展，扩大租赁权的主体。参见"黄锐. 论租售同权[D]. 深圳：深圳大学，2018. 史丽萍. 租售同权地方立法研究[D]. 扬州：扬州大学，2018. 谢鸿飞. 租售同权的法律意涵及其实现途径[J]. 人民论坛，2017（27）：100-102."

⑤ 陈友华，施旖旎. 租购同权：何以可能？[J]. 吉林大学社会科学学报，2018，58（2）：123-129，206.

⑥ 张沿棠. 租售同权：或难实现教育公平[EB/OL].（2017-07-29）[2020-11-12].http://www.ceh.com.cn/epaper/uniflows/html/2017/07/29/B01/B01_47.htm.

济体制改革致力实现的远景目标，将租赁住房与教育等公共资源捆绑在一起，有利于缩小购买住房与租赁住房附带的公共权利差距，改变部分中低收入家庭为子女教育不得不购买住房的窘境。但此种观点实际上仍未跳出住房与公共服务捆绑的制度框架，忽视了购买住房和租赁住房这两种住房消费模式本身在居住价值方面的差异。为此，本研究认为，现阶段应优先解决"租购同权"在居住价值方面的"同权"。细究不难发现，中央政府提出的"购租并举"实际上有明确的目标群体，即"城镇新居民"①。从我国住房制度改革的历史可知，大部分城市居民在公房私有化改革中已基本解决了住房问题，城市化进程中住房租赁市场的需求主要来自"新市民"。这部分新市民既包括最低收入需要长期租赁住房的群体，也包括中低收入只需要过渡性租赁住房的群体。因此"租购同权"背后的现实意义实质上是保障劳动力要素市场化的自由流动，以及为新市民甚至城市原住民提供多样化的住房消费选择。而租赁产权保障房作为租赁住房的一部分，同样适用"租购同权"的政策理念，且租赁产权保障房对于"租购同权"的实现具有重要意义。故本研究认为，"租购同权"对租赁产权保障房制度至少提出两方面要求：一是在宏观上增加租赁产权保障房的供给数量，提高租赁产权保障房的市场份额；二是在微观上丰富保障性租赁产权的制度内涵，兼顾最低收入者与中低收入新市民的住房需求。

4.2.2　租赁产权保障房制度供需不平衡的具体表现

4.2.2.1　租赁产权住房保障资格取得的不确定性

住房保障资格取得的不确定性是我国住房保障制度普遍存在的一个问题，但相对于经济适用住房与共有产权住房而言，租赁产权住房资格取得的不确定问题更加严重。因为在我国多层次的住房保障体系中，租赁产权保障房的制度定位着眼于最低层次的住房权保障。公共租赁住房制度出台前，廉租房的目标群体是城镇常住居民中的最低收入家庭②；公共租赁住房与廉租房并轨后，全国大部分城市始终保留租赁产权保障房的最低层次

---

① 《中华人民共和国国民经济和社会发展第十三个五年规划纲要》强调：以解决城镇新居民住房需求为主要出发点，以建立购租并举的住房制度为主要方向，深化住房制度改革。

② 根据《城镇廉租住房管理办法》的规定，城镇廉租住房是面向城镇常住居民户口的最低收入家庭提供的租金相对低廉的普通住房。

住房保障定位。因此，租赁产权保障房的取得事关基础住房权的实现。具体而言，租赁产权保障资格取得的不确定性主要体现在以下两个方面：

一方面，租赁产权保障房、经济适用保障房、共有产权保障房及其他保障房的供给比例和供给先后顺序在法律制度或者国家层面的住房政策中未予明确规定。自双轨住房制度确立以来，我国中央政策层面对不同类型保障房制度的顶层设计主要见诸《国务院关于解决城市低收入家庭住房困难的若干意见》（国发〔2007〕24 号）、《国务院办公厅关于保障性安居工程建设和管理的指导意见》（国办发〔2011〕45 号），以及 2021 年《国务院办公厅关于加快发展保障性租赁住房的意见》（国办发〔2021〕22 号）这几个阶段性重要文件。从这三部文件（如表 4-2 所示）中可以看出，中央政府对租赁产权保障房越来越重视。但由于责任划分不够清晰，可操作性不强，地方政府会选择性地决定各类保障房供给的比例和先后顺序，相比见效慢、投资回报期长、管理成本高的租赁产权保障房，政府更倾向于选择市场参与度高、见效快的产权型保障房项目。如图 4-2 所示，从 2011年至 2019 年，我国地方政府在公租房上的财政支出显著低于对棚户区改造投入的资金。

表 4-2　中央政府保障房分类的顶层设计

国务院文件	主要保障房类型	着重强调内容
国发〔2007〕24 号	廉租房、经济适用住房、棚户区改造住房	逐步扩大廉租房保障范围
国办发〔2011〕45 号	廉租房、公租房、经济适用住房、有限产权住房、棚户区改造住房	重点发展公租房，逐步实现廉租房住房与公共租赁住房并轨
国办发〔2021〕22 号	公租房、保障性租赁住房、共有产权住房	高度重视保障性租赁住房建设；保障性租赁住房主要解决符合条件的新市民、青年人等群体的住房困难问题；编制年度住宅供应计划时，单列租赁住房建设用地计划

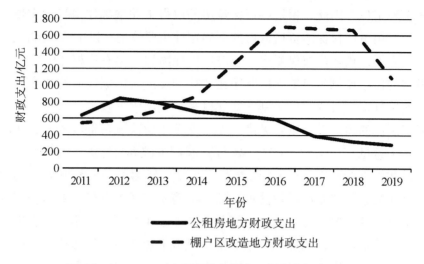

图 4-2 2011—2019 年公租房与棚户区改造地方财政支出

　　另一方面，租赁产权型保障房实行行政配给制，国家立法层面的住房权缺失导致职能部门享有不受约束的行政自由裁量空间。根据住房权基础理论，我国作为《经济、社会及文化权利国际公约》的缔约国，"不应狭隘或限制性地解释住房权利，譬如，把它视为仅是头上有一遮瓦的住处或把住所完全视为一商品而已，而应该把它视为安全、和平和尊严地居住某处的权利……"① 权利即意味着受到国家强制力的保护。依据我国的立法例，基本权利源于《宪法》以及全国人民代表大会及其常务委员会制定的法律。但我国《宪法》历经多次修改，始终未对基本住房权做出明确宣示，仅第三十九条从财产权保护的立场出发，提出"公民的住宅不受侵犯"，显然"公民的住宅不受侵犯"无法扩大解释为"公民的住宅权不受侵犯"。要从法理上寻找突破，只能根据第三十三条②并结合《国际公约》对人权的阐释，间接推导出我国根本法对住房权的保护。但无论如何，在法律未进一步确认可操作的具体条款时，我国也无法采用判例方式间接设立住房权。当然，除司法程序的救济外，行政复议在我国也是寻求个人权利保障的路径，但《中华人民共和国行政复议法》并未将行政机关的消极

---

① 参见联合国经济、社会和文化权利委员会《第 4 号一般性意见：适足住房权》。
② 《中华人民共和国宪法》第三十三条第三款规定：国家尊重和保障人权。

行政行为列入行政复议的范围①。

4.2.2.2 租赁产权保障房制度的层次划分滞后于租赁产权保障对象的现实需要

前文已述，租赁产权保障房制度经历了廉租房—廉租房与公租房并行—廉租房与公租房并轨—公租房—公租房与保障性租赁住房并行的发展轨迹。根据国办发〔2021〕22 号文的精神，顶层租赁产权型保障房制度设计有意对不同收入的住房困难群体进行区分。其中，保障性租赁主要解决"符合条件的新市民、青年人等群体的住房困难问题"；公租房面向的群体在无特别说明的情况下为原公租房保障对象。事实上，根据笔者的走访调研，尽管住建部要求从 2014 年起全面并轨廉租住房与公租房，但并未对原有的廉租房和公租房制度做实质性的改变，在实践中各地依然继续沿用原有的申请标准。如表 4-3 所示，成都市政府将租赁产权分为廉租房和公租房，廉租房主要针对本市城镇户籍的最低收入居民，与原《城镇廉租住房管理办法》的定位一致②。而公租房面向中低收入城镇户籍居民和外来务工群体，与《公共租赁住房管理办法》的定位一致③。现有的租赁产权保障房按收入标准实行阶梯化保障看似做到了无缝衔接，但实际上存在保障盲区。

---

① 《中华人民共和国行政复议法》第六条列举了 11 种可以申请行政复议的情形，其中仅第九款和第十款属于不作为的行政审查。第九款规定：申请行政机关履行保护人身权利、财产权利、受教育权利的法定职责，行政机关没有履行的。第十款规定：申请行政机关依法发放抚恤金、社会保险金或者最低生活保障费，行政机关没有依法发放的。
② 《城镇廉租住房管理办法》第二条规定：廉租房是指政府和单位在住房领域实施社会保障职能，向具有城镇常住居民户口的最低收入家庭提供的租金相对低廉的普通住房。
③ 《公共租赁住房管理办法》第三条规定：公共租赁住房是指限定建设标准和租金水平，面向符合规定条件的城镇中等偏下收入住房困难家庭、新就业无房职工和在城镇稳定就业的外来务工人员出租的保障性住房。

表 4-3　成都市租赁产权住房的收入和租金标准

保障方式	细分类型		收入标准		租金标准
租赁产权保障房	廉租房	中心城区户籍个人	年收入≤2.5 万元		2.4 元/（平方米·月）
		中心城区户籍家庭	年收入≤4 万元		
	公租房	户籍与非户籍个人	年收入≤5 万元	2.5 万元≤年收入≤3.5 万元	市场租金的 70%
				3.5 万元≤年收入≤5 万元	市场租金的 80%
		户籍与非户籍家庭	年收入≤10 万元	4 万元≤年收入≤7 万元	市场租金的 70%
				7 万元≤年收入≤10 万元	市场租金的 80%

注：公共租赁住房申请主体包括本市户籍家庭或个人和非本市户籍家庭或个人。非本市户籍申请者须具备以下条件：持有本市中心城区居住证；申请人在本市无自有产权住房及承租公房；与用人单位签订劳动合同并缴纳城镇社保。

首先，对最低收入群体而言，缺乏平缓的过渡机制使住房保障收入标准的刚性特征显著。例如，一户家庭第一年收入为 3.5 万元，符合廉租房租金标准，租住一套面积为 50 平方米①的廉租房，每月仅需支付 120 元的房租。若第二年家庭收入发生小幅波动，家庭年收入增至 4.5 万元，则不再符合廉租租金标准，将自动进入公租房阶梯，按照市场租金的 70% 租赁该套住房。根据贝壳研究院公布的数据，2018 年成都市的租金平均值为 29 元/平方米②，按 70% 比例计算，单位面积平均租金将从 2.4 元/平方米上升至 20.3 元/平方米，该家庭每月的实际缴纳租金将从 120 元增值 1 015 元。这样看，虽然家庭年收入增长了不到三分之一，但房租增长了 7 倍；扣除房租，家庭实际可支配收入从 33 560 元下降至 32 820 元。这种制度设计不仅不利于引导低收入家庭通过自身努力改善居住条件，而且反而容易导致实际生活水平降低，出现"因退返贫"现象③。

其次，非本市城镇户籍的新市民只能申请公租房，且申请人需要满足三个条件：一是持有本市中心城区居住证，二是在本市内无自有产权住房

①　成都市主城区的租赁产权保障房的面积最多不超过 60 平方米。

②　贝壳研究院. 中国住房租赁白皮书 ［R］. 2018.

③　陈佳婧. 廉租房退出机制研究：以福州市廉租房退出机制为例 ［J］. 云南社会主义学院院报，2012（3）：253-264.

及承租公房，三是与用人单位签订劳动合同并缴纳城镇社保。按照成都市居住证办理要求，在办理居住权登记需要满足的条件中，有两条与新市民直接相关：一是合法稳定就业①，二是合法稳定住所②。合法稳定就业对受教育程度较高的新市民而言相对容易，但对受教育程度较低的新市民而言相对困难。有实证研究表明，低学历新市民在进入大城市后的初始阶段，更容易选择门槛较低的工作，如建筑维修、工厂打工及家政服务等。这类工作具有流动性强、稳定性弱、工资水平低等特点③，并且雇佣关系的规范性不足，并非所有雇佣单位或个人都会按标准缴纳社会保险。合法稳定住所则要求住房租赁合同备案。尽管我国《商品房租赁住房管理办法》以及《公共租赁住房管理办法》都明确要求租赁住房合同应当备案登记，但目前租赁合同登记备案仅作为行政管理的工具，不具有法律约束力，租赁合同登记备案并不影响合同的效力④。因此，在租赁住房市场供需主体地位不对称的情况下，要求出租人配合承租人完成登记备案十分困难⑤。2019年"房租个税扣除"政策引发的争论足以证明这一点，本意为减轻租房者经济负担的政策却遭到房东的集体抵制，房东们警告：若登记备案就涨房租或解除租赁合同⑥。此外，按照《商品房租赁管理办法》的规定，违法建筑不得出租⑦。在我国住房租赁市场上，城中村"小产权房"是租

---

①　合法稳定就业是指在本市连续缴纳城镇职工社会保险满6个月，与用人单位签订劳动合同。

②　合法稳定住所是指拥有合法产权的住房、办理了租赁登记备案的住房、用人单位或就读学校提供的宿舍等。

③　刘涛，曹广忠. 大都市区外来人口居住地选择的区域差异与尺度效应：基于北京市村级数据的实证分析［J］. 管理世界，2015（1）：30-40，50.

④　《最高人民法院关于适用〈中华人民共和国合同法〉若干问题的解释（一）》第九条规定：法律、行政法规规定的合同应当办理登记手续，但未规定登记后生效的，当事人未办理登记手续不影响合同的效力，合同标的物所有权及其他物权不能转移。

⑤　深圳市作为强制登记备案制的代表，出台的《深圳市经济特区房屋租赁管理条例》第六条规定：房屋租赁关系的设立、变更，当事人应自签订租赁合同之日起十日内到区主管机关登记或者备案。不登记不备案者根据第五十三条的规定，将面临房屋租赁合同租金总额20%的罚款。但据深圳市宝安区出租屋综合管理办公室统计，全区2011年住宅出租屋282.16万套，仅办理登记备案87 573份。参见"房东们 租房合同备案了吗？［EB/OL］.（2012-08-01）［2020-06-07］.http://epaper.southcn.com/nf-daily/html/2012-08/01/content_7109450.htm."

⑥　李金磊，邱宇. 房租可抵扣个税，房东：你要申报，我就涨租金［EB/OL］.（2019-01-05）［2020-12-10］.https://baijiahao.baidu.com/s? id=1621811123450933481&wfr=spider&for=pc.

⑦　《商品房租赁管理办法》第六条规定，有下列情形之一的房屋不得出租：属于违法建筑的；不符合安全、防灾等工程建设强制性标准的；违反规定改变房屋使用性质的；法律、法规规定禁止出租的其他情形。

赁住房的主要构成部分①，因租金和区位优势成为大量新市民的首要住房租赁选择。但由于"小产权房"合法化问题未解决，客观上无法实现租赁合同备案。

最后，国办发〔2021〕22号文特别强调青年人的住房保障问题。笔者从成都市武侯区的住房保障中心了解到，目前并未有针对新就业青年人的专项住房保障计划，非成都市城镇户籍人口一律纳入外来务工人员申请。按照目前的制度设计，区政府是分配和管理住房的实际负责单位，但区政府住房保障中心设定的申请条件比成都市政府设定的标准更为严苛。以成都市武侯区为例，外来务工人员要申请租赁住房补贴，在满足个人收入低于5万元的条件的同时，还需满足已连续3年缴纳成都市社保及公积金、在成都市租赁住房并办理登记备案、居住证积分达到100分以上等条件。满足以上条件的，可以按照年收入实行4档补贴，年收入低于2.5万元的每月租金补贴777元，年收入2.3万元~3万元的每月补贴666元，年收入3万元~3.5万元的每月补贴555元，年收入3.5万元~5万元的每月补贴444元。2018年，笔者就成都市应届毕业大学生的住房问题做过一份问卷调研，得到314份有效问卷。有74.85%的问卷对象预期未来租赁住房的时间不超过2年，对他们而言住房困难时期主要发生在刚就业阶段。根据现行补贴政策，在申请租赁住房补贴前必须满足已缴纳3年社保及公积金并进行租赁合同备案等条件，但此种标准实际会提高前期的租赁住房成本。因此，当笔者问及"若符合公租房保障条件，是否愿意申请"时，仍有16.24%的问卷对象选择不申请。在主要影响因素中，程序繁多（权重56.05%）位列首位；其次是轮候时间长（49.68%），公租房选址偏远、交通不便（权重46.82%），短时间租房不必麻烦（30.25%）等。可以看到，新市民中的新就业青年人更在意现阶段居住的便捷性、可负担性和舒适性，对于租赁合同的长短以及住房所负担的教育和医疗资源敏感度较低（如图4-3所示）。综上，现行租赁住房政策实际难以满足多层次的住房租赁需求。

① 2018年全国十大重点城市的住房租赁房源占有率分别为：分散式品牌公寓8%；集中式品牌公寓1%；个人普租64%；城中村27%。参见"贝壳研究院. 2018中国住房租赁白皮书［R］. 2018."

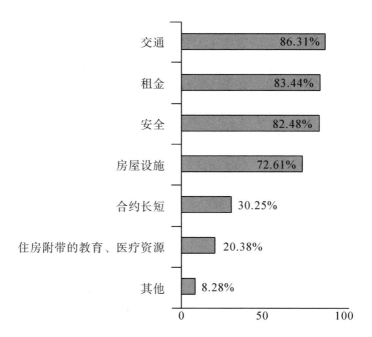

图4-3 影响应届毕业大学生租房选择的主要因素

4.2.2.3 租赁产权保障房管理规范的位阶与权威性问题

保障房管理规范的位阶与权威性直接关系到现行住房制度供给的有效性，这是我国住房保障制度普遍存在的一个问题。但在我国，租赁产权保障房定位于过渡性住房保障，以流通性强、覆盖面广为特征，其退出的频次更高。据审计署统计，截至2017年年底，公租房在保家庭为1 658.26万户，涉及4 100多万城镇中低收入住房困难居民，当年退出公租房的家庭户达59.6万户①。租赁产权保障房管理规范的权威性问题更加突出。析言之，管理规范的权威性直接影响执行力的强弱，以及后期纠纷的处置成本。

目前，我国租赁产权保障房的管理规范主要由住建部出台的《公共租赁住房管理办法》《城镇最低收入家庭廉租住房管理办法》，以及各级人民政府出台的地方性法规和规范性文件构成。为了保证公租房的循环使用，

---

① 中华人民共和国审计署. 审计署2018年第47号公告：2017年保障性安居工程跟踪审计结果 [EB/OL]. (2018-06-20) [2020-08-11]. http://xxgk.beihai.gov.cn/bhssjj/tszl_84870/sjjghzgqk/201807/ t20180704_1687996.html.

《公共租赁住房管理办法》规定租赁周期一般不超过 5 年，当发生第二十七条①规定的情形时，承租人拒不退出的，市县级人民政府住房保障主管部门先责令限期退出，逾期不退的，住房保障主管部门可以依法申请人民法院强制执行。但根据《中华人民共和国行政强制法》的规定②，我国相关部门依据各类办法、地方性法规清退不符合保障房条件的居民时，既没有处罚权也没有强制执行权③。为了规避执行的合法性问题，住房保障主管部门通常将公法义务载入租赁合同，当发生约定情形时，住房保障主管单位以合同当事人的身份提出民事诉讼。但诉讼成本问题成为阻碍诉讼目的实现的重要障碍。据学者估算，杭州市对赖租户进行诉讼的成本超过5 000元/户④。按照我国现行的法院审理程序，从审判到执行，可能会经历一审、二审、三审、发回重审⑤等诉讼环节，直接或间接产生案件受理费、鉴定费、勘验费、诉讼资料费、执行费、交通费、律师费等费用。因此，当实践中出现赖租行为时，保障房主管部门尽可能以劝说、诱导、警告等方式劝退，但此种措施收到的效果有限。长期拖延会导致赖租户欠缴的租金日渐积累，形成更加棘手的退租问题，最后仍需诉至法院⑥。

此外，民事诉讼亦无法一劳永逸地解决住房保障管理的权威性问题。在现实中，我国既有行政主管部门直接管理的租赁产权保障房，又有行政主管部门委托企业和开发商管理的租赁产权保障房，还有利用集体土地建设的公共租赁住房。因此，并非所有公租房合同的相对人都是行政主管单位。在行政主管单位作为非交易相对人的情形下，开发商即使不积极履行

---

① 《公共租赁住房管理办法》第二十七条规定："承租人有以下行为之一的，应当退回公共租赁住房：（一）转借、转租或者擅自调换所承租公共租赁住房的；（二）改变所承租公共租赁住房用途的；（三）破坏或者擅自装修所承租公共租赁住房，拒不恢复原状的；（四）在公共租赁住房内从事违法活动的；（五）无正当理由连续 6 个月以上闲置公共租赁住房的。"

② 《中华人民共和国行政强制法》第十一条规定："法律中未设定行政强制措施的，行政法规、地方性法规不得设定行政强制措施。"第十三条规定："行政强制执行由法律设定。"

③ 李谦，金俭. 保障房退出机制的实践困境与优化方案：以 2015—2019 年"保障性安居工程"审计结果为基础 [J]. 中国不动产法研究，2020（1）：214-231.

④ 曾辉. 基于演化博弈与委托代理理论的公共租赁住房退出问题研究 [D]. 杭州：浙江工业大学，2016.

⑤ 对于保障房租赁合同是属于民事诉讼管辖范围，还是行政诉讼管辖范围，不同法院认识不一，因此会存在发回重审的情况。

⑥ 在《大连市住房城乡建设事务服务中心、徐德刚房屋租赁合同纠纷》（2020）辽 02 民终 5779号一案中，公共租赁住房承租人租赁合同期限为 1 年，实际拖欠租金超过 3 年，拖欠租金总额达39 740元。

义务时，主管单位也很难代位履行①。

4.2.2.4　租赁权作为债权性权利，客观上不具备与所有权同等的居住价值

廉租房与公租房并轨前，前者致力于解决城镇户籍最低收入群体的住房问题，后者致力于解决中低收入群体及外来务工人员的住房困难问题。并轨后，原有的廉租房房源与公租房房源可调剂使用，为申请人提供更大的选择空间。但无论最低收入群体还是中低收入群体，最终获得的权利仍属于债权性租赁权，即使我国民法设置了"买卖不破租赁"的承租人保护规则，租赁权也难以实现与所有权同等的居住价值。

首先，"买卖不破租赁"只是一个原则性规定，其具体应用受到相关法律规则的约束②。从正面看，承租人以"买卖不破租赁"对抗所有权人必须处于合同约定的确定期限内，超出确定的合同期限不享有对抗所有权的权利。从反面看，据不完全统计，"买卖不破租赁"至少在以下几种情形下无法适用：一是抵押权设立在先，租赁合同签订在后③；二是因公共利益需要征收；三是企业破产需强制拍卖④；四是房屋租赁前已被人民法院查封⑤。有学者认为，"买卖不破租赁"制度的初衷是"保护弱者"，尤其在住房租赁领域，居住作为人的基本生活需要，承租人又属于经济上的弱者时，更有特别保护的必要⑥。但从我国的"买卖不破租赁"原则的具体适用情境来看，"买卖不破租赁"生效的逻辑前提是租赁行为在先、不动产变动在后，本质上是保护市场交易行为，是通过法律赋予其物权化权利的方式，弥补我国住房租赁合同无强制登记公示制度的不足。因此，"买卖不破租赁"原则本身无法消除租赁权与所有权之间的隔阂。当然，本研究也不赞同将租赁权完全物权化。因为完全将租赁权物权化不可避免

① 凌维慈. 保障房租赁与买卖法律关系的性质 [J]. 法学研究, 2017, 39 (6): 61-73.

② 季金华. 买卖不破租赁原则限制适用的条件分析 [J]. 政法论丛, 2016 (4): 74-84.

③ 《中华人民共和国民法典》第四百零五条规定："抵押权设立前，抵押财产已经出租并转移占有的，原租赁关系不受该抵押权的影响。"

④ 《中华人民共和国企业破产法》第一百一十三条规定：破产人所欠职工工资、医疗、伤残补助、养老保险等费用优先于其他债权的清偿。

⑤ 《最高人民法院关于人民法院民事执行中查封、扣押、冻结财产的规定》第二十六条规定："被执行人就已经查封、扣押、冻结的财产所作的转移、设定权利负担或者其他有障碍执行的行为，不得对抗申请执行人。"

⑥ 鲍尔, 施蒂尔纳. 德国物权法（上册）[M]. 张双根, 译. 北京：法律出版社, 2004：186.

地会出现出租人将租赁关系效力增强的制度成本以租金的形式转嫁给承租人，最终适得其反①。

然而，在住房保障领域，"买卖不破租赁"同样难以起到"保护弱者"的制度功能。从正面看，目前，我国的公租房保障期限普遍低于5年，自合同期限届满之日，承租人需重新申请继续承租保障房；在合同期限届满之日至重新签订租赁合同这一期间，固定期限合同转为不特定期限合同。根据《民法典》的规定，在租期不确定的条件下，出租人享有随时解除合同的权利②。从反面看，尽管《民法典》规定公益设施不得抵押③，政府全资建设的公租房不会出现因抵押导致租赁权无法实现的情形，但商业配建、政府趸租以及集体土地建公租房等开发方式存在抵押风险，当抵押权与租赁权发生冲突时，抵押权在先设立的承租人亦不具有对抗抵押权人的权利。

其次，保障房承租权在法律上的保障力度上次于市场化租赁和住房购买。我国保障房租赁权的确立需经两个阶段，首先是主体资格确认，其次是租赁合同缔结。尽管《公共租赁住房租赁合同》与其他商品房租赁合同一样受《民法典》保护，但《公共租赁住房租赁合同》作为格式合同，合同的接受者没有讨价还价的自由，合同的提供者处于优势地位④。而在商品房租赁中，即使"买卖不破租赁"存在适用门槛，承租人还是可以通过"效率违约"的方法避免既存利益和期待利益的损失⑤。登记公示是区分债权与物权的权利外观，我国《公共租赁住房管理办法》仅要求合同签订后由公共租赁住房所有权人或者其委托机构报住房保障主管部门备案⑥，而商品房购买者在购买期房时根据《民法典》第二百二十一条的规定享有"预告登记"的权利。备案与预告登记在法律效力上的性质存在本质区别，备案制度仅作为行政管理手段，不具有任何法律约束力，而"预告登记"

---

① 温世扬，武亦文. 论租赁权的非物权化进路 [J]. 当代法学，2010，24 (3)：95-102.

② 参见《民法典》第七百三十条。

③ 《民法典》第三百九十九条规定："学校、幼儿园、医疗机构等为公益目的成立的非营利法人的教育设施、医疗卫生设施和其他公益设施"不得抵押。

④ 当然，格式合同在保障房租赁场合符合科尔多希克斯的效率选择，但仍存在帕累托改进的空间。参见"柯华庆. 格式合同的经济分析 [M] //冯玉军. 中国法经济学应用研究. 北京：法律出版社，2006：579."

⑤ 温世扬，武亦文. 论租赁权的非物权化进路 [J]. 当代法学，2010，24 (3)：95-102.

⑥ 参见《公共租赁住房管理办法》第十七条。

则是《民法典》确认的一种特殊公示方法，具有物权效力[1]。

最后，与居住直接相关的权利范围从物理状态可以划分为专有部分和共有部分。在我国，城市与农村的住房居住形态存在显著区别。在农村，村集体经济组织成员有权在宅基地上建设独栋农房，村民的居住形态上以宅院为基础，以家庭为单位。而城市的建设用地使用权以宗地进行划拨或出让，由开发商按照规划标准统一建设，城市居民的居住形态以群居为基础，以小区为单位。因此，城市居民小区业主享有的住房产权实际包括对专有部分的权利和对共有部分的权利。我国《民法典》和《物业管理条例》均规定了需要由业主共同决定的事项，以及业主可以行使的权利和应当承担的义务。反观租赁权，承租人不论其承租期限长或短，都无权参与小区的公共事务管理。这种制度设计一方面降低了承租人的归属感和居住品质，另一方面为后期住宅小区的公共治理留下隐患。近期在老旧小区治理中这一问题已十分突出，多套房所有权人将住房出租后，因其不实际居住在此，便概不参与小区的公共管理事务，客观上既无法行使对物业的监督，同时也使业主共同决策事项需要投票时，花费大量沟通交流成本。

4.2.3 租赁产权保障房制度供需不平衡的经济解释

4.2.3.1 "土地财政"对租赁产权保障房制度产出效率的约束

土地财政依赖对保障房供给的约束在学界已达成共识。自 1994 年分税制改革和住房市场化改革后，地方财政与房地产之间就逐渐建立起紧密的经济联系。我国 31 个省（自治区、直辖市）地方政府的土地财政依赖度从 2000 年 8.51% 快速攀升至 2003 年的 35.50%，截至 2013 年底达到 38.80%，年均增速高达 12.38%[2]。根据最新发布的统计数据，本研究按照同一统计口径计算出 2015 年以后我国 31 个省（自治区、直辖市）的土地财政规模和土地财政依赖度，结果发现（如表 4-4 所示），尽管近年来中央政府频繁对房地产市场进行调控，但整体上我国土地财政规模在 2015 和 2016 年短暂下降后，又在 2017 年回升至 36.24%。2015—2017 年三年内，河北、江苏、浙江、安徽、福建、江西、河南、湖北、重庆、四川 10

---

① 杨遂全，等. 房地产法学新论 [M]. 成都：四川大学出版社，2013：225.

② 牟燕，钱忠好. 破解地方政府土地财政困境的路径选择研究 [J]. 中国土地科学，2015，29（12）：18-25.

个省份的土地财政依赖度高于全国平均水平；北京、天津、辽宁、上海、山东、湖南、广东、广西、海南、贵州、甘肃的土地依赖度介于20%至全国平均水平之间；西藏自治区土地财政依赖度最低。在人口净流入省（自治区、直辖市）中，仅上海土地财政规模和土地财政依赖程度持续下降，而江苏、浙江、广东、重庆的土地财政规模和依赖度都保持上升态势。

表4-4　我国31个省（自治区、直辖市）土地财政规模与土地财政依赖度

地区	2015 年		2016 年		2017 年		平均依赖度/%
	土地财政规模/亿元	土地财政依赖度/%	土地财政规模/亿元	土地财政依赖度/%	土地财政规模/亿元	土地财政依赖度/%	
北京	2 059.78	30.36	909.87	15.19	2 718.24	33.36	26.30
天津	580.89	17.88	1 117.95	29.10	1 123.19	32.71	26.57
河北	1 140.07	30.09	1 313.97	31.56	2 012.58	38.36	33.33
山西	273.36	14.27	421.67	21.31	530.99	22.14	19.24
内蒙古	220.25	10.08	230.40	10.25	297.44	14.87	11.73
辽宁	665.29	23.82	550.00	20.00	590.28	19.79	21.20
吉林	227.18	15.60	289.59	18.64	360.26	22.93	19.06
黑龙江	220.21	15.89	208.56	15.37	281.67	18.47	16.58
上海	1 608.81	22.57	1 541.50	19.40	1 484.56	18.27	20.08
江苏	4 652.37	36.69	6 343.60	43.86	7 290.33	47.15	42.56
浙江	1 951.03	28.86	3 619.01	40.57	6 874.76	54.22	41.22
安徽	1 516.02	38.18	2 406.32	47.38	2 796.38	49.86	45.14
福建	1 186.87	31.81	1 389.33	34.35	1 995.19	41.53	35.90
江西	1 013.49	31.88	966.58	31.00	1 581.69	41.31	34.73
山东	1 977.98	26.35	2 459.83	29.57	3 361.59	35.53	30.48
河南	1 141.80	27.46	1 558.12	33.07	2 207.10	39.31	33.28
湖北	1 483.84	33.05	1 425.42	31.48	2 068.76	38.91	34.48
湖南	971.18	27.85	1 065.03	28.30	1 207.88	30.46	28.87
广东	2 970.13	24.08	3 391.58	24.61	5 319.55	31.97	26.88
广西	607.76	28.63	686.01	30.59	814.41	33.52	30.91
海南	214.32	25.45	258.63	28.86	198.09	22.71	25.68
重庆	1 436.22	39.99	1 055.01	32.14	1 776.71	44.10	38.74
四川	1 316.07	28.17	1 353.03	28.53	2 422.17	40.37	32.36
贵州	534.23	26.22	497.34	24.16	698.06	30.19	26.86
云南	282.32	13.50	385.70	17.55	695.26	26.93	19.33

表4-4(续)

地区	2015 年		2016 年		2017 年		平均依赖度/%
	土地财政规模/亿元	土地财政依赖度/%	土地财政规模/亿元	土地财政依赖度/%	土地财政规模/亿元	土地财政依赖度/%	
西藏	10.08	6.85	30.62	16.41	34.51	15.66	12.97
陕西	407.60	16.52	459.51	20.04	560.81	21.84	19.47
甘肃	238.33	24.27	221.19	21.94	219.64	21.21	22.47
青海	34.32	11.38	35.51	12.96	74.97	23.34	15.90
宁夏	90.23	19.46	87.29	18.38	79.94	16.07	17.97
新疆	188.62	12.41	183.51	12.38	307.44	17.33	14.04
全国	31 220.65	27.33	36 461.68	29.48	51 984.48	36.24	31.02

数据来源：历年《中国统计年鉴》《中国国土资源统计年鉴》。

注：本研究土地财政依赖度 $= \dfrac{土地出让金}{土地出让金 + 地方政府本级预算收入}$。

　　与土地财政发展趋势一致的是，从 2013 年到 2017 年，住宅建设用地的土地出让面积和土地出让收益经历了回落到上升的过程。2017 年，住宅建设用地土地财政出让收益较上年增长 61.4%，但公租房用地出让收益占住宅用地出让收益的比重持续下降，从 0.37% 跌至 0.09%（如表 4-5 所示）。这意味着公租房用地出让收益对土地财政的贡献大幅降低。因此，在土地财政模式下，保障购房者权益不受损是与地方官员利益共容的行为，而保障租客以及中低收入群体的利益共容性较弱[1]。尤其对于开发投资大、回报周期长、管理成本高、覆盖面广的公租房，地方政府更偏好少供地，或在区位较差的地段供地。笔者实地调研成都市现有租赁产权保障房项目后证实了这一点，成都市租赁产权保障房选址多在各行政区交界的位置。也正是基于这一循环路径，我国的公租房空置率较高，存在严重的住房资源浪费现象。2018 年，全国有 18.41 万套公租房因位置偏远、需求不足，空置 1 年以上[2]，公租房甚至难以维持"以租养房"的局面。

　　① 罗卫东，朱翔宇. 租购并举：租购同权还是租购平权？兼论我国土地财政模式转型的必要性[J]. 浙江学刊，2020（1）：90-99.
　　② 中华人民共和国审计署. 2019 年第 4 号公告：2018 年保障性安居工程资金投入和使用绩效审计结果[EB/OL].（2019-08-13）[2020-01-11]. http://audit.xm.gov.cn/sjdt/sjgg/201908/t20190813_2325238.htm.

表 4-5　2013—2017 年各类型住宅用地出让面积、出让收入及公共租赁住房占比

住宅用地类型	2013 年		2014 年		2015 年		2016 年		2017 年	
	出让面积/公顷	出让金/亿元	出让面积/公顷	出让金/亿元	出让面积/公顷	出让金/亿元	出让面积/公顷	出让金/亿元	出让面积/公顷	出让金/亿元
普通商品房	105 183.68	25 554.47	75 727.42	19 702.93	58 343.18	19 124.45	55 168.52	23 882.73	69 602.07	37 843.48
中低价位中小套型	36 808.46	8 278.87	26 515.20	5 562.49	18 521.15	4 762.65	16 413.57	5 825.99	20 649.61	10 069.50
公租房	526.73	134.62	341.46	42.12	202.82	36.31	256.30	28.81	170.92	44.60
高档住宅	124.00	68.29	112.73	25.01	106.30	10.03	109.40	11.89	79.56	59.48
合计	142 642.87	34 036.26	102 696.81	25 332.54	77 173.45	23 933.44	71 947.79	29 749.42	90 502.16	48 017.05
公租房占比	0.37	0.40	0.33	0.17	0.05	0.15	0.36	0.10	0.19	0.09

注：上表为笔者根据历年《中国国土资源统计年鉴》整理。

此外，若后期我国租赁产权保障房制度构建按照广义租售同权模式展开，可以推测其在短期内将进一步加重地方政府的财政负担，地方政府难以兼顾行政主体和经济主体的双重角色。作为住房保障的直接责任主体和住房资源分配的权力主体，在中央政府未建立统一的公租房制度的前提下，基于理性人假设，不具备激励地方政府完善租赁产权保障房制度的条件。因此，在土地财政压力和住房保障激励机制欠缺正反两方面因素共同作用的情况下，租赁产权保障房制度供给长期滞后于制度的需要。

4.2.3.2　相关产品价格及产业规模变化要求租赁产权保障房制度进一步细化

相关要素价格的变化是导致制度不均衡的重要因素。住房市场化以来，我国前期重售轻租的住房政策导向促进了商品房市场的蓬勃发展，使其与租赁住房市场的长期滞后形成鲜明对比。住房制度作为上层建筑的一部分，其制定实施本身就存在正的交易费用，因此住房制度优先解决商品房所有权交易中存在的普遍性问题。但商品房价格过快增长与租赁市场发展缓慢之间的矛盾在现阶段已成为威胁房地产市场稳定和城镇常住居民住房可负担性的关键因素。据笔者估算，2018 年，我国部分重点城市的房价租金比普遍超过300%（如表4-6所示），深圳房价租金比甚至高达805%。按此发展趋势，一旦房价远远超过租金且家庭预期房价上涨，那么居民家庭宁愿空置住房、等待住房价格上涨以获取投机收益，也不愿出租住房[①]。

表 4-6　我国部分重点城市房价租金比

地区	商品房销售价格 /元/平方米	住房租金 /元/平方米	房价租金比 /%
北京	36 571	76.1	480.57
天津	15 907	32.2	494.01
上海	29 022	68.2	425.54
南京	19 738	47.6	414.66
杭州	24 364	53.2	457.97
武汉	12 679	34.1	371.82

---

① 中国家庭金融调查与研究中心. 城镇住房空置率及住房市场发展趋势（简要版）[EB/OL]. (2014-06-26)[2021-02-02]. https://chfs.swufe.edu.cn/thinktank/resultsreport.html？id=1473.

表4-6(续)

地区	商品房销售价格 /元/平方米	住房租金 /元/平方米	房价租金比 /%
广州	21 894	44	497.59
深圳	55 441	68.8	805.83
成都	9 776	29	337.10

注：商品房销售价格数据来源：《2019 年中国房地产统计年鉴》；租金数据来源：《2018 年中国住房租赁白皮书》。

　　与此同时，在我国长期以出售为主的住房消费模式下，存量住房产品面积以 90 平方米至 144 平方米为主，单身或独户租住整套住房的成本较高，合租的私密性较差。2015 年住建部在 16 大城市的调查数据显示，我国存量住房市场上的小户型住房非常少，合租比例达 50%[①]。而现阶段，我国租赁住房的需求主要集中在 50 平方米以内面积段，其次为 50~70 平方米、70~90 平方米，住房租赁访问量与住房面积段呈反比关系。在外来人口较多的珠三角地区，50 平方米以下房源访问量高达 62.5%。2018 年，在市场需求和国家政策扶持刺激下，50 平方米以下租赁住房房源的年供应量快速增加，50 平方米面积段小户型租赁住房供应比例约占全年租赁住房供给量的 30%[②]。目前，租赁住房市场发育良好，我国重点 10 城租金收入比基本控制在 30% 以内（如表 4-7 所示），预期未来租赁住房市场将成为经济和民生的着力点。目前，住房租赁市场的持续发育已吸引大量租赁住房企业进入住房租赁产业，带动了租赁住房周边产业的发展，初步形成房地产中介、装修公司、广告公司、咨询公司、运营公司、金融机构等协作发力的完整产业链。租赁住房市场的规模越大、分工越细，对制度的精细化程度要求就越高。未来，还要缩短劳动力的"职住成本"，将保障性租赁融入商品房市场，因此，利用市场化的优势解决住房保障问题成为租赁产权保障房与商品房制度衔接的重要内容。

① 庞无忌. 中国住建部：三措施解决新市民等"租房难"问题[EB/OL].（2016-05-06）[2020-04-15]. http://www.chinanews.com/cj/2016/05-06/7861097.shtml.
② 安居客房产研究院. 2018 年中国住房租赁报告［R］. 2018.

表 4-7 2018 年我国重点 10 城租赁市场规模

城市	租赁人口占比/%	租赁人口数量/万人	租金绝对值/元/平方米	人均租赁面积/人/平方米	租金收入比/%	人均年租金/元	租金规模/亿元
上海	39.30	951	68.2	17.41	24.41	14 248.3	1 355.1
北京	39.70	863	76.1	17.47	29.81	15 953.6	1 376.3
广州	34.90	490	44	24.27	27.33	12 814.6	627.9
深圳	39.20	467	68.8	17.72	28.78	14 629.6	683.0
成都	29.20	465	29	27.62	23.62	9 611.8	446.8
天津	28.70	448	32.2	26.53	27.58	10 251.2	459.6
苏州	27.30	375	39	25.89	15.51	12 116.5	454.8
武汉	27.70	298	34.1	29.26	27.38	11 973.2	357.0
杭州	25.70	236	53.2	25.65	28.24	16 375.0	386.7
南京	25.60	212	47.6	23.85	22.68	13 623.1	288.4

数据来源：《2018 年中国住房租赁白皮书》。

4.2.3.3 人口、经济及空间分布的过渡性特征对租赁产权保障房制度提出更高的要求

住房是劳动力生产与再生产的必要场所，住房制度改革需要始终围绕人口的实际需要进行创新。在城镇化发展过程中，我国经历了以城市规模为重心的低速发展期、快速发展期，现阶段进入以人为核心的高质量发展阶段[1]。在城镇化发展初期，我国城乡劳动力要素流动相对缓慢，尤其在计划经济时期，住房分配与就业主要通过单位这一媒介完成。但伴随国有企业改革和住房制度改革，市场在劳动力就业和住房资源配置中的作用日渐突出，暂住费、流动人口管理费、计划生育费、城市增容费等制度性障碍逐步被破除，人口的流动与区域经济的发展建立起紧密的互动关系。

现阶段，我国的城镇化率已接近 60%，但距离发达国家 80% 的城镇化

---

[1] 城镇化初期主要指 1949—1995 年这一阶段。1978—1995 年城镇化年均增速为 0.65%，1996—2012 年城镇化年均增长速度为 1.38%，2013 年以后城镇化速度降低但城镇化质量提高，以人为核心的城镇化要求进一步缩小城乡住房制度的差距。参见"朱鹏华. 新中国 70 年城镇化的历程、成就与启示[J]. 山东社会科学，2020（4）：107-114."

率还有一定距离，主要大城市的人口密度和规模与国际大城市相比仍有上升空间。按照劳动力流动的基本规律，劳动力会从就业岗位少、经济较为落后的城市或地区流向就业岗位充足、市场需求旺盛的地区。在土地和住房资源有限的情况下，以住房所有权的形式满足人口高度集中带来的住房需求，客观上难以为继。此外，就我国的国情来看，城市规模与产业布局还处于不断调整和升级的阶段，流动人口中的农村转移劳动力仍具有"钟摆式往复流动的特征"①。城乡劳动力要素流动还受到除住房以外的其他因素的影响。在农村宅基地制度、户籍制度以及城乡住房保障制度未系统建立起来前，以所有权形式提供住房保障可能会产生更大的浪费，以租赁产权住房形式促进劳动力要素市场化流动更有利于国民经济循环，有利于继续释放劳动力要素市场化改革的红利。

值得关注的是，2018 年我国的流动人口规模已进入调整期，伴随劳动密集型产业向中西部转移，我国农民工也出现了从东部沿海地区向中西部地区回流的现象。与此同时，新生代流动人口结构中，1980 年后出生的人口比重占 65.1%，成为我国租赁住房市场的首要需求群体②。这部分群体的住房保障需求对新的住房保障体系提出了更加多元化的要求。

4.3 集租房调研情况与利益博弈分析

4.3.1 集体土地建租赁产权保障房的权利冲突：以清泉镇为例

4.3.1.1 清泉镇花园村集体土地公租房项目试点背景

2017 年，《国土资源部住房城乡建设部关于印发〈利用集体建设用地建设租赁住房试点方案〉的通知》（国土资发〔2017〕100 号），确定了包括成都市在内的 13 个利用集体建设用地建租赁住房试点的城市。成都市作为试点城市之一，首先确定在青白江区、金堂县和浦江县这三个区县开展试点项目。其中，青白江区的集租房试点的定位是解决产业园区周边新市民对租赁住房的需求，解决"职住平衡"问题。因此，首期集体土地租

---

① 王凯，李凯，刘涛. 中国城市流动人口市民化空间分异与治理效率［J］. 城市规划，2020，44（6）：22-30，112.

② 国家卫生健康委员会. 中国流动人口发展报告 2018［R］. 北京：中国人口出版社，2019.

赁住房项目选址位于欧洲产业城周边的清泉镇花园村。据悉，2019 年，欧洲产业城项目已经完成了总体规划、控制性详细规划等编制工作，预计近期将形成 17.9 平方公里的产业园区，远期将扩展至 27.2 平方公里。该园区已经确定了康佳智造、华鼎国联等 15 个重大项目，其他在谈项目 18 个，预计未来伴随项目的建成，该片区的青年技术人员及外来务工人员数量将大幅提升，区域人口有望达到 9.2 万人，区域内会出现旺盛的住房租赁需求。然而在供给端，由于欧洲产业城项目距离青白江主城区较远，原先未规划有公共租赁住房或经济适用住房等保障房。在配套住宅缺位的情况下，该区职工住房问题只能寄希望于临近的清泉镇花园村农民住房。如果周边产业发展起来，但配套住房问题不解决，那将会激化产业园区的住房供需矛盾，不仅片区内住房居住环境得不到改善，而且会激励农民违规扩建和翻修农房。同时，由于该片区的经济发展较为滞后，相关产业配套不足，尤其第二、三产业发展较慢，当地农民多选择外出务工，农村房屋空置土地抛荒现象突出。因此，在清泉镇花园村利用集体土地建设租赁住房具有现实必要性和可行性，有望成为平衡集体经济组织成员、政府、企业和新职工的制度支撑。

4.3.1.2 花园村利用集体土地建公共租赁住房项目的运转模式

此次青白江区试点的集体土地公租房用地属于清泉镇花园村一组所有，占地面积约为 7.18 亩（1 亩 ≈ 666.7 平方米，全书同），土地使用权出让年限为 70 年，每亩成交价格为 65 万元。笔者从成都农村产权交易所青白江区农村产权交易中心了解到，截至 2021 年 3 月，该项目整体已经竣工，进入尾期软装阶段，暂时还未正式对外出租。由于该项目试点为集体土地公租房，而不是集体土地商业租赁住房，所有的住房出租均需要通过住房保障中心公示，预计会根据保障房的相关规定对租客设置门槛。租赁合同为一次性签订 10 年，租金一次缴清，价格根据楼层朝向、面积和户型相应增减。整体上，住房单位面积租金为 20~30 元人民币，户型以一室和两室为主，面积介于 47~89 平方米。按照此标准可大致估算租赁一套 47 平方米的集租房月租金最低为 940 元，而租赁 89 平方米的集租房租金最高可达每月 2 670 元，高于青白江城区内同等面积的商品租赁住房。未来若按照现定标准对外出租住房，恐存在租金的可负担性不高以及突破现行《公共租赁住房管理办法》规定的问题。

本次入市的集体建设用地原用途为该村村委办公用地。该地块上房屋设施老旧，为一层平房，利用率低，且房屋周围留有大面积闲置土地，因此成为集租房建设的首选。在编制村庄规划时将试点项目的性质变更为住宅用地，改变了原来的土地用途，项目建成后的配套用房优先用于花园村村委办公，实际上是将居住用途与公益用途相融合。该项目的开展采用联营的方式，政府平台公司（成都市青白江区国有资产监督管理和金融工作局全资公司成都市融禾现代农业发展有限公司）与成都市青白江区清泉镇花园村村民委员会联合成立新的集体土地公租房开发公司（成都市融园祥实业有限公司），村委会占股 51%，政府平台公司占股 49%。为保障农民的利益，新公司在章程中规定，集体经济组织每年可优先从收益中获取 4 万元的保底分红，每亩约 5 000 元。据估算，该试点项目总计投资 3 000 万元，扣除前期成本、借款利息、农民收益等支出，预计 20 年左右可以实现正收益。届时，村集体按照股份预计每年至少可分得 60 万元的利润。但即便如此，村民对该公租房建设项目的积极性并不高，因为与其他商业项目相比，公租房项目的回报率低、回报周期长。相比参股集体土地公租房，部分村民更倾向于土地被征收为国有，或换取一次性的补偿金，或解决自身的安置和社保问题。

4.3.1.3 集体土地公租房建设各主体间的权利冲突

从清泉镇花园村集体土地租赁住房项目的实施情况看，参与集体土地租赁住房项目开发的主体有农民、村集体经济组织、企业和政府。值得注意的是，虽然清泉镇花园村集体土地公租房项目的参与企业是国有独资公司，但本质上企业作为合法的民事主体自负盈亏，且未来伴随市场化改革的深入及集体土地租赁住房项目的建设，有必要吸引更多市场主体的参与。因此本研究认为，企业与政府、农民和村集体经济组织应作为集体土地租赁住房建设的参与主体，构建博弈模型。

具体而言，在现行制度框架下，政府享有的征地权[①]与规划权，以及集体经济组织享有的集体经营性建设用地自主入市权和农民宅基地出租收益权，是集体土地租赁住房建设权利冲突的主线。从清泉镇花园村村民对集体土地建公共租赁住房的态度可以看出，农民对于回报率低、回报周期

---

① 《土地管理法》第四十五条规定，因保障性安居工程建设用地需要，政府可征收集体土地。

长的集体土地公共租赁住房项目不感兴趣，而更希望通过自主入市的方式流转集体经营性建设用地，甚至希望通过土地征收换取城市社保和补偿款。但农民的此种愿望很难实现，一是该地块属于原村委的办公用地，按照现行法律对集体建设用地的类型划分，集体公共公益事业用地与集体经营性建设用地和宅基地是并列的集体建设用地类型。按照《土地管理法》第六十三条的规定，集体公益性事业用地并不属于可以直接入市的集体经营性建设用地，必须经过用途转化才具有入市的可能，而规划和管制权由政府垄断；二是按照四川省征地补偿标准，此次入市的集体土地原用途为村委办公用地，属于耕地以外的"其他土地"，征地补偿标准按照耕地安置补助费的一半计算，其余可获得补偿主要包括地上附着物和青苗补偿及安置补偿费等[①]，且入市地块面积仅 7.18 亩，实际能够分配到农民个人手中的补偿金十分有限。

对于政府而言，尽管政府享有征地权和规划管制权，但如果在集体经营性建设用地入市背景下，按照法定补偿标准强行征收集体土地，必定会引发农民抗争，有损集体土地入市政策的威信。相反，在"去土地财政"时代，以集体土地入市建公租房是对征地制度下土地增值收益分配模式的一个突破，虽然不征地可能会降低国家可获得的"土地财政收入"，但鼓励对集体闲置和低效利用土地进行高强度开发，也为国家（政府）将来通过税收形式合理参与农村土地增值收益分配提供了基础和空间。同时，政府作为住房保障责任主体，在利用集体土地履行保障责任的同时，也避免了国有土地开发的机会成本。因此对政府而言，是否行使征地权存在概率问题。在信息不对称的情况下，政府、村集体经济组织、农民、企业四方主体均存在各自的行动策略。

4.3.2 博弈模型及分析

4.3.2.1 不完全信息博弈模型构建

（1）模型假设

①博弈主体：农民与集体、企业、政府。②农民、集体、企业属于经济人，具有经济人的各项特征；政府是经济人和社会人的综合体，既要考

---

① 参见《四川省〈中华人民共和国土地管理法〉实施办法》第四十条。

虑本身收益最大化，又要兼顾社会稳定问题。③市场信息具有不完全性，农民、集体、政府、企业相互知道可以采取的行动策略的集合，但不了解各自行动策略发生的概率。

（2）行动策略

①政府行动策略：针对用于公租房建设的集体土地，政府有两种行动策略——征地和不征地，其行动集合为 $A_1 = \{$征地，不征地$\}$。征地增加土地财政收益，但政府征地的信息不透明、征地补偿不到位、征地安置不完善容易形成暴力拆迁，导致社会基层的不安定；不征地则不会引起因征地导致的社会底层不安，但政府直接财政收益明显减少。②农民行动策略——顺从和反抗，其行动集合为 $A_2 = \{$顺从，反抗$\}$。针对政府征用的农村集体建用地，农民顺从配合政府征地和反抗政府征地。顺从无额外收益，无须支付成本；反抗有效可增加收益，但需要付出成本。针对没有被征用的集体建设用地，农民将来可顺从市场趋势按相关规定合法入市或反抗实施私下转让。入市有收益，不承担成本，私下转让有被查出处罚的风险。③针对企业，有两种备选行动策略——进入土地市场和不进入土地市场，其行动集合为 $A_3 = \{$进入，不进入$\}$。进入私下转让的土地市场有被查出处罚的风险。

（3）成本收益

①政府成本收益：顺从时征地成本为 c_{11}，反抗时征地成本为 c_{12}，土地入市管理成本为 c_{13}，私下土地转让监督成本为 c_{14}；企业进入时征地收益为 r_{11}，企业进入时入市土地增值收益调节金（土地增值税）收益为 r_{12}，私下土地转让交易查出惩罚收益为 r_{13}［有效查出系数 $\alpha(1 \geq \alpha \geq 0)$］。②农民成本收益：反抗征地成本为 c_{21}，私下进行土地转让风险成本为 c_{22}；顺从征地分配收益为 r_{21}，反抗征地有效收益为 r_{22}［有效反抗系数为 $\beta(\beta \geq 1)$］；企业进入时入市土地增值收益为 r_{23}，私下进行土地转让收益为 r_{24}。③企业成本收益：政府征地成本 c_{31}，入市土地成本 c_{32}，私下转让交易查出惩罚成本 c_{33}；企业收益固定为 r_3。④集体成本收益：顺从征地交易与管理成本为 c_{41}，反抗征地交易与管理成本为 c_{42}，入市交易与管理成本为 c_{43}，私下进行土地转让监督成本为 c_{44}；征地分配收益为 r_{41}，企业进入时入市收益为 r_{42}，监督私下进行土地转让查出收益为 r_{43}。

（4）概率分布

根据模型假设、行动策略及成本收益分析，构建农村集体经营性建设用地入市的不完全信息博弈树图，即成本收益的概率分布（如图4-4所示）。

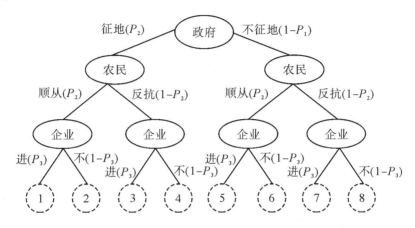

图4-4 成本收益概率分布

根据成本收益可计算出农民、集体、政府和企业四方行为主体在不同行为决策下的净收益表（如表4-8所示）。

表4-8 不同决策下行为主体的净收益表

序号	政府	农民	企业	集体
1	$r_{11} - c_{11}$	r_{21}	$r_3 - c_{31}$	$r_{41} - c_{41}$
2	$- c_{11}$	r_{21}	0	$r_{41} - c_{41}$
3	$r_{11} - c_{12}$	$\beta r_{22} - c_{21}$	$r_3 - c_{31}$	$r_{41} - c_{42}$
4	$- c_{12}$	$\beta r_{22} - c_{21}$	0	$r_{41} - c_{42}$
5	$r_{12} - c_{13}$	r_{23}	$r_3 - c_{32}$	$r_{42} - c_{43}$
6	$- c_{13}$	0	0	$- c_{43}$
7	$\alpha r_{13} - c_{14}$	$r_{24} - \alpha c_{22}$	$r_3 - \alpha c_{33}$	$\alpha r_{43} - c_{44}$
8	$- c_{14}$	0	0	$- c_{44}$

4.3.2.2 剔除严格劣势策略的纳什均衡博弈分析

针对不完全信息博弈的解决问题，约翰·海萨尼于1967年在论文

《贝叶斯参与人完成的不完全信息博弈》中通过引入"虚拟参与人",对使不完全信息变成关于"虚拟参与人"行动的不完美信息的"海萨尼转换"[①] 给予解决。通过海萨尼转换,可以计算出不完全信息下的集体经营性建设用地入市行为主体收益博弈的均衡结果——期望收益。

（1）分别计算政府（E_1）、农民（E_2）、企业（E_3）和集体（E_4）四个行为主体期望收益

$$E_1 = p_1 p_2 p_3 (r_{11} - c_{11}) + p_1 p_2 (1 - p_3)(-c_{11}) + p_1 (1 - p_2) p_3 (r_{11} - c_{12}) + p_1 (1 - p_2)(1 - p_3)(-c_{12}) + (1 - p_1) p_2 p_3 (r_{12} - c_{13}) + (1 - p_1) p_2 (1 - p_3)(-c_{13}) + (1 - p_1)(1 - p_2) p_3 (\alpha r_{13} - c_{14}) + (1 - p_1)(1 - p_2)(1 - p_3)(-c_{14})$$

化简为

$$E_1 = p_1 p_3 r_{11} + (1 - p_1) p_2 p_3 r_{12} + (1 - p_1)(1 - p_2) p_3 \alpha r_{13} - p_1 p_2 c_{11} - p_1 (1 - p_2) c_{12} - (1 - p_1) p_2 c_{13} - (1 - p_1)(1 - p_2) c_{14} \tag{4.1}$$

$$E_2 = p_1 p_2 p_3 r_{21} + p_1 p_2 (1 - p_3) r_{21} + p_1 (1 - p_2) p_3 (\beta r_{22} - c_{21}) + p_1 (1 - p_2)(1 - p_3)(\beta r_{22} - c_{21}) + (1 - p_1) p_2 p_3 r_{23} + (1 - p_1) p_2 (1 - p_3) \times 0 + (1 - p_1)(1 - p_2) p_3 (r_{24} - \alpha c_{22}) + (1 - p_1)(1 - p_2)(1 - p_3) \times 0$$

化简为

$$E_2 = p_1 p_2 r_{21} + p_1 (1 - p_2)\beta r_{22} + (1 - p_1) p_2 p_3 r_{23} + (1 - p_1)(1 - p_2) p_3 r_{24} - p_1 (1 - p_2) c_{21} - (1 - p_1)(1 - p_2) p_3 \alpha c_{22} \tag{4.2}$$

$$E_3 = p_1 p_2 p_3 (r_3 - c_{31}) + p_1 p_2 (1 - p_3) \times 0 + p_1 (1 - p_2) p_3 (r_3 - c_{31}) + p_1 (1 - p_2)(1 - p_3) \times 0 + (1 - p_1) p_2 p_3 (r_3 - c_{32}) + (1 - p_1) p_2 (1 - p_3) \times 0 + (1 - p_1)(1 - p_2) p_3 (r_3 - \alpha c_{33}) + (1 - p_1)(1 - p_2)(1 - p_3) \times 0$$

化简为

$$E_3 = p_3 r_3 - p_1 p_3 c_{31} - (1 - p_1) p_2 p_3 c_{32} - (1 - p_1)(1 - p_2) p_3 \alpha c_{33} \tag{4.3}$$

$$E_4 = p_1 p_2 p_3 (r_{41} - c_{41}) + p_1 p_2 (1 - p_3)(r_{41} - c_{41}) + p_1 (1 - p_2) p_3 (r_{41} - c_{42}) + p_1 (1 - p_2)(1 - p_3)(r_{41} - c_{42}) +$$

---

① 弗登博格, 梯若尔. 博弈论 [M]. 黄涛, 郭凯, 龚鹏, 等译. 北京: 中国人民大学出版社, 2002: 183-185.

$$(1 - p_1) p_2 p_3 (r_{42} - c_{43}) + (1 - p_1) p_2 (1 - p_3)(-c_{43}) +$$
$$(1 - p_1)(1 - p_2) p_3 (\alpha r_{43} - c_{44}) +$$
$$(1 - p_1)(1 - p_2)(1 - p_3)(-c_{44})$$

化简为

$$E_4 = p_1 r_{41} + (1 - p_1) p_2 p_3 r_{42} + (1 - p_1)(1 - p_2) p_3 \alpha r_{43} - p_1 p_2 c_{41} -$$
$$p_1 (1 - p_2) c_{42} - (1 - p_1) p_2 c_{43} - (1 - p_1)(1 - p_2) c_{44} \qquad (4.4)$$

（4.1）~（4.4）式是政府、农民、企业和集体在农村集体经营性建设用地流转的期望收益函数，也是政府、农民、企业和集体之间博弈的纳什均衡。剔除严格劣势策略是精简纳什均衡的重要手段，当然剔除严格劣势策略不会改变原有的纳什均衡。下面首先从企业博弈的期望收益函数入手进行分析。

（2）剔除严格劣势策略下的企业博弈纳什均衡分析

纳什均衡是关于每个参与人相对于其他参与人行为决策的最优反应的决策组合。在农村集体经营性建设用地市场流转博弈中，企业作为土地市场的最后决策者，根据当前土地市场供不应求的发展实际，理性的企业的决策行为应该是：不论其他行为主体如何选择行动策略，企业的行为决策都应该是"进入"，即 $p_3 = 1$；另外，企业和政府、农民、集体也知道，如果自己不进入土地市场，政府、农民、集体不论采取何种策略，其期望收益的博弈均衡结果都将是 0，他们为了增加收益，都会采取让企业进入土地市场的激励行为。所以，企业与政府、市场、农民之间的博弈结果都将是收益大于成本，即期望收益大于 0，形成合作共赢的局面。设想极端条件，如果企业不进入，企业的期望收益为 0，土地市场上的一切交易都不会发生，土地资源将会闲置，农民、集体、政府都不会享受到土地流转带来的流转增值收益，所以可以得出 $p_3 = 0$ 是严格劣势策略。企业在农村集体经营性建设用地流转博弈均衡中，按照剔除严格劣势策略可得到唯一解，即企业由博弈行为决策者变成博弈参与者。

因此，农村集体经营性建设用地流转博弈剔除严格劣势策略的纳什均衡有：（征地、顺从、进入）、（征地、反抗、进入）、（不征地、顺从、进入）和（不征地、反抗、进入）四个策略组合。据此，可进一步对以上四个行为主体的期望收益（4.1）式、（4.2）式、（4.3）式、（4.4）式按照剔除严格劣势策略进行简化：

$$E_1 = p_1\, r_{11} + (1-p_1)\, p_2\, r_{12} + (1-p_1)(1-p_2)\,\alpha r_{13} - p_1\, p_2\, c_{11} -$$
$$p_1(1-p_2)\, c_{12} - (1-p_1)\, p_2\, c_{13} - (1-p_1)(1-p_2)\, c_{14} \tag{4.5}$$

$$E_2 = p_1\, p_2\, r_{21} + p_1(1-p_2)\,\beta\, r_{22} + (1-p_1)\, p_2\, r_{23} + (1-p_1)(1-p_2)\, r_{24} -$$
$$p_1(1-p_2)\, c_{21} - (1-p_1)(1-p_2)\,\alpha\, c_{22} \tag{4.6}$$

$$E_3 = r_3 - p_1\, c_{31} - (1-p_1)\, p_2\, c_{32} - (1-p_1)(1-p_2)\,\alpha c_{33} \tag{4.7}$$

$$E_4 = p_1\, r_{41} + (1-p_1)\, p_2\, r_{42} + (1-p_1)(1-p_2)\,\alpha r_{43} - p_1\, p_2\, c_{41} -$$
$$p_1(1-p_2)\, c_{42} - (1-p_1)\, p_2\, c_{43} - (1-p_1)(1-p_2)\, c_{44} \tag{4.8}$$

根据（7）式，得出企业的优势策略均衡：

$$E_3 = \begin{cases} r_3 - c_{31}; & p_1 = 1,\ p_2 = 1 \\ r_3 - c_{31}; & p_1 = 1,\ p_2 = 0 \\ r_3 - c_{32}; & p_1 = 0,\ p_2 = 1 \\ r_3 - \alpha\, c_{33}; & p_1 = 0,\ p_2 = 0 \end{cases} \tag{4.9}$$

从（4.9）式看出，企业期望收益函数与征地支出成本、入市支出成本及私下流转支出成本均成反比，在此基础上，企业的行动策略可基于以下两个因素进行决策。其一，在企业投资收益 r_3 既定的前提下，其行为决策取决于征地成本 c_{31}、入市成本 c_{32} 及私下流转成本 ∂c_{33}，而这进一步取决于政府选择的行动决策是征地还是不征地，农民选择的行动决策是反抗还是顺从。相对来说，企业趋向于做出行动成本较低的决策进入该市场。其二，企业的决策行为还依赖于政府的有效查出系数 α。在市场不成熟、信息不透明、政府监管不完善的情况下，有效查出系数 α 一般较小，企业进入私下流转交易承担的成本风险也较小，因此，企业更倾向于进入私下流转市场而非公开市场（征地市场和入市市场）；相反，市场法制健全、信息公开，政府民主监督、对私下流转市场依法严惩，企业投资对私下流转市场就会采取更加谨慎的投资态度，从而优先选择公开市场。

（3）剔除严格劣势策略下的政府博弈纳什均衡分析

基于企业的行为决策选择，本研究进一步对政府的行为决策进行分析。根据（4.5）式可知，政府的行为决策有四个纳什均衡：

$$E_1 = \begin{cases} r_{11} - c_{11}; & p_1 = 1,\ p_2 = 1 \\ r_{11} - c_{12}; & p_1 = 1,\ p_2 = 0 \\ r_{12} - c_{13}; & p_1 = 0,\ p_2 = 1 \\ \alpha r_{13} - c_{14}; & p_1 = 0,\ p_2 = 0 \end{cases} \tag{4.10}$$

庇古认为，在经济中政府应该发挥的作用比自由放任的倡导者设想的更大[①]。政府不仅应是社会经济发展，即社会经济和谐的推动者，同时也应是社会资源利用效率有效化的推动者，而征地、土地入市和市场监督则很好地诠释了这两个作用。在政府征地时（ $p_1 = 1$ ），对相同的地块而言，其征地转化为国有而后流转或拍卖的收益是既定的；同时，农民顺从时的征地成本 c_{11} 一般都是小于反抗时的征地成本 c_{12} ，因此，政府会尽量满足农民个人的合理诉求，维护社会稳定，使农民顺从政府征地，使农民集体经营性建设用地转化为国有土地进而进入土地市场，实现利润最大化和建设用地市场的发展需求。在政府不征地时（ $p_1 = 0$ ），政府通过对土地流转市场的监管实现征收土地增值税，对私下流转交易实施惩罚以实现市场资源配置的最优化和政府财政收益的增加。在（4.10）式四个纳什均衡中，政府在前三个纳什均衡中可通过控制征地数量规模，或通过土地入市流转税收比例及土地入市流转市场调控来实现农村集体经营性建设用地资源的有效配置。在（4.10）式第四个纳什均衡中，期望收益将取决于政府对私下土地流转市场的有效监督系数，也就是监管效率，实施有效的土地市场监管，以高成本的惩罚机制杜绝私下土地交易，是规范土地公开流转的基本保证，能确保国家和集体财产不受侵占、低价使用甚至是免费试用。

（4）剔除严格劣势策略的农民博弈纳什均衡分析

基于企业的行为决策选择，本研究进一步对农民的行为决策进行分析。根据（4.6）式可知，农民的行为决策有四个纳什均衡：

$$
E_2 = \begin{cases}
r_{21}; & p_1 = 1, \ p_2 = 1 \\
\beta\, r_{22} - c_{21}; & p_1 = 1, \ p_2 = 0 \\
r_{23}; & p_1 = 0, \ p_2 = 1 \\
r_{23} - \alpha\, c_{22}; & p_1 = 0, \ p_2 = 0
\end{cases}
\tag{4.11}
$$

农民作为个体属于经济人，追求的是土地要素利用的期望收益最大化。在政府征地时（ $p_1 = 1$ ），若政府的征地补偿 r_{21} 太少，则不能满足失地农民的长期可持续生存需求。这时，即使反抗成本很高，他们也会铤而走险。在政府不征地时（ $p_1 = 0$ ），若政府收取土地增值税过高，会使农民

---

① 布鲁，格兰特. 经济思想史：第七版［M］. 邸晓燕，等译. 北京：北京大学出版社，2008：322.

土地入市流转收益过低，导致农民转入私下土地交易流转渠道。因此，农民作为个人，争取期望收益最大化或提高土地流转收益的办法是通过合法的手段加强土地流转主动权、话语权。具体措施是：农民个人组成集体联合谈判。在政府征地时（$p_1 = 1$），联合抱团可以提高有效反抗系数（β），在政府征地谈判中获得更多的好处；在政府不征地时（$p_1 = 0$），农民的联合行动能够实现建设用地的连片规模化和集中化，同时，通过预期企业投资发展的规模经济效应也可以抬高交易价格，增加预期收益。

（5）集体期望收益分析

根据博弈过程分析，在农村集体经营性建设用地流转过程中，集体作为参与者不参与博弈决策过程。集体期望收益 E_4 是政府、农民和企业三个决策主体在不完全信息下博弈的结果。基于政府、农民和企业三个决策主体的行为决策选择，本研究进一步对集体的期望收益 E_4 进行分析：

$$E_4 = \begin{cases} r_{41} - c_{41}; & p_1 = 1, \ p_2 = 1 \\ r_{41} - c_{42}; & p_1 = 1, \ p_2 = 0 \\ r_{42} - c_{43}; & p_1 = 0, \ p_2 = 1 \\ \alpha r_{43} - c_{44}; & p_1 = 0, \ p_2 = 0 \end{cases} \tag{4.12}$$

从（4.12）式可以看出，在集体期望收益中，在顺从征地流转、反抗征地流转、土地入市流转、私下交易流转四种方式下，集体承担的成本和收益都不是由集体内部决定的，而是由外部决策主体（农民和政府）的行为决策决定的。

4.3.2.3 决策主体期望收益博弈的边际均衡分析

本研究将边际分析引入农村集体经营性建设用地流转，对农村集体经营性建设用地流转的决策主体（政府和农民）期望收益函数进行边际均衡分析，因为参与主体企业（在剔除严格劣势后，企业从决策主体变成参与主体）和集体没有自己可以决定的变量，无法对其进行边际分析。即确定农村集体经营性建设用地资源效益最大化的一般均衡条件是：农村集体经营性建设用地在入市流转、顺从征地流转、反抗征地流转、私下流转四种途径下的边际收益与边际成本之比相等。

（1）政府期望收益 E_1 的边际均衡分析

根据上述均衡条件，针对政府期望收益函数 E_1［（4.5）式］，求农村集体经营性建设用地资源效益最大化的均衡条件。需要注意，在顺从征地和反抗征地上二者取其一即可。因为相对于反抗征地，政府肯定会优先选择顺从征地，所以只需要通过顺从征地流转、入市流转和私下流转三种途径求得均衡条件取其一，或通过反抗征地流转、入市流转和私下流转三种途径求得均衡条件取其一即可，即

$$\frac{\partial r_{11}}{\partial c_{11}} = \frac{\partial r_{12}}{\partial c_{13}} = \frac{\partial r_{13}}{\partial c_{14}} ; \text{或} \frac{\partial r_{11}}{\partial c_{11}} = \frac{\partial r_{12}}{\partial c_{13}} = \frac{\partial r_{13}}{\partial c_{14}}$$

计算可得

$$\frac{p_2}{p_3} = \frac{1}{p_3} = \frac{1}{\alpha p_3} ; \text{或} \frac{1 - p_2}{p_3} = \frac{1}{p_3} = \frac{1}{\alpha p_3}$$

化简为

$$\alpha = 1 ; p_2 = 1 \text{或} p_2 = 0 ; p_3 = 1$$

根据上述结果可知，不论农民的行动策略是反抗还是顺从，企业进入对政府来讲是实现资源利用效益最大化的必要条件，并且政府的博弈结果是实现有效查出系数 $\alpha = 1$。这实现了农民个人私下流转交易的完全监督和惩罚，实现了国家资源利用的最大化。

（2）农民期望收益 E_2 的边际均衡分析

针对农民期望收益函数 E_2［（4.6）式］，求在农村集体经营性建设用地资源流转中农民收益最大化的均衡条件。需要注意，因为顺从征地流转和入市流转无成本支出，不能对成本求偏导数，所以只需计算出反抗征地流转和私下流转之间的均衡条件，即

$$\frac{\partial r_{22}}{\partial c_{21}} = \frac{\partial r_{24}}{\partial c_{22}}$$

计算可得

$$\frac{1}{\beta} = \alpha$$

即化简为 $\qquad \alpha\beta = 1 ; 1 \geqslant \alpha \geqslant 0; \beta \geqslant 1 \qquad$ (4.13)

（4.13）式称为农民投机方程。在该方程中，有效反抗系数和有效查出系数成反比。如果有效反抗系数 β 越大（即有效查出系数 α 越小），则表示有效反抗成果越大，即农民在政府征地过程中反抗的程度越大，获得的期望收益越多。这时，农民就会意识到在政府征地过程中努力提出更高的要求，在征地交易中为获取更高的利益而阻碍政府征地。同时，因为农民会从征地中获取更越多的利益，政府将根据征地反抗程度制定更多的针

对性的措施予以制约，这时，部分农民就通过私下流转土地的方式分离政府的注意力来为自己争取更多的利益（虽然农民知道这是不合法的行为）。相反如果 β 越小（即有效查出系数 α 越大），则表示有效反抗成果越小，即农民在政府征地过程中做出反抗时支出成本的回报越小。这时，理性的农民就会在合理的征地收益下放弃反抗，配合政府征地。

4.3.3　博弈对集体土地建租赁产权保障房制度创新的目标要求

本研究基于集体土地建公租房入市流转、征地流转和地下流转的不完全信息博弈均衡分析发现，政府、农民、集体和企业作为博弈活动的行为主体，在剔除严格劣势策略纳什均衡条件下，集体和企业是博弈参与者，而政府和农民才是博弈的决策者。因此，集体土地建公租房制度创新必须在考虑集体和企业利益的同时，重点引导农民和政府的行为决策。要实现农民与政府的效率合作，必须通过立法来平衡双方的权利义务关系，这就对相互制衡的产权制度提出了统一的目标要求。

4.3.3.1　注重政府征地权、规划管制权与集体土地发展权之间的平衡

我国土地用途行政管制制度发端于国家统一配置资源的计划经济体制。国家将土地分为农用地、建设用地和未利用地，如此划分的目的在于严格限制农用地流转性，以保证耕地数量维持在安全水平。进一步地，国家需要通过城乡规划、控制性详细规划等行政管制手段确定建设用地的利用强度和具体用途。建设用地具体可分为经营性用地和非经营性用地两类。住房市场化改革前，所有城市住宅建设需要的土地均以划拨出让方式供应；改革后，商品住宅与工业、娱乐、商业用地等并列作为经营性用地，统一采用招拍挂的方式使用，而保障房则被归于非经营性用地，采用划拨方式供应。基于"非经营用途"与"公共利益"的一致性，地方政府基于保障房建设用地需要，可以以对集体土地以及国有土地上的房屋实行征收，并给予公平补偿的方式最大限度地保证公益目标的实现。而征地权的行使前提是政府通过规划制度确定保障房建设方案，因此规划权与征收权看似两回事，但实际上"土地/房屋的征收与否，早在政府制定城乡规划阶段就已基本定下来了"[1]。

---

[1]　沈岿. 系统性困境中的违宪难题及其出路：以城市房屋征迁制度为例 [J]. 政治与法律，2010（12）：2-16.

在集体经营性建设用地入市改革前，集体经济组织按照确定规划—征收—入市的路径，可获得的财产性收益无悬殊，争议焦点主要集中在征地补偿的标准上，集体经济组织不具有选择自主入市或征收入市的权利。相反，在集体经营性建设用地入市改革后，集体经济组织具有选择自主入市的权利。当然，按照《土地管理法》的规定，即使集体经营性建设用地不经征收可直接入市，也仍要受到规划和用途管制制度的约束。在不改变规定用途的条件下，入市集体经济组织获得的增值收益也十分有限，要实现更大的财产性收益，还必须通过改变土地用途或空间利用强度的方式实现。因此，政府规划权、征收权以及集体土地发展权中的制度症结依然存在。不同的是，在集体经营性建设用地入市背景下，政府以保障性安居工程建设为由实行征地流转，失去了曾经赖以存在的正当性基础。理由在于，一方面，经过多年的经验积累，保障房建设早已改变原来单独划拨土地统一委托开发商建设的发展模式①，为避免"贫民窟"和"居住隔离"现象的出现，我国已开始采用商品房配建保障房的开发模式。在利用集体土地建租赁住房试点中，北京等地也逐步采用多用途兼容提升住房空间利用效率的模式②。另一方面，伴随城市化的发展，社会文明上升到新的高度，廉政制度建设、大数据网络理政平台的构建、法治政策宣讲等都直接促进了农民意识形态的改变。有研究通过大数据词频统计的方式证实了农民在对待土地征收问题上不仅关注补偿的结果，还关注征收的程序，对征地过程公开、透明的诉求显著上升，TF（Term Frequency）值从 2011 年的0.011 上升到 2019 年的 0.021，关注度上升了一倍③。因此，未来利用集体土地建公租房必须适应新的制度土壤，符合住房市场发展规律。

---

① 《国土资源部关于加强房地产用地供应和监管有关问题的通知》规定，保障房建设项目中配建的商服等经营性项目用地，应按市场价有偿使用。商品房建设项目中配件保障房的，必须在土地出让合同中明确保障房的建筑总面积、套属、套型建筑面积、建成后由政府收回或收购的条件、保障房与商品房同步建设等约束性条件。

② 北京作为集租房试点城市，并未单独开展集体土地建公租房的项目，而是采用集体土地建公租房后政府或企业趸租的方式增加保障房房源。《关于进一步加强全市集体土地租赁住房规划建设管理的意见》（京建发〔2020〕365 号）规定，鼓励集体土地租赁住房项目业态混合兼容，建设宜居宜业综合社区。同一项目地块建筑内可兼容多种功能，租赁住房、研发、办公、商业等用途混合利用，促进产业融合和新业态发展，提高项目资源在功能组合和空间配置的优化增效。

③ 卢圣华，姚好婷，汪晖. 土地征收中的农民诉求：基于"地方领导留言板"的大数据分析[J]. 农业经济问题，2020（7）：58-68.

4.3.3.2 兼顾集体土地公租房的保障性与营利性

2017 年，国土资源部发布《利用集体建设用地建设租赁住房试点方案》后，全国 18 个试点城市相继出台地区试点方案。从国土资源部和各地报送的试点方案看，"防止以租代售""防止变相开发商品住宅""严格区别小产权房"是各地试点集体土地建租赁住房的政策红线。集租房试点的宗旨是在"只租不售"的框架内探索"租售同权""同地同权"。各地为满足以上要求通常会采取租赁合同期限限制、转租转让限制和租金收取年限限制的方式对集体土地租赁住房的租赁合同予以规制。如表 4-9 所示，除个别城市未明确提出租赁限制的要求外，其余城市整体上秉承租赁合同期限不超过法定租赁合同最高期限 20 年的原则，同时限制使用《民法典》关于转租的规定①，一律禁止转租、禁止一次性收取超过 1 年以上租金。这一制度设计作为管理性强制规范，实际上不仅无法对转租行为形成约束，还会影响承租人的策略选择。

表 4-9　18 个集体土地租赁住房试点城市的租赁合同限制简表

试点城市	合同期限	转租限制	租金上限
北京	<10 年	禁止转租	一次收租不超过 1 年
上海	—	—	—
广州	3~20 年	不得分拆转让	一次收租不超过 1 年
成都	—	—	—
武汉	差异化租赁期限	—	—
郑州	—	—	—
佛山	<5 年	不得转租	—
肇庆	—	—	—
厦门	<6 年	禁止转让	一次收租不超过 1 年
合肥	<15 年	—	一年一结
南京	—	未经批准不得转让	—

① 《民法典》第七百六十一条规定，承租人经出租人同意，可以将租赁物转租给第三人。承租人转租的，承租人与出租人之间的租赁合同继续有效；第三人造成租赁物损失的，承租人应当赔偿损失。承租人未经出租人同意转租的，出租人可以解除合同。

表4-9(续)

试点城市	合同期限	转租限制	租金上限
杭州	—	禁止转让	—
沈阳	<20年(可优先续租)	禁止转借、转租	—
贵阳	<5年	禁止转让	一次收租不超1年
海口	<10年(可优先续租)	—	一次收租一般不超过1年
青岛	<20	不得转租	一次收租不超过1年
南昌	<10年	—	一次收租不超过1年
福州	<6年	禁止分割转让	一次收租不超过1年

注:上表为笔者根据各试点城市《利用集体建设用地建设租赁住房试点方案》整理。部分城市未就租赁期限、转租限制以及租金收取办法做详细规定,以"—"表示。

值得注意的是,以上规则是按照集体土地建商业租赁住房的标准设计的,并不能完全适用于集体土地公租房。逻辑上利用集体土地建公租房既要满足集体土地建商业租赁住房的要求,同时又要满足《公共租赁住房管理办法》和各地公租房管理细则的规定。按照《公共租赁住房管理办法》的规定,租赁合同期限一般不超过5年,租金通常按月缴纳;房屋不得转租,但可提前退租。若按照公租房的管理标准,无疑集体土地公租房满足了中低收入承租人的住房需要,但无法兼顾增加农民财产性收入的目标。未来,要借助集体土地建租赁住房构建租售并举的住房市场,则必须构建激励相容住房租赁产权制度。

4.3.3.3 缓解集体土地入市后地方政府的财政压力

集体经营性建设用地入市后,政府将被迫改变原有的征地拍卖模式,同时政府作为公共服务的供给主体,住房保障责任并不因地方财政收入的变化有所增减。若集体土地入市既无法平衡地方政府的财政压力,又无法缓解政府的住房保障负担,基于理性人假设,地方政府对集体经营性建设用地入市也不会持积极配合的态度。集体土地建租赁住房作为服务于新市民的制度供给,无论采用保障性运营模式还是商业运营模式,出于职住平衡的需要,均需地方政府在公共交通、医疗教育、公共服务设施等硬件配套和市民权利等软件配套方面进行投入。有学者指出,无论集体土地建租赁住房以商业模式运营还是以保障性模式运营,其为社会创造的价值增量是都是既定的，不同模式的选择只会影响各主体间的收益分配①。因此，选择以何种模式运营集体土地租赁住房，需要综合考察制度运营的成本和各主体间的收益分配关系，在增加农民财产性收益的同时，减少地方政府的机会损失。

---

① 柴铎，林梦柔，范华. 集体土地建租赁住房的利益影响机理与多中心治理机制 [J]. 经济地理，2018，38（8）：152-161.

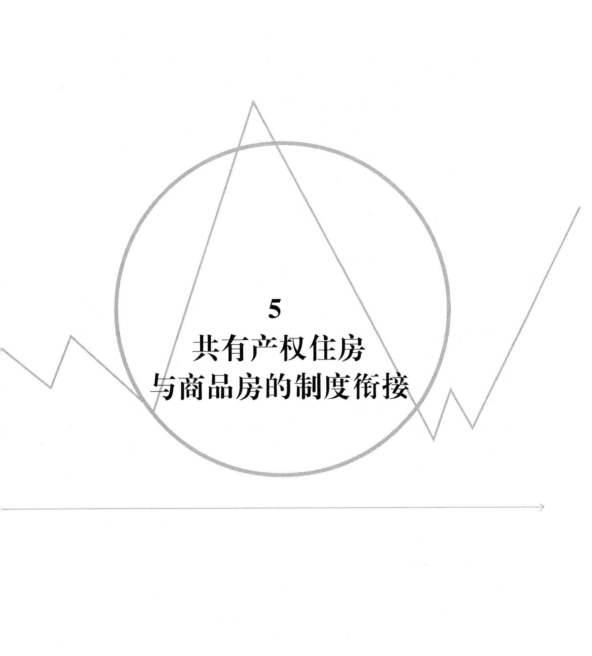

5

共有产权住房
与商品房的制度衔接

共有产权住房是目前我国正在试点的保障房，我国的共有产权住房既借鉴了国外经验，又有本土经济适用住房的特征。由于各地试点方案有差异，在与商品房制度的具体衔接规则上各不相同，因此，本章在编排设置上与前几章有所不同，主要就目前我国试点的三种模式进行研究，特别就目前我国研究较少的共有产权商品房模式进行了实地调研。在调研基础上，本章借鉴奥斯特罗姆提出的制度比较分析框架，对三种模式进行对比研究；同时，就集体土地上此类产权住房与商品房制度的衔接展开分析。

5.1　共有产权住房制度的实践模式

共有产权住房模式在域外各国存在多种形式，以受众有无限制为标准，可大致分为两类：一类是有限受众模式，另一类是广泛受众模式①。有限受众模式的目标群体是具有一定消费能力但又难以通过市场购买商品房的"夹心层"群体；广泛受众模式则不设此限。在优惠政策以及产权限制方面，两种模式存在一定区别。有限受众模式的共有产权住房承购人通常可以享受银行的低息贷款，承购人只需给付较低比例的首付金额，即可享有相应份额的住房所有权，但剩余产权份额需要给付等价租金。有限受众模式的产权退出路径有二：一是逐步购买剩余产权直至取得完全产权，此时共有产权住房转化为普通商品房，可自由上市交易；二是产权人可就自有产权部分上市交易，此时共有产权住房性质不变。广泛受众共有产权住房的退出路径只能是住户转让持有的居住权，共有产权住房的性质恒久不变。

综合考察目前我国正在试点的共有产权住房方案可以发现，我国现行试点的共有产权住房难以简单划归为域外的有限受众模式或广泛受众模式。我国的共有产权住房从有限产权经济适用住房制度演化而来，在制度设计上既借鉴了国外经验，又具有本国制度的路径依赖特征。且我国各城市住房市场的供需矛盾差异化显著，近期在部分城市试点的共有产权住房模式逐渐退化为非保障性的住房产权模式。因此，本研究按照"两房"制度的结构，将共有产权住房模式分为共有产权保障房模式与共有产权商品房模式，前者包括封闭流转共有产权保障房模式以及开放流转共有产权保

---

① 徐漫辰，焦怡雪，张璐，等. 共有产权住房的国际发展经验及对我国的启示［J］. 住宅与房地产，2019（34）：1-4.

障房模式。此两大类可基本涵盖我国目前试点的共有产权住房模式。

5.1.1　封闭流转共有产权保障房模式：以北京市为例

众所周知，我国的共有产权住房制度整体上从经济适用住房制度变迁而来。过去有限产权经济适用住房制度实际上是一种"严进宽出"的制度安排，而现行试点的以北京市和广州市为代表的封闭流转模式恰好相反，走出了一条"宽进严出"的路子，始终坚持"一日共产房，终生共产房"的制度定位。也正是基于此种制度定位，北京市作为集体经营性建设用地入市改革和集体土地建租赁住房试点改革的双试点城市，在不改变"集体土地不得进行商品房开发"的前提下，首次尝试在集体土地上建设共有产权住房。因此，封闭流转的共有产权住房可进一步细分为国有土地共有产权住房与集体土地共有产权住房。

5.1.1.1　国有土地共有产权住房封闭流转模式

国有土地共有产权住房封闭流转模式是指在国有建设用地上建设的共有产权住房，政府与购房人按照一定产权比例按份共有住房所有权，政府持有产权部分恒久不变，购房人持有产权部分只能以申请回购或在特定群体内部交易的方式流转。共有产权住房性质长期不变。北京市作为全国封闭运行模式的代表，其封闭流转模式试点主要由三个阶段构成。

第一个阶段为进入阶段。北京市共有产权住房试点在进入阶段的政策较为宽松，主要体现在以下几个方面。一是受众范围广。北京市共有产权住房申购条件一改原经济适用住房中低收入群体和城市户籍限制，将范围拓展至所有符合北京市商品房限购条件的京籍和非京籍家庭及个人。二是北京是一个人口净流入的特大城市，截至 2018 年年末常住外来人口为764.6 万人，占常住人口比重的 35.5%[①]。根据《北京市共有产权住房暂行办法》的规定，为满足在本区工作的非京籍家庭的住房需求，对该群体供应的房源不少于30%。可见，北京市的共有产权住房政策为新市民提供了更多选择的空间，新市民的住房申购率与本市户籍居民无差异。三是北京市的共有产权住房房源供给总量在全国首屈一指。据笔者统计，仅北京市住房和城乡建设委员会官网公示的 2014—2020 年共有产权住房项目房

---

① 数据来源：北京市统计局官网. http://tjj. beijing. gov. cn/zt/rkjd/zbjs/201907/t20190709_143405. html.

源已累计达到 118 533 套①。再者自 2019 年北京开始试点集体土地建共有产权住房后，北京共有产权住房的土地来源进一步拓宽，这将直接促进共有产权主体土地供给量的增加。

第二个阶段为共有产权持有阶段。北京市共有产权住房政府持有部分不高于 50%，同项目同批次产权份额分配比相同，个人既无法增购也无法减持。共有期间，购房人享有完整的占有权和使用权。至于收益权，北京市与其他城市的封闭流转模式存在一定差异。北京市允许共有期间购房人将住房出租，代持机构与购房人按产权比例分享出租所得收益。对于封闭流转模式，均规定房屋使用期间的管理费用和对外责任由购房人全部承担。

第三个阶段为退出阶段。无论是封闭流转模式还是开放流转模式均保留了经济适用住房"流通锁定期"制度，以 5 年为届。5 年内特殊情况下需要个人要退出共有产权住房的，申请代持机构回购；5 年届满后要退出共有产权住房的，可上市交易共有产权份额（如图 5-1 所示）。与经济适用住房不同的是，"流通锁定期"届满后，封闭流转的共有产权住房只能在符合共有产权住房购买条件的群体中交易，以此保证共有产权住房的属性始终不变。

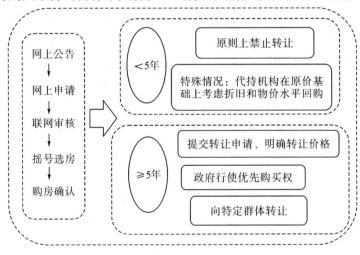

图 5-1　封闭流转共有产权住房退出机制

注：此图为笔者根据 2017 年发布的《北京市共有产权住房管理暂行办法》（征求意见稿）绘制而成。

---

① 2014 年供应 12 926 套、2015 年供应 12 639 套、2016 年供应 7 449 套、2017 年供应 5 049 套、2018 年供应 32 877 套、2019 年供应 19 237 套、2020 年供应 28 376 套。

5.1.1.2 集体土地共有产权住房封闭流转模式

集体土地共有产权住房是一个集合概念，顾名思义是在集体土地上建造的共有产权住房。集体土地共有产权住房与国有土地共有产权住房，主要是源于我国现有的二元土地制度，二者本质上都是共有产权住房。北京市大兴区是国内首个试点集体土地建共有产权住房的试验区。大兴区之所以能够在"集体土地不得变相进行商品房开发"的大前提下试点集体土地共有产权住房，正是基于其封闭流转模式。

截至 2021 年 3 月底，北京市已有 3 宗集体土地规划用于建设共有产权住房，其中 2019 年入市启动的正商杏海苑集体土地共有产权住房项目在 2020 年 10 月已完成申购。1 130 套共有产权住房售罄，均价 29 000 元/平方米，户型主要以 79 平方米的两居室和 89 平方米的三居室为主。其中，65% 的房源向本市户籍无房家庭配售。35% 向非本市户籍家庭配售，购房人享有产权份额为 70%，政府（北京市大兴区保障房建设投资有限公司）为 30%，住宅拥有 70 年产权，地下车位拥有 50 年产权。

北京市在利用集体土地建共有产权之前，已积累了丰富的集体经营性建设用地入市经验，而集体土地共有产权住房项目是在原有基础上的新突破。总的来讲，北京市集体经营性建设用地入市主要采取以乡/镇政府为主导的供地模式，在现有集体建设用地的基础上，打破村的界限，将多个村的集体经营性建设用地通过土地空间置换、增减挂钩等方式归并流转①。此次大兴区用于建设共有产权住房的 3 宗集体土地属瀛海镇西一村和西二村所有，土地实际出让人为北京汇瀛恒业有限公司。3 宗土地使用权首先转让给北京兴福集地资产管理有限公司，该公司是由村、镇、区三级联合成立的区级土地联营公司（如图 5-2 所示），主要负责拆迁和腾退，待符合三通一平条件后，再将土地使用权挂牌出让。

5.1.2 开放流转共有产权保障房模式：以上海市为例

开放流转共有产权保障房模式是目前我国共有产权住房试点的主流模式。上海、淮安、黄石等地共有产权住房均预留了未来向商品房转化的空间，只是在具体实施细节上存在差异，如表 5-1 所示。

---

① 吕萍，于璐源，丁富军. 集体经营性建设用地入市模式及其市场定位分析［J］. 农村经济，2018（7）：22-27.

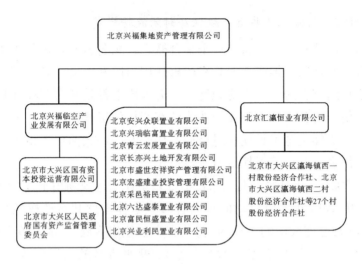

图 5-2　北京兴福集地资产管理公司构架图

注：此图为笔者根据国家企业信用信息公示系统公开的信息数据绘制而成。

表 5-1　开放流转共有产权住房试点方案概况

试点城市	是否可增购	是否缴租	是否可上市交易	是否可获得完全份额	是否分摊维修基金与物业管理等费用
上海	是	否	是	是	否
西安	是	是	是	是	否（共用部位共用设施设备专项维修基金，专用部分未规定）
固原	是	是	是	是	否（共用部位共用设施设备专项维修基金，专用部分未规定）
大连	是（限2年内）	是	是	是	否
烟台	是	否	是	是	否
淮安	是	否	是	是	否
黄石	是	是	是	是	不详
青岛	是	否	是	是	否

　　注：（1）以上数据为笔者根据各省市共有产权住房相关规范性文件整理得出。但经多方查找未见黄石市的管房文件原文出处，因此黄石市的信息主要来源于已公开发表的学术论文和相关新闻报道。

（2）关于大连市的共有产权住房，承购人在前10年无须向政府或代持机构缴纳政府部分的租金，而10年后仍未获得完全产权的需缴纳相应份额的租金。

　　整体上，开放流转模式最大限度地保留了有限产权经济适用住房的现行规则，符合渐进式改革的基本特征。从进入门槛到退出机制，各环节均是在原经济适用住房制度上的优化。在进入机制方面，最显著的改变是将原经济适用住房的受众群体从城镇低收入居民扩大到符合一定条件的非本市城镇户籍居民。在共同持有环节，共有产权制度替代原购房人单独所有的有限产权模式，将政府的直接出资或间接出资（划拨土地使用权）显化为一定比例的产权，原政府对经济适用住房享有的土地使用权的权益拓展为政府对住房和土地整体的产权权益。这一修改为今后共有产权住房上市时，政府与个人按比例分享增值收益奠定了法理基础。关于在共有期间产生的管理费用以及水电费等开支的承担，共有产权模式与经济适用住房产权模式一致，政府均不予承担，同时也不承担因个人使用产生的侵权责任。在退出环节，"5 年流通锁定期规则"得以保留。以 5 年流通锁定期为界，申请人取得不动产权证书不满 5 年的，不得回购及交易个人持有产权；申请人获得不动产权证书届满 5 年的，可上市交易或回购剩余产权转化为商品房。政府产权部分的贴现金额作为保障房专用资金，进入保障房资金专户循环使用（如图 5-3 所示）。

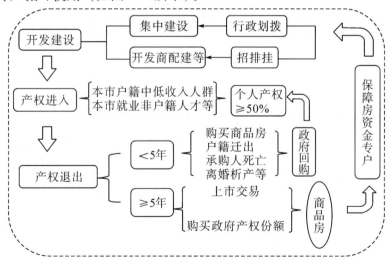

图 5-3　开放流转共有产权住房退出机制

注：此图为笔者根据 2016 年《上海市共有产权住房管理办法》（沪府令 36 号）及 2019 年《上海市人民政府关于修改上海市共有产权住房管理办法》的决定（沪府令 26 号）绘制。需要注意的是，本研究所称"开放流转"是指在共有产权退出方面预留了转化为商品房的通道。上海市非户籍对象实行封闭流转，户籍对象实行开放流转。

5.1.3 共有产权商品房模式：以青岛市城阳区为例

在共有产权住房开始全国试点时，学术界就对共有产权实践模式进行了探讨。理论上，共有产权住房既可以作为保障房项下的一种供应模式，又可以作为仅针对"夹心层"群体的独立住房供应体系，还可以作为一种机制设计同时适用于保障房和商品房①。尽管我国在 2017 年和 2018 年的《政府工作报告》中均将发展"共有产权住房"置于保障房部分，突出了中央政府将共有产权住房作为保障房供给的试点意图；但在地方实践中，成都、广州、青岛等地更倾向于将共有产权住房作为一种住房产权的实现机制，淡化了保障属性突出了商品属性，具有一定的福利属性。在各地共有产权商品房模式中，以青岛市城阳区共有产权商品房模式特征较为突出，为此笔者予以特别关注。

5.1.3.1 青岛市城阳区共有产权商品房制度形成的经济背景

城阳区地处青岛市北部，是青岛市的北大门和国际空港所在地，在全市的经济发展格局中扮演重要角色。据统计，近年该区常住人口逐年递增，2015—2019 年，常住人口从 69.17 万增长至 74.49 万，尽管在全市范围内属于中等人口市辖区，但常住人口增速位列全市第一，属于人口净流入大区②。该区国民经济构成中第一产业比重较低，以第二产业和第三产业为主。该区 2019 年生产总值达 1 121.83 亿元，其中第一产业 17.23 亿元，第二产业 556.25 亿元，第三产业 548.35 亿元，三大产业结构比重为 1.5∶49.6∶48.9③。2019 年，城阳区是全市唯一一个房地产投资增速呈负增长的市辖区，下降了 1.3%④。2016—2018 年，该区商品房价格小幅上涨；2019 年，受全国住房政策调控影响有所下降。2020 年 3 月，该区正式启动共有产权住房试点，截至 2020 年年底，共有产权住房政策已覆盖全域。

---

① 虞晓芬、金细簪、陈多长 2014 年曾在南京大学主办的世界华人不动产年会上对与会专家进行问卷调研。39%的专家支持将共有产权住房作为一种保障房的供应模式，面向所有住房保障群体。36%的专家支持将其作为一种机制设计，不限于保障房的使用。25%的专家则认为将其仅作为一种独立的住房政策更加合理。参见"虞晓芬，金细簪，陈多长. 共有产权住房的理论与实践 [M]. 北京：经济科学出版社，2014：202-203."

② 数据来源于《2019 青岛市国民经济和社会发展统计公报》。

③ 数据来源于《2020 青岛统计年鉴》。

④ 同③.

5.1.3.2 试验区三阶段住房实施方案的具体内容

（1）三阶段政策的变化与调整

青岛市城阳区共有产权住房政策试点时间虽然较短，但政策力度和影响较大。该区自 2020 年 3 月首次出台共有产权住房政策以来，经历了四次政策加码，一次政策降温（如图 5-4 所示）。2020 年 3 月由于政策刚出台，市场反应存在不确定性，因此共有产权住房政策只在小范围内推广，只面向城阳区五大产业①中满足青岛市人才类别规定的七类人才。这五大产业涉及的单位主要是全区行政事业单位，区属及街道国有企业，中车集团，青岛农业大学等驻城阳大专院校、科研院所，以及中央、省、市驻城阳的行政事业单位、金融机构及非银行金融机构等。

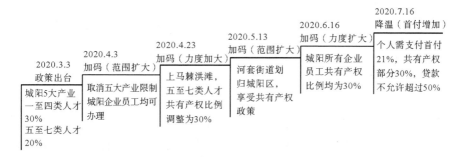

图 5-4 城阳区共有产权住房试点政策变动情况

2020 年 3 月的政策主要就购买资格、面积、共有产权份额和共有期限届满后的回购规则等方面做出了具体规定。按规定，一至四类人才与区属国有企业持有的住房产权比例为 7：3，持有期限为 8 年；五至七类人才与政府的产权比例为 8：2，持有期限为 5 年。一至四类人才在享受政策满 8 年后，符合条件的由个人提出申请，经单位同意并获得相关部门批准后，可以无偿"回购"剩余 30% 的产权。五至七类人才自办理网签之日起满 5 年可以按照"熟低"原则②购买剩余的 20% 产权。国有代持机构认购的产权份额作为首付款一次性到位，个人部分可以选择全部贷款。为了吸引更多人才落户城阳区，政策特别规定，具有青岛市非城阳区户籍，且在青岛

---

① 五大产业主要指高端装备、新能源新材料、新一代信息技术、医药生物健康、现代服务业这五大产业，是青岛市城阳区产业规划的重点领域。

② "熟低"原则是指如果 5 年后市场价格高于购房价的，按原价回购。若 5 年后市场价低于原购房价的，按市场价回购。

市已经购买了一套住房的人才可以申请购房，但必须在签订正式购房手续后一个月内将户籍迁至城阳区。随后，在 2020 年 4、5、6 三个月，政策范围继续拓宽，并且将所有类别的人才个人与国有平台公司的产权比例调整为 7：3，将四至七类人才的自筹份额降低。2020 年 7 月，政策迎来首次降温，一改之前个人零首付购房门槛，要求个人需要支付产权部分 30% 的首付款，也就是说不低于住房全产权 21% 的首付比例。正是这一政策变动，直接增加了五至八类人才的资金压力，导致退房现象出现。部分房企为了挽留客户，采取以下办法：一是个人缴纳 1% 的首付款，开发商提供剩余20% 的 20 个月无息贷款；二是个人缴纳 20% 的首付款，可额外享受 1% 的折扣；三是不享受共有产权政策，个人缴纳 5% 的首付款，另外 25% 由开发商提供无息贷款，老客户 3 年还清，新客户 2 年还清；四是享受共有产权住房政策，个人缴纳 3% 的首付款，开发商提供 18% 的无息贷款，老客户 3 年还清，新客户 2 年还清。

对比城阳区与上海、北京等地试点的共有产权住房实施方案不难发现，上海、北京等地的共有产权住房定位是保障房，其销售对象和人群主要是中低收入"夹心层"群体，且在住房面积、购房人使用规则等方面有诸多限制。而城阳区共有产权住房在以下几方面突出了其商品房的特征：首先，尽管以"团购名义"从房地产开发公司处获得 95 折优惠，但实际销售价格与商品房无差异，个人购房享受的是政府的直接财政补贴而非政府指导价；其次，共有产权住房主要是介于 120 ~ 180 平方米的改善户型，并非刚需小套型保障房；再次，上海、北京等地的共有产权住房尽可能通过"流通锁定期"限制共有产权住房转化为商品房，而城阳区的管理规则更倾向于购房人尽快回购政府产权，5 年或 8 年锁定期是共有的最长期限而非最低期限。例如，在青岛市城阳区国有代持公司与购房人签订的《共有产权房协议书》中，明确规定当购房人的户籍、社保缴纳地、劳动关系任意一项发生变动，以及发生因离婚析产、继承、强制拍卖等法律行为，都应当按照政府原购买价强制回购政府部分的产权。最后，城阳区共有产权住房对于购房人持有住房期间的出租、出借、空置等行为未有约束，购房人在购买共有产权住房后再继承、购买商品房的也无须退出共有产权住房。第一至四类购房人共同持有住房满 8 年后，甚至可无偿"回购"剩余的 30% 的产权。

（2）城阳区共有产权住房认购的程序

城阳区试点的共有产权住房的突出特征是以单位为依托，在整个购房环节中单位起到了重要的连接作用。认购共有产权住房分为六步：第一步，人才向单位提出申请；第二步，人才所属单位负责汇报至区属国企[①]，人才单位与区属国企签订委托协议，明确双方的责任与义务；第三步，区属国企负责汇总报至区人社、自然资源部门；第四步，人社局和自然资源局就购房资格进行认定；第五步，区属国企办理住房团购手续，会同住建部、所属街道和房地产企业启动竞争性谈判，确定购买价格，签订团购协议，确定套数与付款期限；第六步，有购房资格的人才与区属国企签订协议，以不动产共同持有人的身份与房地产企业签订购房合同，办理共有产权登记手续。

5.1.3.3　城阳区共有产权房政策对商品房市场的影响

整体上，城阳区"低门槛、广覆盖"的共有产权住房政策直接对城阳区商品房市场起到了刺激作用。城阳区 2020 年 3 月网签商品房面积 13.5 万平方米，同比上升 85%；4 月网签商品房面积 34.4 万平方米，同比上升 320%。城阳区的住房价格相对于 2020 年 2 月止跌回升，整个城阳区住房价格涨幅明显，城阳城中心区域出现一房难求的态势（如表 5-2 所示）。除中心区域外的其他区域，住房价格每平方米普遍上涨 300~1 000 元；夏庄白沙河区域每平方米价格上涨 1 000 元；上马棘洪滩区域共有产权房在 5 月后迎来小高峰，每平方米价格上涨 1 500 元。据正阳府楼盘负责人介绍，由于该项目位置配套很好，且前期住房政策宽松，大部分客户能够负担住房总价，共有产权住房客户占整个楼盘销售的九成；后期因受备案价影响，在无法涨价的情况下，客户需要找关系才能买上。越秀星汇楼盘负责人表示，在共有产权住房政策实施以前，该项目每月成交量为 50 套左右，价格较低，从 4 月底开始共有产权零首付成交快速上涨，5 月成交 140 套左右，价格加推一次上涨 200~300 元/平方米，截至 5 月底，价格上涨 1 000~1 500 元/平方米。

---

　　① 不同区属国企对接不同的购房单位。例如：开投集团对接区内金融保险、非银行金融机构和"五大产业"中的现代服务产业企业；动投集团对接中车四方股份、中车四方有限、四方庞巴迪、青岛轨道交通等单位；城发集团对接驻城阳大专院校、科研院所、区属教育和卫生系统；市政集团对接中央、省、市驻城阳行政事业单位和区直行政事业单位、"五大产业"中的高端装备产业、新能源新材料产业等。开投集团、动投集团、市政集团一级城发集团都属于城阳国企平台公司，主要负责资金筹集工作，享有制定评分规则、确定购房顺序的权利，负责与房地产企业谈判，办理共有产权手续。

和达智慧生态城在 2 个月内总楼盘售出 700 套,其中共有产权客户占三成,价格上涨 1 000 元/平方米。

表 5-2　2020 年 3~5 月共有产权新政实施后城阳区
各板块成交量及价格涨幅情况

板块	代表项目	3月成交套数/套	4月成交套数/套	5月成交套数（至 5.10）/套	价格变化情况
城阳中心城区	正阳府	150	240	上半月无房源可售 5.16 日加推 69 套全部售罄	由于备案价限制,15 000 元/m²
	海尔白云山花园	127	153	16	上涨 300~1 000 元/m² 高层 13 800 元/m²,洋房 16 000 元/m²
	昆仑府	37	106	36	高层 16 300 元/m²,小高层 16 900 元/m²
	融创澜山壹号	68	62	22	14 600 元/m²
	绿地国科	108	192	197	上涨 700 元/m²
	万科金域华府	250	80	25	15 500 元/m²,预计上涨 500 元/m²
	和达智慧生态城	372	210	102	高层 14 000 元/m²,小高层 15 000 元/m²,上涨了 1 000 元/m²
夏庄白沙河	和达北岸悦璋	92	58	91	原价 9 000 元/m²,现价 10 500 元/m²
上马棘洪滩	越秀星汇城	60	74	140	原价 9 500 元/m²,现价 11 000 元/m²

注:以上数据为笔者调研所得。

5.2　三类共有产权住房制度的成本收益分析

通过分析上文可见,我国目前试点的这三种类型的共有产权住房各有其特色,分别代表了学界预测的三种共有产权住房模式。封闭流转模式是保障房的一种供应模式,开放流转模式是"夹心层"群体独立住房供应体系,商品房模式则是一种住房产权的实施机制。未来在"两房制度"体系中，共有产权住房以何种模式存在更符合效率和公平原则，需要综合制度本身运行的成本与收益进行比较制度的考察。

5.2.1　指标选择与模型构建

成本与收益分析是对制度进行绩效评价的主要方法之一。奥斯特罗姆在《制度激励与可持续发展》一书中提出了效率、公平、责任及适应性四个综合评价制度绩效的指标；但同时指出，以这四个指标对一项制度进行评价通常是一个巨大的挑战，只有十分详尽的研究才能勉强得出关于公平和效率的大致衡量。但采用间接成本评估方法却能收获显而易见的价值，尤其在理解比较制度绩效时[①]。从纵向看，共有产权住房制度是有限产权经济适用住房的替代制度；从横向看，并存的三类模式是平行的制度选择。因此，借鉴奥斯特罗姆提出的间接成本收益比较法对三种制度进行比较分析，得出综合性的制度绩效评价具有可行性。

具体而言，奥斯特罗姆将间接成本分为两个部分，一是供给成本[②]，二是生产成本[③]。此两种间接成本都包括转换成本和交易成本[④]。供给成本在私营部门的制度安排中常常被忽略，因为其大部分由实际消费者来承担，而在公共物品的供给中恰好相反。本研究认为，在公共物品供给领域，生产成本一定程度上寓于供给成本之中，因此本研究综合供给成本与生产成本的分析框架，得出共有产权住房间接成本的分析框架（如图5-5所示）。

在这一框架中，本研究合并了供给成本与生产成本中重叠的部分，根据共有产权住房的特征对每一个间接指标进行了界定。"转化"一词实际包含"投入到产出"这个过程，可以将转化成本理解为一系列投入创造产权的成本。在转化成本中有四个细分指标与共有产权住房制度供给直接相关。一是需求转化成本，指公民对物品的偏好以及将其支付意愿转化为明确的供给量的成本。其中，供给量既包括明确的供给数量又包括供给的质量。二是融资和提供这些服务所需的安排成本。由于公共物品的建造和投

---

① 奥斯特罗姆，施罗德，温. 制度激励与可持续发展：基础设施政策透视［M］. 陈幽泓，谢明，任睿，译. 上海：上海三联书店，2000：138.

② 供给成本主要指与公共物品供给制度相关的成本。

③ 生产成本主要指公共产权的设计、建造、运行和维护等方面的成本。

④ 此处的交易成本是狭义概念，专指与协调、信息和策略相关的成本。

资主体在产业分工下已经分离，政府作为住房保障的责任主体并不直接参与住房的建造，因此融资方式和公共产品的提供方式决定了相应的成本与收益。三是监督生产者所需的成本。这一成本与融资安排成本具有内在一致性，融资和公共物品供给方式的差异决定了对生产进行监督所需付出的成本及可能得到的收益。四是规范消费者使用行为所需的成本。基于财政平衡原则，共有产权住房购房人享受了政府的住房补贴，必然在住房的消费和使用方面要受到一定程度的限制（以此区别于私人物品）。此处所称交易成本是狭义的交易成本，主要来源于为实现协调、收集和分析信息以及抵消各类策略行为而采取的措施[1]。在交易成本中最常见的三类细分成本是协调成本[2]、信息成本和策略成本[3]。

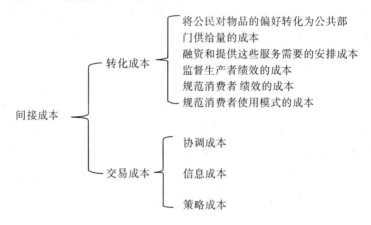

图 5-5　共有产权住房制度供给成本的比较分析框架

5.2.2　封闭流转共有产权住房制度的成本与收益分析

将公民对公共物品的偏好转化为公共部门需明确提供的数量，是实现共有产权住房供需均衡的基础。虽然封闭流转共有产权住房模式在进入门槛上与商品房购房资格接轨，在销售模式上效仿商品房预售制度，缓解了共有产权住房房源短缺的问题，但仍欠缺将民众对共有产权住房的偏好转

---

① 奥斯特罗姆，施罗德，温. 制度激励与可持续发展：基础设施政策透视 [M]. 陈幽泓，谢明，任睿，译. 上海：上海三联书店，2000：142.

② 协调成本指行动者间协商、监督和执行的时间、金钱及人力成本的总和。

③ 策略成本指个人利用信息、权力及其他资源使他人受损而自己收益的成本。与供给活动相关的策略成本通常有寻租搭便车和腐败。

化为明确需求量的制度设计。并且将预售制度嫁接到共有产权住房之上，实际增加了对生产者的监督成本。以北京市为例，北京市共有产权住房购买流程为：项目公示—网上申购—联网审核—公开摇号—选房签约。在这五个环节中，公民对公共物品的偏好主要体现在网上申购环节上，但网上申购仅代表个人申购意愿，并不能对项目的建设产生任何决定性的影响，不论申购人数多寡，均不影响项目的开发；并且先申购后审查资格的制度设计因欠缺申购行为的法律约束力，无法抑制申购后的弃购行为，必然导致资格审查时支付不必要的人力、物力及时间成本。2018 年、2019 年北京市共有产权住房弃购事件①从侧面印证了这一点。而新加坡祖屋销售的订单销售模式则规避了这一问题。新加坡祖屋开发先由住房保障部门选址，然后公示征集购房意愿，再根据购买需求登记进行专业评估。购买需求不足的项目暂停实施，而购买意愿充足的项目会继续推进招标建设。最终以签订购房合同的方式确定双方的权利义务。此种需求意愿的表达模式更好地将民众对公共物品的偏好和需求意愿转化为明确的需求量，并且以法律形式固定下来，减少了未来行动团体不确定性行为带来的效率损失。

　　监督生产者所需成本与融资成本在封闭流转模式下具有直接的因果关系。共有产权住房通常会采取竞配建或集中开发等办法筹集共有产权住房房源。在集中开发项目中，政府作为住房保障责任主体并不直接参与住房建设，而是通过招标方式由房地产开发商建设共有产权住房。由于封闭流转模式共有产权住房的保障性强于财产属性，在住房项目立项招标时通常对对开发商的利润进行适当限制②。此外，北京市共有产权住房普遍采用预售制，当开发商利润限制和共有产权住房预售制度两项制度叠加时，政府对共有产权住房生产者的监督难度增加。一是因为房地产企业作为营利法人，参与市场竞争获得共有产权住房开发权并非出于社会公共利益的需要。在利润限制的情况下，基于理性人假设，共有产权住房开发企业在共

---

　　① 北京市共有产权住房高弃购率现象始于 2018 年年末。2018 年 10 月 15 日，大兴四季盛景园参与摇号的家庭共 2 191 户，房源共 2 224 套，最终只选走了 28 套。2019 年，房山区金隅·金林嘉苑弃购率近 80%，城志畅悦园弃选率 81.9%，金融街·金悦嘉苑弃购率 98.5%。参见"王佳飞. 北京共有产权房的尴尬：比市场价低 30% 弃购率却高达 98.5%［EB/OL］.（2019-04-22）［2020-04-02］. http://www.nbd.com.cn/articles/2019-04-22/1323915. html."

　　② 《北京市共有产权住房管理暂行办法》第十七条规定，共有产权住房项目的销售均价，应低于同地段、同品质普通商品房的价格，以项目开发建设成本和适当利润为基础，并考虑家庭购房承受能力等因素综合确定。销售均价在土地供应文件中明确。

有产权住房销售中遭受的损失必将通过其他途径找回。例如，北京市共有产权住房小区的地下车位产权普遍归开发商所有①。北京市天润和丽嘉苑小区的《共有产权住房预售合同》规定，开发商对合同未列举的公共部位享有自主经营和管理的权利，其中就包含地下车位。同时，该项目房地产开发商规定小区车位只售不租，未购买车位的业主不得开车进入小区②。此种车位与住房产权分离的制度设计，从居住效用的角度看，购房人无论是退房、补买车位或者重新购买住房都将遭受效用损失③。二是因为预售制意味着开发商与政府及购房人之间的信息严重不对称，开发商是信息优势方，而住房建设过程中存在的企业经营风险、项目延期风险、住房质量风险均需由购房人分担。尽管政府既作为监督主体又作为共有产权房产权人，无论何种角色均具有监督生产者的动机，但要实施这一监督行为成本巨大。一方面，由于房地产开发周期较长，开发的专业性较高，要在实施过程中进行监督，需要持续不断的成本投入；另一方面，尽管共有产权住房在建成后设置了验收制度，但其作为事后制度对于已经建成的"瑕疵品"并不能进行最有效的补救。共有产权住房消费者作为实际居住权益主体，则需承担与住房直接相关的利益损失，如房屋的延期交付和瑕疵交付产生的司法诉讼成本、住房延期交付和延迟办证间接导致的子女入学权益损失等。

规范消费者使用行为是共有产权住房制度设计的主要内容。在封闭流转模式中，不可回购制度和转售对象限制制度确保了共有产权住房的产权性质永久不变。共有产权保障房通过长期积累能够实现循环利用，理论上此种实物循环利用方式可以提高制度供给效率。但囿于现行消费者使用规则设计的缺陷，封闭流转模式不但无法形成循环利用，而且长久的共有关系必然需要政府或代持机构长期投入监督成本。消费者使用规则低效主要体现在两个方面：一是按规定，封闭流转共有产权房可以在符合条件的家庭中循环使用，但事实上封闭流转模式中的"5 年流通锁定期"规则并不能促进共有产权住房在中低收入家庭中循环流转。根据北京市的相关规

---

① 上海市共有产权小区的车位由全体购房人共有。

② 北京市共有产权住房小区车位售价通常为 25 万元，需一次缴纳全款，且每月要向物业公司缴纳一定数额车位管理费。参见"北京市首个共有产权房不让业主开车进入小区[EB/OL].(2020-09-02)[2021-03-12].http://liuyan.people.com.cn/threads/content? tid=8202846."

③ 徐生钰. 居民住宅小区车库产权的经济学分析[J]. 南京社会科学，2006（9）：59-64.

定，只有当共有产权房买受人通过购买、继承或受赠等方式取得其他住房时才需强制退出共有产权住房，而对于买受人因其他经济条件变化而产生的情形并无规定。基于法不禁止则自由的原则，在不发生前述强制退出情形时，购房人可永久无偿占有和使用政府所持有的产权部分。二是在封闭流转模式中，尽管代持机构和购房人会在合同中约定维修基金、对外侵权责任、物业管理费等支出全部由购房人承担，但根据我国的民事法律制度，缔约合同双方当事人约定的条款并不能排除其对第三人的损害赔偿责任。《民法典》第三百零七条规定，除法律特别规定或第三人明确知道的以外，因不动产或动产产生的债权债务关系，在对外关系上需承担连带责任。而各地出台的管理办法在效力位阶上不属于法律规定，同时以合同约定的方式亦无法起到让第三人明知的法律效果，这种低位阶的规范模式与本研究第四章分析的经济适用住房规范模式一样，增加了代持机构或住房保障部门的社会管理成本及诉讼成本。

协调成本、信息成本与策略成本三者分布于共有产权住房各交易环节和各主体之间。共有产权住房作为准公共物品，从建设到分配都需要政府的直接干预，尤其在进入门槛的审查上需要多部门相互配合。目前，在部分城市的保障房申购环节中，街道办资格审查仍然是获得住房保障资格的首要条件①。因此资格审查的制度成本不可避免，审查方式与所花费的协调成本直接相关。目前，北京市的共有产权住房审查主要采取以市级单位联网统筹的方式进行，由市房管局、公安、地税、民政、不动产登记中心等与共有产权住房分配直接相关的部门同时联网进行。网络技术、税务登记、不动产登记等相关配套制度的完善为联网审查提供了技术支持和数据支持，使共有产权住房审查的效率得到极大的提升。同时也规避了过去街道办社区"自由裁量" +局部联网审查中的寻租和腐败问题，策略成本相对下降。

5.2.3 开放流转共有产权住房制度的成本与收益分析

开放流转共有产权住房整体上是对经济适用住房制度的改良，购房人

---

① 例如《成都市中心城区经济适用住房管理办法》规定，中心城区户籍申请人到户籍所在地街道办事处提出申请，如实填报申请表、做出书面诚信承诺……成都市进城务工农村劳动者，除提交上述证明材料外，还应当持居住证、劳动聘用合同、社保缴纳证明，到用工单位所在地街道办事处提出申请。

在拥有部分所有权的同时，还享有增购剩余产权直至取得完全产权的权利。有学者认为，此种共有模式不仅可以显化各主体持有的产权份额，实现政府投入资金的循环利用[①]，还有利于满足政府与个人共同出资、共同发展的经济需求[②]。但仔细分析开放流转共有产权住房的运行规则可以发现，开放流转模式对经济适用住房制度的路径依赖十分显著。

在需求转化成本方面，共有产权住房购房人的偏好仍难以转化为明确的需求量。上海、西安、大连等地仍采用计划方式确定共有产权住房每年的供给数量，共有产权住房供给的数量与中央政府政策推动的力度直接相关。多数开放流转共有产权住房的城市仍然实行轮候制，住房供给无法满足共有产权住房的需求。但上海、西安、大连等地的共有产权住房改变过去由政府统一投资、统一开发模式，以商业配建、存量房转化的方式筹集共有产权住房。因此，相对于封闭流转模式下集中开发的共有产权住房，其公共配套和区位优势更加显著，能通过市场化的方式反映购房者对职住平衡的需求。在融资安排成本方面，由于共有产权住房在取得不动产权证5年后有条件转化为商品房，理论上政府可通过转化制度实现住房保障资金循环流通。但从具体制度设计来看，要实现这一目标存在一定障碍。除西安[③]、大连[④]等少数城市规定特定期限届满后，购房人仍未回购剩余产权的需要支付市场租金外，几乎所有城市均将"5年流通锁定期"作为赋权性规范，无法保证不符合住房保障条件的家庭及时退出共有产权住房或有偿使用政府产权部分[⑤]。在监督生产者绩效方面，开放流转模式与封闭流转模式无显著差异，但值得注意的是，大连、烟台试点的共有产权住房均实行现房销售，避免了预售制度带来的信息不对称问题，降低了监督生产者绩效所需的成本。

在开放流转模式下，消费者使用模式包括持有和处分两个环节。在持有环节，依据财政平衡原则，购房人除自用外，不得有出租、出借、闲置

---

① 陆玉龙. 共有产权：经济适用房制度创新研究 [J]. 中国房地信息，2005（9）：18-21.

② 申卫星. 经济适用房共有产权论：基本住房保障制度的物权法之维 [J]. 政治与法律，2013（1）：2-11.

③ 《西安市共有产权住房建设管理实施细则（试行）》规定，西安市共有产权人需就政府产权部分缴纳市场价70%的租金。

④ 《大连市共有产权住房建设管理暂行办法》规定，购买住房满10年仍未回购政府产权部分的，需缴纳政府产权部分的租金。

⑤ 关于"流通锁定期"规则的分析详见第四章。

等经营使用、他主使用和消极使用行为。在大数据和人工智能技术的辅助下，通过指纹锁、人脸识别等手段可以弥补经济适用住房时期这一方面的执行真空。但在高度信息化的同时，个人信息泄露风险增加，需要投入更多的大数据采集与个人信息保护的协调成本。并且开放流转模式下，部分共有产权住房将逐渐转化为商品房，要区分和识别共有产权住房业主和商品房业主信息需要更加精确和复杂的技术支持。而在持有期间，因共有人对第三人造成的损害与封闭流转模式一致，在此不再赘述。在处分环节，按照共有产权住房的制度设计，购房人和代持机构按份取得上市所得收益，但这一制度安排忽视了购房人对不动产投入的添附价值。房屋的装修及维护是影响住房交易价格的主要因素之一，若上市交易规则无法将这一外部性内在化，将反向激励共有产权住房消费者的消极使用行为。此外，在共有产权住房消费者使用规则中，为防止共有产权住房上市交易时购房人以"阴阳合同"低价出售共有产权住房，损害代持机构的财产权益，通常会保留代持机构的"优先回购权"。在民事法律理论上，优先回购权作为按份共有理论的核心规则，主要由《民法典》第三百零五条［原《物权法》第一百零一条、第三百零六条（新增）］以及《最高人民法院关于适用〈中华人民共和国物权法〉若干问题的解释（一）》第九至十四条予以规范。综合以上条款来看，在实体规则方面，"同等条件"不仅指转让的价格，还包括价款履行方式及履行期限等因素。在程序规则方面，"同等条件"只作为优先购买权的行使条件，在这之前，共有人与第三人已经达成转让协议，优先购买权人根据自己的意愿决定是否行使优先购买权。若是，则出让人与优先购买权人之间就已达成的转让协议形成房屋买卖关系①。而共有产权住房制度中的优先购买权是一种单线逻辑，并且存在执行障碍。如图5-6所示，在共有产权优先购买权规则下，优先购买权行使前后实际存在两个价格。行使前由于共有人并未与第三人达成转让协议，因此上市转让价由共有人单方定价，当代持机构放弃优先购买权后，共有人与第三人实际达成的交易价格也不一定是提交申请时的定价，因为在这一环节并无可行的制度对其进行审查或约束。而民法优先购买权制度的优势在于不仅能维持统一的共有产权市场交易价格，而且代持机构作为形成权主体能够在交易流程的末端对交易行为进行监督，当共有人低价转

---

① 张鹏. 按份共有人优先购买权制度的经济分析［J］. 法商研究，2016，33（1）：55-64.

让共有产权时行使优先购买权，当共有人高价转让住房时按份分享所得
收益。

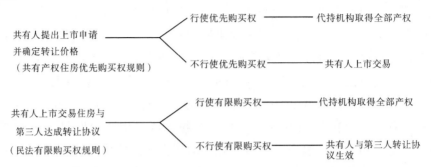

图 5-6　共有产权优先购买权与物权法优先购买权比较

前文已述，北京封闭流转模式在入市门槛上与商品房并轨，形成了由
市级房管部门统筹公安、社保、地税等部门的联网审查机制，大大降低了
资格审查的协调成本，压缩了申请人的寻租空间。而开放流转模式相反，
例如上海市仍然保留了街道审查制，这种审查机制依赖于熟人社会社区工
作人员对申请人的家庭经济状况的了解。虽然这种机制结合有限的网上登
记信息构建起小范围的信息网络系统，但自由裁量空间过大，"收入证明"
往往无法核验申购人的真实经济状况。为了进一步说明开放流转模式在协
调成本、信息成本和策略成本方面与其他共有产权模式的差异，本研究着
重考察以下两个方面：一是审查的密度与强度，二是利润空间与寻租空
间。如表 5-3 所示，在进入环节按照进入门槛的难易程度从高到低排列分
别为开放流转模式、封闭流转模式和商品房模式，审查内容和强度与之形
成一一对应的关系。在退出环节只有封闭流转模式要求在特定群体内部流
转，因此需要负担额外的协调成本。至于策略成本，由于三种模式存在不
同程度的产权约束，因此用户预期利润空间存在差异。例如北京市共有产
权购房人持有部分产权且实行封闭流转，相对于开放流转模式寻租空间较
小，而共有产权商品房尽管可以无偿回购 30% 的政府产权，但因转售限制
期限最长[①]，一定程度上抑制了寻租的动机，起到降低策略成本的作用。

---

　　① 由于城阳区共有产权住房定位为商品房，因此住房购买和转售在实行共有产权特殊政策的同
时还受到青岛市限购政策的约束。青岛市限购政策规定取得完全不动产权证的商品房限售 5 年，据此
可估算预售商品房一般建设周期为 2 年，不动产权办证周期为 1 年，一至四类人才持有共有期限为 8
年，期限届满后重新计算 5 年限售期，流通锁定期共计 16 年。

表 5-3　三种模式共有产权住房资格审查强度

模式	进入资格审查		退出资格审查
	是否审查	审查强度	
封闭流转共有产权模式	是	中	是
开放流转共有产权模式	是	强	否
共有产权商品房模式	是	弱	否

5.2.4　共有产权商品房制度的成本与收益分析

共有产权商品房模式作为我国共有产权住房试点的方式之一，目前其覆盖的人群主要是各地方政府认定的高层次人才。不可否认，在高层次人才中，大部分新就业应届毕业生以及城市新居民既不符合公共租赁住房的保障要求，又不具备购买商品房的经济实力，政府为这部分人群提供稳定的居民保障既有利于实现"住有所居"的政策目标，又有利于为地方经济发展留住优质劳动力。

共有产权商品房模式与共有产权保障房模式相比，其住房价格、住房房源、住房建造标准全部实行市场化。青岛市试点的共有产权住房全部由房地产开发商提供，存量房和新建房均以商品住宅项目立项，然后以共有产权销售模式在人才与政府代持机构之间共有。此种模式的优势在于购房人可根据个人或家庭需要，在市场上挑选符合自身居住偏好的住房产品，降低需求转化成本。但此种模式对政府筹集资金的能力形成巨大挑战。

以城阳区为例，前期试点时符合共有产权住房购买条件的人才可零首付购买共有产权住房，政府一次付清 30% 产权房款作为总房款的首付款。后续零首付政策收紧，个人必须至少支付所持产权部分 30% 的首付款，政府持有的 30% 仍需一次付清。尽管政府直接出资购买商品房作为共有产权住房与政府出资建设共有产权住房在理论上无本质区别（前一种是货币化形式，后一种是实物形式），但相关制度设计加重了城阳区政府的负担。一是城阳区共有产权住房购买门槛过低。在城阳区一至七类人才中，最低层次人才学历为大专学历，职称为初、中级职称等。据笔者了解，在城阳区共有产权住房政策出台后，房屋中介顺势推出初、中级职称代办业务。同时，城阳区对于人才的收入水平未设门槛，甚至在本市已经拥有一套住房的人才只要承诺在购房后 1 个月内将户籍迁至城阳区，仍可以申购共有产权住房。城阳区人才住房政策与青岛市人才住房政策可叠加使用。二是城阳区未建立住房保障资金循环机制。根据城阳区共有产权住房回购规则，一至四类人才购房满 8 年的，政府无偿赠与剩余 30% 产权，五至七类人才购房满 5 年的，可以熟低价回购政府产权。这就意味着政府投入的共有产权住房资金无法实现增值收益共享，甚至无法收回成本。三是城阳区共有产权住房面积偏大，第七类人才最高可享受 120 平方米的共有产权住房，面积超出部分自行承担；其他人才享受的住房面积依次递增，第一类人才不限面积。

城阳区共有产权住房政策的不可持续性近期已出现端倪。最新政策规定，城阳区可以适用共有产权住房政策的住宅项目只能是与四大平台公司达成融资协议的住宅项目，原先由政府直接出资的部分由签订合作协议的开发商垫付，将来四大平台公司再以 8% 的年利息偿还。因此，城阳区政府的资金难题虽在初始供给时得以暂时解决，但从长期看，实际增加了政府的融资成本。在监督生产者成本方面，由于开发商利益未受损，建设项目均以商品住宅立项，政府无须支付额外的监督成本。在规范消费者使用行为方面，共有产权商品房不同于保障房，对于持有期间共有人的使用行为无特别限制，主要是通过限售期来抵御投机行为。但城阳区的共有产权住房限售在预防投机的同时，也容易带来阻碍劳动力流动的副作用。如前文所述，符合购房条件的一至四类人才最低转售期可达 16 年，在新加坡尽管也存在最高 20 年的住房限售期，但我国与新加坡的本质差异在于新加坡作为城市国家，限售 20 年并不会影响劳动力的合理流动，转售限制不会因实际工作地点的变动而对职住平衡产生负面影响。共有产权商品房模式的交易成本在前文已涉及，在此不再赘述。

5.2.5 共有产权住房制度成本收益比较分析结论

在分析比较三种不同类型的共有产权住房实践模式后可以看出，任何一种共有产权住房模式都存在比较优势和比较劣势。封闭流转模式覆盖面广、审查方式便捷，限定开发商利润和要求开发商无偿移交的运营模式有利于筹集共有产权住房房源，但社会资本的营利性与共有产权住房保障性存在内生矛盾，会导致生产者采取压缩住房建设成本或经营地下车位等居住配套设施的策略行为。其直接结果是：共有产权商品房的建造质量参差不齐，政府需要付出更大的监督成本来监管生产者绩效[①]。相对而言，开放流转模式在融资成本方面因预留了共有产权住房向商品房转化的通道，且部分试点地区规定政府产权部分在特定条件下按照市场价格的一定比例收取住房租金，理论上有利于缓解政府在共有产权住房保障方面的财政压力。但由于共有产权保障房制度中的"5 年流通锁定期"仍属于赋权性规范，事实上难以体现开放流转模式的制度优势。且流通锁定期越长意味着共有产权的持续时间越长，规范消费者使用的监督管理成本就越高。对于共有产权商品房模式而言，市场化的建设和管理方式能够为购房人提供多样化的住房选择，在开发商利益不受损的情况下，政府也无须付出额外的生产者监督成本。但"无偿赠与""低门槛人才标准""高标准住房面积"会增加政府的财政压力，直接影响共有产权住房政策的可持续性，政策的不确定性和短期性会消减地方政府的公信力。

综上，结合各项间接评价指标，可推导出三类共有产权住房模式总体制度比较绩效。如表 5-4 所示，效率是评价资源配置的主要标准，从制度供给的稳定性和可持续性方面看，城阳区试点的共有产权商品房模式不可欲，而开放流转模式相对于封闭流转模式略胜一筹，主要体现在以下三个方面。一是开放流转模式在原经济适用住房制度的基础上变迁而来，这种渐进式的改革模式更容易被接受。二是开发流转模式采取政府与市场结合的方式，在受到财政资金约束的条件下，能优先满足最低层次的住房保障需求。值得注意的是，共有产权住房制度是衔接我国最低住房保障和商品房制度的中间制度安排，共有产权并不是为了满足最大的住房需求，而是为了通过较低水平的公共补贴来满足较小的住房需求[②]。若政府将过多的财政资金投入共有产权住房建设，很可能牺牲最低收入群体的住房保障权益。因此，共有产权住房的制度设计要兼顾政府与市场这两种资源配置方式。其中，政府干预主要体现为进入和退出环节的监督与审查，在符合住房保障条件的情况下，政府让渡持有产权部分的居住权益，以免租形式对

---

① 北京市政府就共有产权住房的规划建设标准专门出台了《北京市共有产权住房规划涉及宜居建设导则（试行）》。

② CLARKE A. Shared ownership：Does it satisfy government and household objectives？[M] // MONK S，WHITEHEAD C. Making housing more affordable：The role of intermediate tenures. New Jersey：Wiley-Blackwell，2011：189.

购房人进行补贴。市场配置资源的方式则体现为共有产权住房的价格、质量、物业管理等方面与商品房无差异，当不符合共有产权住房保障条件时，可以租赁方式合理使用剩余产权部分或购买剩余产权，直至获得完全产权。三是开放流转模式的进入门槛相对封闭流转模式更高，需要对申购人的经济状况进行实质审查。允许具备一定经济实力的购房人进入共有产权住房关系，能够降低未来共有产权住房的违约风险。

表 5-4　各类型共有产权住房制度的比较绩效

绩效标准			封闭模式	开放模式	商品房模式
间接绩效标准	转化成本	需求转化成本	H	H	L
		融资等安排成本	H	M	H
		监督生产者成本	H	M	L
		规范消费者成本	M	H	L
	交易成本	协调成本	L	M	L
		信息成本	M	L	M
		策略成本	L	H	M
总体绩效标准		效率	2	1	3
		公平	1	2	3
		责任	2	2	2
		适应性	3	2	3

注：H：高；M：中；L：低；L：最可欲。1：高；2：中；3：低；1：最可欲。

在公平指标评价方面，奥斯特罗姆提出了两个评价公平绩效的方法：一是财政平衡目标，即个人所得收益与成本之间保持平衡；二是再分配目标，资源应优先被分配给最需要的人。而他认为这两种方法不可并存，因为再分配目标会与财政平衡目标冲突。但本研究认为，从微观和宏观视角看，二者可兼容并蓄。从微观角度看，共有产权住房三种模式均以流通锁定期抵御个人购买共有产权住房的投机行为，获得的财政补贴越多，受到的产权限制越大，均符合财政平衡原则。从宏观角度看，共有产权商品房模式忽视了再分配的基本准则，即政府的转移支付应当优先分配给最需要的人，固然有部分群体属于中低收入群体，但以人才分级为导向的政府住房补贴模式并非将住房资源配置给最需要的人。因此，本研究认为，限定收入标准和购房面积的开放流转模式和封闭流转模式更可欲。进一步地，封闭流转模式得益于永久保障属性，在集体土地入市框架下不仅可以增加共有产权住房供给数量，还可以在现行集体土地入市背景下结合土地入市改革，拓展集体经营性建设用地的用途，有利于实现被保障群体的机会公平和城乡建设用地的入市公平。因此，从公平原则看，封闭流转模式更可欲。

责任原则是双轨住房制度建立以来，我国住房保障领域长期缺位的部分。在我国，政府住房保障责任的实现一直依靠中央政府的行政命令，未形成统一的民生工程民主决策机制和法制化住房保障机制。低层次的住房保障规范更无法从制度上强化政府责任承担，且可能成为法制化治理的阻碍。因此，责任标准对我国共有产权住房制度乃至住房保障制度提出了更加具体的制度设计要求。一是将随机性的政策决定过程变为稳定的民主决策过程，建立公共服务需求转化路径。二是为了保证政府责任的可持续性，以法制化的治理模式替代政策化的治理模式。三是为了责任得到有效承担，应着力解决影响地方政府行为决策的关键因素，摆脱"土地财政"的桎梏。

本研究第二章阐述了制度的适应性效率主要体现为制度的结构性效率。将共有产权住房制度置于"两房"制度体系的结构之中，更容易分辨三种模式的适应性。封闭流转模式碍于"一日共产房、终身共产房"的制度设计，无论是在住房总量短缺时期，还是在总量饱和时期，其住房性质均不发生改变。而开放流转模式的购房人可以在同一套住房内实现产权的过渡，政府产权部分可根据购房人需要选择以租赁或是购买的方式存在，租赁或购买的价格根据市场行情的变化而波动。共有产权商品房模式尽管也设置了产权过渡机制，但是"熟低价"购买原则无法对变化的市场做出反应，共有产权住房制度的可持续性会遭到破坏。比较而言，可进可退的开放流转模式更具有适应性。

5.3 集体土地共有产权住房与商品房的制度衔接分析

本研究第五章着重分析了集体土地建租赁住房各主体间的权利冲突类型及博弈策略，阐明了集体土地建租赁住房对土地的利用不涉及不动产的分割登记和转移问题，本质上仍属于商服用地，不同于房地产开发[①]，因此，在相关法律适用问题上争议不大。过去学界争论的主要问题伴随《土地管理法》和《城市房地产管理法》的修改也得到解决[②]，现阶段的主要问题是平衡各主体间的利益关系，找到折中的制度安排，从而推进集体土地租赁住房产业的发展。集体土地共有产权住房制度与集体土地租赁住房制度的不同在于：一方面，集体土地共有产权住房以一次出让 70 年产权、政府与个人按份共有产权的销售模式，弥补了集体土地租赁住房的利益博弈问题；另一方面，集体土地共有产权住房涉及不动产登记及物权变动问题。这就意味着在现行法律框架下，利用集体土地建公共租赁住房的制度障碍得以破除，不等于集体土地建共有产权住房也能顺利入市。因此，结合前文集体土地共有产权住房制度的实践模式，本小节着重分析集体土地共有产权住房与商品房制度的比较和衔接。

5.3.1 集体土地共有产权住房与集体经营性建设用地入市范围的衔接

与旧法相比，现行《土地管理法》最大的突破就是破除了"集体土地原则上不得进入非农建设用地市场"的藩篱，为集体经营性建设用地入市奠定了合法性基础。然而需要注意的是，现行《土地管理法》第六十三条对入市的对象设置了十分严苛的前置条件，能够实现市场化流转的集体土地只能是"土地利用总体规划、城乡规划确定为工业、商业等经营性用途，并经依法登记的集体经营性建设用地"。根据原《土地管理法》第四十三条对集体建设用地的分类，只有乡镇企业用地属于集体经营性建设用地，这意味着在现行《土地管理法》语境下，并无可用于住宅建设的集体经营性建设用地。这也就解释了为何此次大兴区出让的三宗土地有 70 年

---

① 夏柱智. 征地抑或入市？关于集体经营性建设用地入市的研究 [J]. 北京工业大学学报（社会科学版），2020，20（3）：73-80.

② 黄忠，张彦西. 集体土地上建公租房的制度障碍及其突破 [J]. 经济体制改革，2016（2）：82-88.

的使用期限，但土地性质却是绿隔产业用地而不是居住用地①。因此，要顺利推进集体土地建设共有产权住房，无论是在现实层面还是理论层面，都需要解决集体土地入市范围的问题。在现实层面，如果将可入市的土地限于存量乡镇企业用地，客观上就会面临"巧妇难为无米之炊"的困境，于农村土地市场化改革意义不大，这一点学界已形成共识，在此不再赘述②。

值得关注的是，2020 年 3 月，自然资源部发布的《中华人民共和国土地管理法实施条例（修订草案）》（征求意见稿）强调：优先使用存量经营性建设用地，严格控制新增集体经营性建设用地规模。言外之意，对集体经营性建设用地除限定的乡镇企业用地外，还预留了新增集体经营性建设用地的空间，只不过其入市仍要符合规划管制的要求，且保证"耕地不减少""建设用地不增加"。再结合 2019 年 4 月 15 日国务院提出的"允许村集体在农民自愿前提下，依法把有偿收回的闲置宅基地、废弃的集体公益性建设用地转变为集体经营性建设用地入市"③ 等条文，足见新增的集体经营性建设用地主要源于闲置的宅基地和公益性建设用地。因此，在立法上必须阐明集体经营性建设用地可转化的范围以及条件。

5.3.2 集体土地共有产权住房保障性与"经营性用途"的衔接

前文已述，尽管目前共有产权住房还在试点当中，但可以确定今后共有产权住房是我国配售型保障房的主要实现形式，北京市利用集体土地建共有产权住房也正是基于其封闭流转的保障房模式。因此按照文义解释，共有产权住房开发难以被界定为"工业、商业等经营性用途"，而与之相

---

① 根据《中华人民共和国城镇国有土地使用权出让和转让暂行条例》第十二条的规定：居住用地最高使用年限 70 年；工业用地 50 年；教育、科技、文化、卫生、体育用地 50 年；商业、旅游、娱乐用地 40 年；综合或其他用地 50 年。由于该条例是在集体土地入市改革前制定的，因此并不包括集体土地使用权的出让和转让。而北京市利用集体土地建共有产权住房时，现行《土地管理法》还未修改，但根据"城乡统一建设用地市场"的改革目标和实践中各地集体经营性建设用地入市土地使用权期限的设定标准，集体经营性建设用地与同类用途国有建设用地最高使用年限仍保持一致。这在新《土地管理法》第六十三条和自然资源部发布的《中华人民共和国土地管理法实施条例（修订草案）》（征求意见稿）第四节第三十七条第三项中都得到确认。

② 徐键. 论允许入市的农村集体建设用地范围 [J]. 辽宁师范大学学报（社会科学版），2020，43（2）：22-30.

③ 参见《中共中央 国务院关于建立健全城乡融合发展体制机制和政策体系的意见》（以下简称《融合发展意见》）。

应的"非经营性用途"同样难以适用。根据原《土地管理法》第四十三条对农村集体建设用地的划分，除集体经营性建设用地外，还有农村宅基地和乡（镇）村公共设施及公益事业建设用地两种用地类型。问题在于，在以《土地管理法》和《民法典·物权编》为核心的规范体系下，农村宅基地使用权的取得和转让都有严格的身份限制，乡（镇）村公共设施和公益事业建设用地只适用于本村公共设施建设和公益事业的需要，并且土地供给形式以划拨为主，而城乡共用的保障房尽管属于公共利益范畴，但其目的是解决城市户籍人口以及在城市长期居住生活的非户籍人口的居住问题，远远超出集体公共利益的范围。因此，利用集体土地建设共有产权住房就陷入了既不满足"工业、商业等经营性用途"，又不符合宅基地和集体公益性建设用地使用条件的困境。

那么，在集体经营性建设用地直接入市建设共有产权住房受限的情况下，是否可采用征收后入市的方法解决呢？现行《土地管理法》的一大修改亮点在于新增第四十五条，首次对集体土地征收的公共利益情形做了列举式规定。其中第四项规定，"由政府组织实施的扶贫搬迁、保障性安居工程建设需要用地的"属于公共利益情形，可以依法对集体土地进行征收。但北京市瀛海镇此次入市的三宗土地并未采用征收方式，笔者认为有以下几方面原因。第一，任何制度的实施都有成本，土地征收程序繁多，耗时费力，而且随着农民产权意识的增强，征收的现实阻碍增大，强行征收容易引发社会矛盾。第二，实践中许多农村集体经济组织在改革过程中已经实现集体资产股份化。北京市大兴区作为集体土地入市改革试点的前哨，不仅在实践中这样做，还形成了具有指导意义的规范性文件[1]。以本次入市的集体土地为例，入市主体是镇级联营公司——北京汇瀛恒业有限公司，该公司由 27 个村集体合作社共同设立，三宗土地的实际所有权人——西一村与西二村只是公司的股东。第三，从共有产权住房实践来看，共有产权住房建设的方式多样，有开发商配建、政府委托代建、政府集中兴建以及政府购买等多种方式，除政府组织集中兴建沿用划拨供地方式外，其余共有产权住房建设用地均采取"限房价、竞地价""综合招标"等出让方式供地[2]。这样一来有利于显化政府投资、减少寻租空间，二来

---

① 参见《大兴区农村集体经营性建设用地入市试点工作方案》。
② 参见《上海市共有产权保障住房管理办法》《北京市共有产权住房管理暂行办法》。

有利于与市场接轨。如果再以征收方式将集体土地用于共有产权住房开发，显然不符合新时代公平正义的法治精神，更不符合"同地同权"的改革要求。

直接入市与征收入市两种土地配置方式都无法妥善解决集体土地建共有产权住房的用地问题，其症结在于集体土地和国有土地的"经营性"与"非经营性"采用不同标准。国有建设用地"经营性"概念最早在1999年正式提出①，其意图是规范"工业、商业、旅游、娱乐和豪华住宅等经营性用地"的土地交易活动。2007年，经营性用地的范围修改为"工业、商业、旅游、娱乐和商品住宅"②。经营性概念的提出和修改一来衔接了国有土地有偿出让制度，二来顺应了城市住房制度改革的发展趋势③，其初衷都是规范建设用地使用权的出让方式，以此与划拨方式供给的"公益性用地"相协调④。但国有土地有偿出让制度的确立和城镇住房制度改革并未使农村集体建设用地管理制度发生实质性的改变，集体建设用地的"经营性"与"非经营性"依然停留在计划经济时期形成的集体所有制范围内，"经营性"与"非经营性"划分的逻辑起点是对土地用途的计划管制，而非对土地出让方式的规范。因此，将集体建设用地的"经营性"与"非经营性"嫁接到以国有建设用地有偿出让制度为基础确立的建设用地管理制度上来时，就出现了制度衔接不畅的情况。

5.3.3 集体土地共有产权住房与建设用地使用权体系的衔接

土地使用权的内涵与外延决定了住房产权的权利范围与边界。国有土

---

① 参见《国务院办公厅关于加强土地转让管理严禁炒卖土地的通知》（国办发〔1999〕39号）。

② 参见《招标拍卖挂牌出让国有建设用地使用权规定》。

③ 1998年，国务院发布《关于进一步深化城镇住房制度改革、加快住房建设的通知》（国发〔1998〕23号），彻底结束了计划经济时期确定的福利分房制，确立了"建立和完善以经济适用住房为主的住房供应体系"。此时的经济适用住房延续了福利住房的特征，既不是当下意义上的保障房，又不是纯粹的商品房。因此1999年《国务院办公厅关于加强土地转让管理严禁炒卖土地的通知》仅将豪华商品房用地视作经营性用地。直到2003年随着住房市场化改革的深化，《国务院关于促进房地产市场持续健康发展的通知》（国发〔2003〕18号）才将住房的供应体系改为"普通商品房"，使经济适用住房正式成为保障房，确立商品房与保障房二元住房制度。因此，2007年将"豪华住宅"改为"商品住宅"。

④ 《城市房地产管理法》第二十四条规定的划拨用地包括国家机关用地和军事用地，城市基础设施用地和公益性事业用地，国家重点扶持的能源、交通、水利等项目用地，法律、行政法规规定的其他用地。基本与《国有土地上房屋征收与补偿条例》第八条规定的公共利益事项保持一致。

地上建共有产权住房与商品房相比，尽管处分权、收益权和继承权受到一定限制，但土地使用权的用益物权属性是不可争辩的事实。除购房合同约定的例外条款外，未约定事项同等适用《民法典·物权编》关于建设用地使用权的规定。大兴区瀛海镇此次出让的集体建设用地的性质为 F81 绿隔产业用地，使用期限为 70 年，由大兴区政府统一挂牌出让。使用权的最高期限与出让方式延续了国有建设用地使用权的管理思路。但根据物权法定原则，集体建设用地使用权是否适用《民法典·物权编》关于建设用地使用权的规定不无疑问，主要争议焦点在于《物权法》所称"建设用地使用权"是专指国有建设用地使用权，还是包含了现今入市的集体建设用地使用权。对此，学界主要存在两种观点。一种观点认为，集体建设用地使用权与国有建设用地使用权同属于建设用地使用权的亚种类物权①。尽管《物权法》第一百五十一条只使用转介条款对集体建设用地使用权做出规定，但立法意旨绝不在于否定集体建设用地使用权的用益物权属性②。故无论是在集体土地上进行的建筑物开发行为，还是在国有土地上进行的建筑物开发行为，都应当适用《民法典·物权编》及相关法律法规关于建设用地使用权的规定。另一种观点认为，虽然《民法典·物权编》第三百六十一条指明，"集体所有的土地作为建设用地的，应当依照土地管理的法律规定办理"，但"无非是告诉人们集体土地作建设用地适用土地管理法等规定"不能推导出集体建设用地使用权也属此物权法建设用地使用权规范的范畴③。再者，《土地管理法》虽对集体建设用地采用了"建设用地使用权"的称谓，但并非赋权性规范，该项"建设用地使用权"也因内容规定的缺失而成为一个空洞的概念，不能定性为一种真正的物权④。

比较而言，本研究更倾向于第二种观点，主要基于以下几方面的考虑。一是从土地入市的方式来看，集体建设用地使用权的入市方式比国有土地入市方式更加丰富。现行《土地管理法》第六十三条规定，"土地所有权人可以通过出让、出租等方式交由单位或者个人使用"，即"以土地

① 高圣平. 论集体建设用地使用权的法律构造 [J]. 法学杂志，2019，40（4）：13-25.
② 房绍坤. 农村集体经营性建设用地入市的几个法律问题 [J]. 烟台大学学报（哲学社会科学版），2015，28（3）：15-22.
③ 韩松. 论农村集体经营性建设用地使用权 [J]. 苏州大学学报（哲学社会科学版），2014，35（3）：70-75，191-192.
④ 温世扬. 集体经营性建设用地"同等入市"的法制革新 [J]. 中国法学，2015（4）：66-83.

所有权主体直接的市场活动与间接的市场活动作为区分一级市场与二级市场的标准，集体建设用地入市的一级市场不限于出让，还有出租"①。这就意味着集体建设用地使用权一级市场可能存在债权性建设用地使用权和物权性建设用地使用权，而现行《民法典·物权编》语境下的建设用地使用权只能是用益物权，并未包含以出租方式设立的债权性建设用地使用权。二是集体建设用地的类型多样，包括集体经营性建设用地、宅基地与乡（镇）村公共设施和公益事业建设用地。每一种建设用地都有其特定的用途和对象，而且取得方式、使用期限、有偿无偿都存在差异，因此集体经营性建设用地可认定为一种新型的用益物权②。三是民法中引致性条款的性质决定了被引致性条款的属性③。集体建设用地使用权作为与国有建设用地使用权并列的民事权利，在立法上应以《民法典·物权编》作为"同地同权"的民事法律基础，不应将事关集体建设用地使用权的规范重心转移到具有公法属性的《土地管理法》上来。

---

① 刘俊. 新法明确集体经营性建设用地的二级市场结构［Z/OL］. 土地科学公众号，2019-11-14.

② 杨遂全，孙阿凡. 农村集体经营性建设用地流转范围探讨［J］. 西北农林科技大学学报（社会科学版），2015，15（6）：1-6.

③ 郭洁. 论农村集体经济组织的营利法人地位及立法路径［J］. 当代法学，2019，33（5）：79-88.

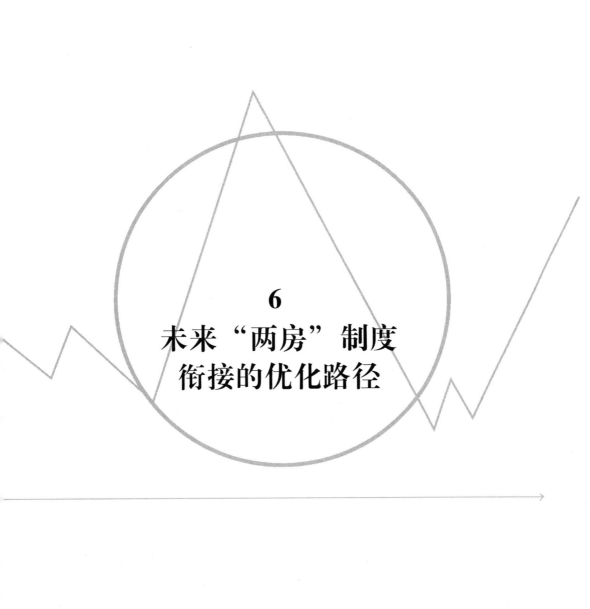

6
未来"两房"制度衔接的优化路径

6.1 有限产权经济适用住房与商品房的制度衔接优化路径

经济适用住房制度是历史的产物，适应了特定历史时期住房市场的需要，在住房总量短缺和政府财力有限的年代，以政府提供土地实物补贴、个人出资、企业共建的模式为我国的住房市场的繁荣做出了一定贡献，但也留下了诸多弊端。继续实行经济适用住房制度已无必要，但面对存量巨大的经济适用住房，仍需善后。要逐步实现住房制度的平稳过渡和转轨，必须对历史遗留的产权问题进行清理。

6.1.1 合理区分房改前后经济适用住房的转轨规则

本研究第四章分析了经济适用住房的制度变迁过程以及每阶段经济适用住房的权能构成，并得出结论：参照房改政策执行的经济适用住房属于制度转轨时期的过渡性住房产权，其福利性强于保障性。故这类不属于保障房的经济适用住房不存在强制退出问题，只存在向商品房的转轨问题。因此，房改经济适用住房及经济适用住房保障房在使用、收益、处分等方面均有所区别。

首先是使用权方面。2010 年，《住房城乡建设部关于加强经济适用住房管理有关问题的通知》（建保〔2010〕59 号）规定，在取得完全产权前，经济适用住房产权人不得将住房出租、出借、出售、闲置、改变用途，以及行使与其收入水平明显不符的高消费行为；并且再购买其他住房时，经济适用住房所有权人必须办理退出手续或补缴土地增值收益，从而取得完全产权。由于房改经济适用住房不属于保障房，在出租、出借、出售、闲置以及高消费方面与保障房均应有所区别。购买房改经济适用住房的群体大部分不属于低收入者，房改经济适用住房政策甚至有意补偿科研院所、大专院校等单位职工。因此，在对住房的使用方面，房改经济适用住房所有权人应比经济适用住房保障房所有权人享有更加灵活的使用权。

其次是收益权方面。由于房改经济适用住房和经济适用住房的土地使用权都属于划拨性质①，无论是住房出租还是出售，其中所获的部分收益

---

① 前文已述，有部分房改经济适用住房出让土地使用权，但因个人未支付该部分土地出让金，因此在收益权方面，这部分房改经济适用住房仍不同于普通商品房。

均属于地租性质，个人无权全部占有。但二者的区别在于，经济适用住房属于保障房，在未取得完全产权前实际上被禁止出租，理论上不存在出租所得收益。而房改经济适用住房不属于保障房，出租、出借等行为可以实现物的高效利用，出租行为不被禁止，但出租所得收益应与土地所有权主体分享。从目前的配套制度看，要识别出租行为极为困难。实践中，土地所有权行使主体也很难分享房改经济适用住房以及其他划拨土地产权住房因出租所获得的收益。因此，要确保以上行为得以践行，未来需要租赁备案登记制度与划拨土地使用权转轨制度同时发力。我国国有土地有偿使用制度已建立 30 余年，仍有大量未真正承担公益职能的划拨用地，其中就包括已购公房、房改经济适用住房，以及历史遗留的城市宅基地自建房。未来要实现住房制度从计划体制到市场体制的彻底转轨，需要进一步清理经营性划拨用地，对土地使用权有偿制度建立前的划拨土地按照现状用途核定土地使用权方式。对于房改经济适用住房，考虑到购房主体的经济状况呈现差异化特征，仍不排除存在中低收入家庭，因此要赋予房改经济适用住房产权人选择权。符合现行经济适用住房购买条件的可以登记为保障房，纳入经济适用住房产权体系，继续无偿使用划拨土地。

最后是处分权方面。"5 年流通锁定期"届满是房改经济适用住房与经济适用住房所有权人行使处分权的前置条件。事实上，房改经济适用住房因建筑历史久远，早已经过 5 年，对于这类历史遗留问题，基本可忽略 5 年限制条件。而"5 年流通锁定期"是经济适用住房转轨制度中的重要规则，下文将详细论证其存在的必要性及改进的意见。此处先着重分析赠与和继承这类非经营性使用的处分规则。由于经济适用住房是国家对特定收入群体提供的实物保障，住房保障资格的获得必须符合相关行政管理规定。一定程度上，保障房的获得具有身份属性，但由于购房人支付了对价，获得的是完全产权，因此保障房同时具有财产属性。故而房改经济适用住房的赠与和继承无论是在取得完全产权前还是完全产权后，受赠主体和继承人都不受身份限制，只需补缴土地出让金，办理土地使用权出让手续。对于经济适用住房则需要分情况对待。在未取得完全产权前，受赠人和继承人具有住房保障资格的可直接继承或受赠该套住房，住房的产权性质不变；受赠人或继承人不符合住房保障资格的，在住房产权未变更为完全产权时有两条可选路径。一是政府回购并扣除补缴土地增值收益和税款后，将剩余回购款作为继承或赠与的标的；二是继承人和受赠人补缴土地出让金和相关税费取得完全产权。

6.1.2　有限产权制度下重构经济适用住房保障房转轨规则

6.1.2.1　对现行转轨思路的评析

未来，共有产权住房取代经济适用住房在理论界和实务界已形成共识[①]，但对于存量经济适用住房如何处置，则观点不一。第一种观点认为，经济适用住房的实物期权属性是导致经济适用住房制度失效的主要原因，应改变土地批租制度，在保障房领域率先实行土地年租制，将划拨土地使用权转化为年租土地使用权[②]。第二种观点提出经济适用住房的转轨问题本质是划拨土地使用权的转轨，可以效仿国有企业改革过程中划拨土地使用权的转轨办法，以作价入股的方式将有限产权经济适用住房转化为共有产权[③]。

本质上，这两种观点都是突破有限产权制度，重构一种新的房地模式。第一种改革思路符合近年来学者提出的土地年租制发展方向，但目前，土地年租制试点主要集中在产业用地和集体经营性建设用地入市方面，在国有建设地用于住宅方面未有突破。且土地年租本质上是一种债权行为，政府与用地者之间常年保持一种合同关系，双方之间容易在租金、租期方面产生纠纷。因此，对住房所有权人而言，债权性土地租赁权与房屋所有权的结合是一种极不稳定的产权模式[④]，要全面实行此种模式成本太高。而第二种制度设计有助于逐步实现经济适用住房与共有产权住房并轨，顺应了我国保障房制度改革的方向。但笔者认为以下两方面还需

---

① 2021 年 7 月《国务院办公厅关于加快发展保障性租赁住房的意见》（国办发〔2021〕22 号）提出，"加快完善以公租房、保障性租赁住房和共有产权住房为主体的住房保障体系"。

② 程大涛. 基于土地使用权对重构住房供应体系的设想：兼谈按年征收土地出让金的合理性[EB/OL].（2016 - 05 - 04）[2021 - 07 - 02]. http://theory. people. com. cn/GB/n1/2016/0504/c49154 - 28323088. html.

蓉晨. 我国土地收益分配制度改革的取向和举措：基于不同利益主体的视角[J]. 宏观经济管理，2020（6）：13-22.

赵红梅. 论土地年租与存量划拨土地使用权改制[J]. 中国土地，1998（3）：19-21.

③ 陈耀东，任容庆. 民法视野下产权型保障房退出机制的分析：以"有限产权"向"共有产权"理论的过渡为视角[J]. 理论与现代化，2014（5）：67-72.

王丽青. 经济适用住房产权浅析[J]. 西南农业大学学报（社会科学版），2012，10（7）：62-63.

④ 赵红梅. 论土地年租与存量划拨土地使用权改制[J]. 中国土地，1998（3）：19-21.

斟酌：一方面，按照现行的共有产权住房试点模式，封闭运行模式和开放运行模式并存，若将有限产权经济适用住房制度并轨到封闭共有产权住房制度，实际上限缩了有限产权经济适用住房所有权人的权利，彻底取消了有限产权向完全产权转化的路径，这会遭到房屋所有权人的抵抗，且存在高昂的制度执行成本；另一方面，若将有限产权经济适用住房转化为开放运行的共有产权住房，虽然制度实施的阻力较小，但实际上经济适用住房—共有产权住房—商品房的转化路径使原有的经济适用住房转化路径复杂化，使有限产权向共有产权转化的环节增加了新的制度执行成本。因此，本研究认为，在现行有限产权制度的框架内改进低效的制度设计，逐步消化存量经济适用住房，并使其尽快并轨到新的"两房"制度体系中，更符合卡尔多希克斯效率。

6.1.2.2 实现"5年流通锁定期"从"赋权性规范"到"管理性规范"的转变

前文已分析了"5年流通锁定期"存在的合理性及必要性，同时阐明了现行"5年流通锁定期"未能发挥其应有制度功能的原因。故本研究主张，"5年流通锁定期"应作为经济适用住房的管理性规范，其可行性在于：一是有利于改变过去经济适用住房一旦届满5年，政府则不再进行监督审查的行为；二是有利于合理使用划拨土地，早日收回政府在保障房方面的投入，实现投入资金的循环利用；三是伴随大数据技术的发展，界定经济适用住房划拨土地使用权的成本逐渐降低。综上，将"流通锁定期"规则设置为"管理性规则"，可以内在化经济适用住房的外部性。

在具体操作方面，以5年为周期，通过大数据技术对住房所有权人的资格进行审查。可分三种情况设置转化规则：一是在"流通锁定期"届满后，经济适用住房所有权人经济条件改善的，应强制将其住房转化为商品房（此处经济条件改善应以家庭为单位，综合考察家庭收入和家庭负担）。二是在"流通锁定期"届满后，家庭经济状况无明显变化的，可继续无偿使用划拨土地。三是在"流通锁定期"届满后，家庭经济状况恶化并自愿退出经济适用住房的，可向政府提出申请，由政府按市场价格回购（这部分群体在扣除应缴土地收入和相关税费后，家庭经济状况符合租赁产权保障房申请标准的，可同步申请）。

值得注意的是，对于"5年流通锁定期"的起算标准，目前未形成统一的制度规范。有的城市以签订购房合同之日起算，有的以实际交付之日起算，有的以不动产权证办理之日起算，还有的以网签合同备案登记之日起算。考虑到实践中经济适用住房存在逾期交付、逾期办理不动产权登记等客观现实问题，若以不动产登记满 5 年计算，可能存在变相延长"流通锁定期"的情况。因此本研究建议，秉承"房住原则"，以经济适用住房项目实际交付日期作为"流通锁定期"的起算日期。

6.1.2.3 以"公共利益"作为判断划拨土地使用权是否应转为出让土地使用权的核心标准

"公益性"和"经营性"是决定土地是划拨使用还是出让使用的核心标准。目前，由《中华人民共和国城镇国有土地使用权出让和转让暂行条例》《土地管理法》和《城市房地产管理法》共同确立的划拨土地使用权转轨规则主要是针对传统划拨土地使用权，不能完全适用于经济适用住房划拨土地使用权的转轨。经济适用住房划拨土地使用权与传统划拨土地使用权的主要区别在于，前者是以"公共利益"标准设立，后者是在出让土地使用权确立前的制度遗留问题。目前，针对传统划拨土地使用权设立的转轨规则主要采取"自愿原则"，即是否启动转轨制度并非强制要求。若经济适用住房划拨土地使用权转轨继续采纳传统划拨土地使用权的转轨规则，就难以避免以下情况的发生：一是经济适用住房购房人经济状况改善后，长期不退出划拨土地使用权，与划拨土地使用权"公益性"发生背离；二是历史遗留的划拨土地使用权长期存在，土地资源无法得到有效利用，地方政府财政收入也无法得到补偿。因此，传统划拨土地使用权转轨与经济适用住房划拨土地使用权转轨制度殊途同归。未来，亟须建立以"公共利益"为标准的划拨土地使用权转轨制度，对传统划拨土地使用权按照现状用途核定使用方式，属于公益目的的，可继续划拨使用，现作经营性用途[①]的，则应缴纳土地使用费。

在经济适用住房划拨土地使用权转轨方面，当经济适用住房划拨土地使用权作经营性使用时，则应启动经济适用住房与商品房的衔接转化机制。此时可分为"被动退出"和"主动退出"两种情形。被动退出是指经济适用住房所有权人行使除自用以外的其他住房使用行为，如空置、出

---

① 此处经营性用途参见《招标拍卖挂牌出让国有建设用地使用权规定》第四条的规定。

租、出借、买卖等。值得注意的是，司法实践中，违规交易经济适用住房的案件量巨大，但司法判决往往只对买卖合同的效力进行审查，对于违规出售经济适用住房的当事人并不附带其他行政审查，在司法裁判与行政管理之间未建立起互通机制。本研究建议，今后法院在审判中发现涉及经济适用住房违规交易和使用等行为的案件时，应同时将此案移交住房保障中心，启动划拨土地使用权转轨程序或收回经济适用住房。主动退出是指经济适用住房所有权人未违规使用经济适用住房，但家庭经济状况好转不再符合"公共利益"标准的，应退出划拨土地使用权。

目前，我国在这方面的相关衔接规则长期处于失效状态。一是与"5年流通锁定期"的赋权性相关。二是由于我国还未建立起全面的家庭财产申报制度①。因此，本研究建议首先建立以法定抚养关系为基础的家庭财产申报制度，家庭成员包括具有法定赡养关系和抚养关系的成员，以此为单位进行财产申报。同时，建立经济适用住房退出与商品房购买、继承的联动制度，经济适用住房未退出或转化为完全产权的，不得进行其他不动产登记。其次，发挥"5年流通锁定期"的监督管理功能。以5年时间为限，5年内房屋所有权人可无偿占有和使用国有土地，非法定事由不得退出经济适用住房。第一个5年届满后，以5年为周期审查购房家庭的经济状况，不再符合保障条件的由住房保障主管部门出具《终止保障决定》（以下简称《决定》），在《决定》中载明终止保障的理由、办理土地转性或政府回购的程序、合理的腾退期限，以及不服《决定》的申诉渠道和申诉期限。在规定程序全部终结后仍未退出的，住房保障中心可凭借生效的《决定》请求法院强制清退。同时"应转未转"的在房屋上市交易或继承时，应按"有偿使用原则"补缴或扣缴自《决定》生效之日起的国有土地使用租金，再按照《经济适用住房管理办法》办理相关手续。最后，建立内外平行的经济适用住房退出机制，"流通锁定期"届满后或"流通锁定期"内因家庭变故、重大意外事件、破产②等其他客观原因导致家庭经济状况恶化的，或者因工作地点变化不再需要在本地居住的，应当允许其退出经济适用住房，并保留未来再次申请保障房的权利。此种非因

---

① 目前，我国的财产申报制度主要适用于公职人员，目的是抑制公职人员的贪腐行为。

② 2021年3月1日，《深圳经济特区个人破产条例》正式施行。该《条例》预示着未来我国将以制度保障诚信经济主体的生产经营、生活消费。

个人主观原因导致的内部退出，应与外部退出适用相同的土地出让金或增值收益金补缴标准。

6.1.2.4 分离退出与上市两个环节，分别补缴土地出让金和土地增值收益

本研究第四章分析了土地出让金和土地增值收益的价值源泉。在现行的补缴公式中，各地通常将经济适用住房退出与经济适用住房上市交易两个环节合二为一。不可否认，实践中的确存在经济适用住房退出和上市交易竞合的情况，但此举忽略了经济适用住房退出是基于被保障人家庭经济条件的客观状态，而经济适用住房上市是基于购房人的主观选择这一事实。经济适用住房的退出不等于经济适用住房上市交易。前者不发生不动产物权的转移，只将划拨土地使用权转化为出让土地使用权，在这个一阶段需要补缴土地出让金以及减免的税费优惠。后者基于市场交易行为发生不动产的物权变动，在这个过程中经济适用住房的成交价高于购买价①，这一差值为不动产的增值收益。在增值收益中包含了购房人个人对不动产的添附、政府对公共基础设施投资带来的级差地租 A_{2a}、社会劳动发展产生的辐射性投入 A_{2b}、空间级差地租 A_4 以及购房人的资金机会成本等。

因此，经济适用住房的退出和经济适用住房上市所需缴纳的费用性质不同，计算方式也应有所差异。经济适用住房退出不发生住房所有权的物权变动，在这一环节主要完成划拨土地使用权向出让土地使用权转性，房屋所有权人需要缴纳的是该套住房对应的土地使用权出让金和购房时减免的税费。在计算公式上，本研究建议改变现行重新计算 70 年的办法，而以该宗地第一套办理出让土地使用权手续的住房年期计算。补缴土地出让金应结合该宗地剩余土地使用年限评估，剩余时间越长，补缴土地出让金越多，剩余时间越短，补缴得越少。补缴基础由第三方评估机构根据购房时该地段土地使用权出让价格综合同期银行利息评估。而经济适用住房上市交易意味着经济适用住房所有权发生转移，此时经济适用住房的交易价与购买价（包含补缴的土地出让金和税费）之间的差值为增值收益。对这一部分，政府应按照商品房标准征收税费。

---

① 购买价包括初次购买经济适用住房的价格、补缴土地出让金的价格以及相关税费等。

6.1.3 集体留用地安置房并轨到集体土地租赁住房流转

留用地制度是地方政府在征地补偿制度变迁过程中与农民集体博弈的结果。现行法律和试点政策规定集体土地不得进行商品房开发，但未禁止集体土地建设集体经济组织成员居住的安置住房。集体土地安置房与"小产权房"不同，本质上是符合规划、用途管制经正规程序报建的合法产权住房，各地虽禁止流转，但已分户办理不动产权证书，且安置户通常可获得多套安置住房。若按照现有规定，集体土地上的安置住房只能在集体经济组织内部流转，一方面自住外剩余安置住房无法实现物尽其用，另一方面也无益于消除私下流转的隐患。事实上，诸多购买或租赁集体土地安置房的主体来自中低收入阶层，一定程度上留用地安置房发挥了"民间保障房"的功能。因此，本研究主张在恪守"集体土地不得进行商品房开发"的准则下，引导已经出租或出售的集体留用地安置住房，以及未对外处置的安置住房有序进入合法住房市场。

6.1.3.1 已出租集体土地安置房的转化

租赁是留用地安置房流转最普遍的方式，按照租赁合同的期限可将其分为未满 20 年的租赁合同、20 年自动续期的合同和超过 20 年的合同。按照《民法典》第七百零五条的规定，超过 20 年的合同无效。因此，此处所称出租的集体土地安置房主要指不超过 20 年的租赁合同。目前集体土地租赁住房与留用地出租安置房的主要区别在于：前者的出租人是集体经济组织或开发单位，租金归开发主体所有；后者的出租人为安置房产权人，租金归安置房产权人所有。由于集体土地租赁住房从规划到入市均符合法律规定，其出租所得收益分配、租赁住房合同以及是否可进入公共租赁住房系统均在法律调控范围之内，承租人可凭借租赁合同享受个税抵免、居住证登记以及其他公共服务等权利。而集体土地安置房大多参照《经济适用住房管理办法》进行管理，按规定产权人不具有合法出租的权利。因此，要将留用地安置房并轨到公共租赁住房，必须建立规范的转化程序。

目前，厦门、成都等地已经开始探索利用公共租赁住房监管平台交易集体土地租赁住房，今后也可以将留用地安置住房并入公共租赁平台出租，只有通过正规渠道出租的留用地安置房才可合法化。未建立统一租赁监管平台的城市可要求已签订的房屋租赁合同到地方政府指定主管部门备案登记，备案时对违法违规行为进行实质审查。经备案的留用地安置房租赁合同双方当事人与商品房租赁合同双方当事人享受同等的民事权利及公共权利。为鼓励集体土地安置房进入保障房市场，已出租的安置房符合公共租赁住房户型、建筑面积标准，以及承租人符合住房保障资格的，可经双方协商重新签订公共租赁住房租赁合同，租金水平、租赁期限等条款均施行全市统一标准。政府可对出租方进行租赁补贴，同时在租售并举市场建立后，对于保障性租赁住房可施行税收减免，区别于市场化租赁。

6.1.3.2 已"出售"留用地安置房的转化

留用地安置房出售通常表现为签订房屋买卖合同但未办理产权过户登记，出售人与买受人因违反法律行政法规强制性规定发生民事纠纷时，之前签订的房屋买卖合同也会被判定为无效。因此，在程序上首先应当对已经出售的房屋买卖合同进行清理，依法认定为无效合同。同时，要正视购房人事实上的占有权利以及交易完成后双方付讫这一结果。为最小化交易成本，本研究建议可以"居住权用益物权制度"解决"已售"集体留用地安置房的后续问题，具体理由如下：

首先是客观方面。集体土地安置房的交易价格普遍低于同地段同类型商品房，而高于租赁住房，买卖双方一致认可买受人拥有永久居住权，以"市场化居住权用益物权制度"[①]进行确权，符合等价交换的原则。且安置房交付后，买受人实际已进行内部装饰，投入了一定量的成本，若完全以买卖合同无效处置，事实层面难以实现返还。考虑到已购买集体土地安置房的群体大多数属于中低收入家庭，一定程度上留用地安置房承担了住房保障职能，以"居住权用益物权"确权可减轻地方政府在住房保障方面的财政负担。

其次是主观方面。交易的功能在于实现资源配置的最优效率，将资源配置给能够更好利用的人，通常也表现为估价更高的人。在集体留用地安置房交易市场上，明知产权存在缺陷仍愿意花钱购买此类住房的群体，无疑是对该类房产估值最高的人。这部分群体并不指望通过低买高卖获得"炒房差价"，而是期望通过购买安置房获得稳定的居住权利。且住宅与其

[①] 市场化居住权的具体制度设计后文将详细阐述。

他建筑物最大的差异在于"主观价值"之有无。相对于工厂、商业地产等一般建筑，住宅具有正向的主观价值，并且随着时间的推移，屋主对房屋投入的情感与日俱增①。当住房建筑实际交付使用后，购房人长期居住在此的主观价值便已产生，这也是各国各地区对于居住用房交易施行另类保护的原因。

最后，在市场化以前允许非集体成员以低价"买断"宅基地或集体留用地使用权，然后在市场化以后高价套现，这客观上是对农民的一种剥夺②。因此，在集体建设用地完全市场化以前，对已购安置房进行分割登记并赋予其同国有土地商品房同样的权能，不宜作为过渡阶段的制度选择，也不符合"农民长远生计有保障"的留用地制度的初衷。而长期租赁居住权用益物权制度可避免农民丧失最终的控制权，同时保证"购房人"的居住权利。值得注意的是，居住权用益物权作为物权性权利，必须经法定登记程序确认生效，原安置房买卖双方当事人应重新签订居住权交易合同，持生效合同到不动产和交易中心办理居住权登记。目前，《民法典》规定的居住权期限可以居住权人终身为限，也可以是约定的特定期限。本研究认为，此处居住权用益物权主要用于实现住房的交易功能，而非基本的居住保障功能，具有一定的财产属性，以双方协商确定特定居住权期限较为合适。居住权期限不应超过同类用途建设用地使用权最高期限。居住权人在特定期限内可以行使出租、转让、赠与、继承等权利，但不享有土地使用权续期权，居住权合同期限届满后居住权即告消灭。

6.1.3.3 尚未对外处置的留用地安置房的流转

尚未对外处置的留用地安置房包括自住的安置房、空置的安置房、出卖给本集体经济组织成员的安置房，以及今后租期届满后收回的房源。尚未对外处置的留用地安置房的流转方式除以上两种方式外，结合现行各地的实践方案还可以有更加多样化的选择。

一是政府趸租安置房作为保障房房源。北京市作为集体土地建设租赁住房试点城市，近年来大力发展租赁住房市场，一方面通过规划集体土地租赁住房用地新增租赁住房房源，另一方面通过趸租农民回迁房、安置房

① 张永健. 物权法之经济分析：所有权 [M]. 北京：北京大学出版社，2019：247.
② 杨遂全，钟凯，万广军，等. 小产权房处置与土地制度创新：以城乡房上联建权合法化为突破口 [M]. 北京：法律出版社，2013：310.

增加公共租赁住房房源。趸租作为北京市近年来充实公共租赁住房房源的主要方式，已经形成了稳定的运营模式。首先，政府设定符合趸租条件的住房类型，通常为零居室、一居室和两居市。其次，区住房保障中心作为承租人与房屋产权人签订《北京市房屋租赁合同》，合同签订后区住房保障中心一次性向产权人预付当年房屋租金，收储后的房源经统一装修后再配租给符合条件的承租人。由于趸租价格为市场价，产权人所得收入应作为个人所得税纳税，这部分税收由区住房保障中心代扣。最后，合同租期一般为5年，5年后可以续签。前三年租金标准稳定在40元/平方米左右，后两年增加至44元/平方米。从短期成本收益看，此种趸租方式一方面减少了安置房所有权人的管理成本、装修成本和住房空置成本，让产权人拥有稳定的租金收入；另一方面，政府收储公租房房源可以减少新建公共租赁住房的一次性资金投入，能在最短时间内收集大量公租房房源。但这种短租方式存在一定风险，区住房保障中心与产权人签订的是5年租赁合同，作为债权性权利5年期满后是否续签存在不确定性，而且存在因法院判决等特殊情形导致房屋所有权或居住使用权发生变动，致使本合同无法继续履行。而根据《公共租赁住房管理办法》的规定，公租房承租周期一般为5年，5年后符合条件的还可以继续承租，因此对公房承租人而言，承租住房中心所有的公共租赁住房更稳定。未来为对抗租赁过程中存在的不确定风险，本研究建议，趸租房应当以更加牢固的产权形式平衡三方主体的权利义务关系。目前，我国《民法典》第三百六十七条规定居住权合同条款包括"当事人的姓名或名称和住所"，这表明居住权合同的当事人既可以是自然人，又可以是法人或非法人组织。区住房保障中心或代持机构可签订长期的租赁合同，以居住权方式设定政府或代持机构享有的权利。

二是由集体经济组织回购转化为集体经营性租赁。安置房产权人个人经营与集体经济组织统一回购经营这两种方式各有其优劣。规模化的集体经营相比分散的个体经营更具有规模效率。现实中，大部分安置房产权人基本脱离农业生产，在属地就业岗位有限、集体经济组织规模较小的情况下，选择外出务工闲置住房的不在少数。因此，从壮大集体经济组织规模，使农民长久生计有保障的角度考虑，可通过集体经济组织回购或个人以安置房入股的方式，实现集体产业化和规模化运营，从而提升农民应对市场风险的能力和租赁房运营管理的效率。

6.2 租赁产权保障房与商品房的制度衔接优化路径

根据本研究第五章的分析，为避免制度突变造成巨量交易成本，本研究的初步设想是在现行租赁产权制度体系上，分层次构建公租房制度和保障性租赁住房制度。公租房制度承接原廉租房保障定位，位于我国"两房"体系的最底端，覆盖对象主要是城镇最低收入家庭、无劳动能力者、失业家庭、单亲家庭、孕妇、鳏寡孤独等社会弱势群体。这部分群体的劳动技能、受教育程度相对较低，要通过个人或家庭的能力改变现状通常较为困难。因此，对这部分群体应该考虑其保障顺位的优先性、保障期限的长期性，以及居住环境的稳定性。保障性租赁住房则承接原公租房的定位，保障对象主要面向中低收入家庭、新市民和青年人。这部分群体中，"80后"新市民已占据重要地位，相对于最低收入住房困难家庭，这部分群体的劳动技能和受教育程度较高、流动性较强、租赁住房过渡性特征显著，且其住房帮扶需求主要发生在就业初期。长期来看，大部分新市民可以通过劳动收入的累积逐步自力更生，当然也不可避免有部分群体的状况长期得不到改善。因此，保障性租赁住房的制度设计要以激励工作成就为导向，在努力实现住房可负担性的同时，兼顾"职住平衡"的居住需求。

6.2.1 突出公共租赁住房的优先性，增设法定居住权制度

6.2.1.1 法定居住权的设立及取得

2020年，《民法典》的通过标志着居住权制度正式在我国确立，但现有的6个条文还不足以完全释放居住权的制度功能，学术界普遍认为居住权制度未来还有更加广阔的适用空间。按照不同的分类标准，学界提出了居住权制度的体系化构想。从宏观与微观的角度来看，居住权可以分为应用于公共居住保障的居住权，以及特定或不特定人之间设立的人役性居住权[①]；从制度功能角度来看，可以分为用于弱势群体保障的社会型居住权和社会经济往来中的投资性居住权[②]；从司法实践角度来看，可以分为拆

---

① 张力. 论居住权的物权法保护：微观与宏观之维 [J]. 兰州学刊，2010（3）：142-147.

② 申卫星. 视野拓展与功能转换：我国设立居住权必要性的多重视角 [J]. 中国法学，2005（5）：77-92.

迁安置型居住权、公房租赁型居住权、引进人才型居住权、以房养老型居住权、离婚帮助型居住权和家庭亲属型居住权[①]；从立法技术角度来看，可以分为在"物权编"中规范的一般性居住权和"亲属编"中规范的人役性居住权[②]。在此基础上，本研究认为，可将弱势群体保障的居住权分为家庭成员之间的居住权和个人/家庭与国家之间的居住权。后者可用于强化现行公租房的承租权，以高于债权低于所有权的保护力度保障中低收入群体的居住利益。

具体而言，个人/家庭与国家之间的居住权不同于家庭内部成员之间的居住权和市场化居住权。目前，我国《民法典》第三百六十六条至第三百七十一条规定的居住权的设立方式有两种——遗嘱方式和合同方式。合同设立意味着此种设立方式不具有强制性，因为合同是基于双方意思自治原则，由弱势群体一方与另一方谈判。显然，此种设立方式在家庭成员内部之间尚有回旋余地[③]，但在个人/家庭与国家之间的交易成本极高，甚至难以实施。因此，前置居住权合同实际上掣肘了弱势一方取得居住权[④]。故本研究建议在《民法典·物权编》"居住权"一章中增设个人/家庭与政府之间的法定居住权，这种居住权的设立依据可以是《中华人民共和国住房保障法》（以下简称《住房保障法》）或国务院制定的行政法规，当申请人符合公租房最低限度的住房标准时，即享有与政府强制缔约设立居住权的权利。

除设立主体和设立方式与其他居住权有所区别外，公租房法定居住权还具有其他特征。如表6-1所示，首先，在租金标准方面，租赁产权保障房法定居住权既不是无偿设立的，也不是参照市场租金设立的，由于公租房的保障对象为最低收入群体，其租赁标准以政府指导价为原则，显著低于市场价。其次，在时间期限方面，本研究建议租赁合同的期限继续沿用5年合同期限，但不限于5年，是否续期根据收入水平的变化而定。最后，

---

① 任宇飞. 李玉斌. 论居住权的类型及其司法适用 [J]. 重庆大学学报（社会科学版），2015，21（3）：136-140.

② 鲁晓明. 论我国居住权立法之必要性及物权性为主的立法模式：兼及完善我国民法典物权编草案居住权制度规范的建议 [J]. 政治与法律，2019（3）：13-22.

③ 事实上，这一种设立方式在家庭成员内部之间也不足以保障弱势群体一方，但相对于个人/家庭与国家之间尚有探讨的空间。

④ 屈然. 论我国居住权的设立方式与登记效力 [J]. 法学杂志，2020，41（12）：90-99.

公租房的制度定位是满足我国基本的住房保障需求，本研究建议赋予符合规定条件的公租房申请人可抗辩的居住权。行政主管部门进行资格审查后，应出具《公共租赁住房保障通知书》，通知书中应载明被保障人的信息、获得的住房保障面积，以及通知书发出的具体日期等信息。同时，本研究建议修改《公共租赁住房管理办法》中关于轮候期不超过 5 年的规定，建议将其缩短为半年。申请人自取得《公共租赁住房保障通知书》起半年内，未按规定获得住房保障的可向行政主管部门申诉，申诉后依然未获保障的可向法院提起诉讼。

表 6-1　法定居住权的设立规则

	法定居住权分类	
	家庭成员之间	个人/家庭与国家之间
设立方式	依合同/遗嘱设立	依法定事由设立
租金标准	无偿设立	政府指导价
时间期限	终身为限	以收入水平为限
设立前置程序	家庭成员关系确认	住房资格行政审查
救济手段	司法救济	行政救济/司法救济

6.2.1.2　公租房承租人法定居住权的产权边界

首先，在权能内容上，公租房法定居住权人享有占有权、使用权，不享有收益权和处分权。占有关系可以基于事实行为，也可以基于法律行为。在公租房领域，占有的合法性基础必须基于法律的规定。占有主体可以是个人，也可以以家庭为单位。未来公租房的保障形式多样，可以是传统的单套房占有，也可以是多个非家庭成员对单套房屋的共同占有。在非家庭成员共同占有的情形下，个人对私密空间享有排他占有权，对厨房、卫生间、客厅、走廊等享有共同占有权。法定居住权人对住房的使用应当行使善良家父之义务，对房屋内的生活必需品享有使用权的同时，也负有损害赔偿责任；在签订《公共租赁住房租赁合同》时，应当将住宅内所有的物品清点计数载于合同之中。

其次，在我国《住房保障法》未出台前，仍需继续以合同的形式规范公租房承租人的行为。本研究第五章已阐明在司法实践中因《公共租赁住房租赁合同》性质争议产生的司法成本。在此，本研究认为有必要将《公共租赁住房租赁合同》作为《民法典·合同编》中典型合同的一种，以明确其私法管辖权。

最后，公租房承租权作为基于特定身份取得的法定居住权，如为个人申请的，则在取得该权利时居住权人登记为个人，如以家庭为单位申请的，则家庭成员均登记为居住权人。因此，原则上该权利以原始取得为条件，不可继受取得。但有两种情况可作为例外：一是单身居民在取得居住权后缔结婚姻关系的，在符合公租房申请条件的情况下可将配偶补充登记为权利人；二是新生子女享有同父母同等的法定居住权。

6.2.1.3 公租房的退出机制

（1）退出的标准

现行《公共租赁住房管理办法》设定的退出标准已相对完善，但只列举退出事由而未建立相关的防御机制导致实施效果不佳。按照事前行为和事后行为划分，公租房的退出分为因事前行为惩罚性退出和事后退出。前者指事前申请人为骗取公租房而虚报、瞒报家庭财产状况，贿赂公务人员以取得资格权的情形。对于这一种退出方式，不仅法定居住权要取消，且获得的居住利益应折价退回。事后退出是指申请人在依法获得法定居住权后，因收入水平和家庭住房改善正常退出，以及获得法定居住权后因违规使用行为被强制退出这两种情形。

一直以来，我国公租房秉承过渡性租赁保障的理念，在租期设置和退出设计上都侧重于如何让承租人尽快退出公租房，而忽视了最低收入群体始终难以依靠自力救济脱离政府保障的现实。还有部分群体虽然工资在短时间内有所变化，但并非持续增加，若按现行制度设计，当收入水平超过规定标准后立即退出公租房，则会出现"因退返贫"问题。因此，本研究建议，可借鉴日本公营住宅的退出机制，设置过渡期。一是连续3年家庭收入超过规定基准收入的，可要求其腾退公租房；二是在公租房内居住满5年，其中连续2年收入水平超过基准收入的退出公租房①。此外，公租房采取居住权登记制度后，可以规定未退出公租房者不得办理因继承、购买

---

① 日本《公营住宅法》第二十八条规定，公营住宅租户在居住期间，其收入连续3年以上超过规定的收入的基本收入，必须腾退公营住宅；否则出租人可以加收房租。第二十九条规定，租户已连续在公应住宅居住5年以上，且其收入连续2年超过规定收入的上限，出租人可要求其在规定时间内腾退公营住宅。

发生的不动产登记,以此代替原来因购买、继承、受赠其他不动产需退出的规则。这一改变可以降低政府的审查监督成本,激励行为人主动退出公租房。

强制性退出事由通常包括消极使用和过度使用两种情形。消极使用是指无正当理由空置经济适用住房满 6 个月以上,但若有特定事由列入短期异地工作、服役等事项,可以到主管部门登记保留公租房。过度使用主要指违反合同约定改变居住用途,或非法出租、出借、转租公租房。

(2)退出的程序

与经济适用住房类似,现行《公共租赁住房管理办法》设置了 5 年租期规定。本研究主张以"5 年流通锁定期"作为审查标准,一次租赁合同签订 5 年,届满后通过大数据系统重新审查是否符合住房保障资格。不符合条件的退出,符合条件的可继续保留法定居住权。连续 3 个住房周期(即 15 年)均满足保障条件,且收入水平始终处于最低收入水平的个人/家庭,可赋予承租人永久居住权。因为此类最低收入群体在同等成本条件下的替代性租赁机会极少,在公租房中居住的期限往往是终身①。

(3)退出的方式

今后,社会型住房租赁市场是住房制度发展的大趋势。公租房的退出不限于离开该套住房,还应有更加灵活的退出选择。例如,不符合公租房租赁条件但符合保障性租赁的,可取消法定居住权登记,将《公共租赁住房租赁合同》转化为《普通商品房租赁合同》,申请政府补贴,将指导租金调整为公平租金。待我国公共租赁住房制度与市场接轨以后,在保障公租房能够充足供应的情况下,还可允许公租房承租人优先购买该套住房并转化为商品房。

6.2.2 多渠道整合住房资源,增加保障性租赁住房供给

6.2.2.1 保障性租赁的产权模式

保障性租赁作为阶段性的住房保障模式,是我国"两房"制度中的新制度,是独立于公租房之外的租赁产权保障房制度。其与公租房的不同在于:保障性租赁住房是多渠道投资、多渠道供给,而公租房是政府投资建

---

① 张力. 论居住权的物权法保护:微观与宏观之维 [J]. 兰州学刊,2010(3):142-147.

设和发放补贴①。因此，保障性租赁住房并非公租房的货币化，其面向范围更广、市场化程度更高、阶段性更强，类似于德国的社会市场模式，是以一种保证重要的社会目标构建于市场之内的姿态来发展租赁住房市场的②。这一制度安排打破了保障房与商品房之间泾渭分明的界限，成为衔接保障房与商品房的中间制度安排。

为了增强保障性租赁住房的可操作性和规范性，综合第五章的分析，本研究建议可以从以下几方面完善保障性租赁住房制度：

一是保障性租赁住房衔接公租房与共有产权住房，主要面向新就业职工、应届毕业大学生和青年人。在进入门槛上取消户籍限制，降低社保、公积金缴存年限，以无住房资产为前提，以人均可支配收入为主要判断标准。二是通过租赁合同控制的方式体现保障性租赁住房的社会属性和市场属性。可借鉴德国经验，由相关行业组织、中介行业协会、租赁者协会等会同住房保障主管部门根据我国《民法典》《住房租赁条例（征求意见稿）》《商品房屋租赁管理办法》等制定保障性租赁住房合同示范文本。由于目前我国《住房租赁条例（征求意见稿）》还未正式通过，且《住房租赁条例（征求意见稿）》的规定多过于原则③，短期内，需要通过租赁合同落实租金控制、租金增长控制、驱离租户限制、押金提存的具体标准。值得注意的是，根据我国《民法典》第七百三十条的规定，租期届满后，承租人与出租人未重新签订租赁合同的，即转为不定期租赁，出租人享有任意解除权。此种权利配置对承租人而言存在租期届满后继续承租住房的不确定性。为扭转承租双方不对等的局面，保障性租赁住房可率先参考德国《民法典》第五百七十三条的规定④，制定符合我国国情的法定解

---

① 中华人民共和国中央人民政府. 新市民住房难题有了新解法：住建部有关负责人解读《关于加快发展保障性租赁住房的意见》[EB/OL]. (2021-07-08) [2021-08-09]. http://www.gov.cn/zhengce/2021-07/08/content_5623292.htm.

② 凯梅尼. 从公共住房到社会市场：租赁住房政策的比较研究 [M]. 王韬，译. 北京：中国建筑工业出版社，2009：16.

③ 《住房租赁条例（征求意见稿）》第九条规定："在住房租赁合同期限内，除法律规定和合同约定的情形外，出租人或者承租人不得单方面解除住房租赁合同，不得单方面提高或者降低租金。"

④ 德国《民法典》第五百七十三条规定，只有在以下情形出租人才可以解除不定期租赁合同：1. 承租人因过错而非为不显著地违反了自己的合同义务；2. 承租人需要将房屋用于自己、自己之亲属或者属于自己家庭的成员居住；3. 出租人因租赁关系的继续，将使土地在经济上的适当利用方面受到妨碍，并且因此将遭受显著不利益。

约事由。例如，在承租人经济条件恶化、失业、家庭成员重病等情况下不得驱逐租客；租客在承租过程中无明显过错的，享有优先续约权；即使出租人有法定理由解除租赁合同，也应当为承租人预留合理的过渡期，提前3个月以上以书面形式告知；承租人在接到解约通知后，有证据证明解约将使个人居住条件恶化的，可提出书面异议。三是德国单一化的成本型租赁住房市场是多年来双层租金管制制度的结果，以低于市场价出租的住房普遍在建造或销售时获得了政府的信贷、财税等政策支持。而我国社会型租赁住房市场刚刚起步，还不具备全面控制市场租金的经济基础。现阶段，从权利义务统一的角度来看，不宜全面打压租赁住房价格，但可以逐步储备保障性租赁住房房源。政府在资助租赁企业或帮助个人购买商品房时与相对人签订协议，根据受到资助力度的大小约定不同年期的租金控制标准。各地政府通过搭建租赁住房交易监管平台，上架保障性租赁住房，符合承租条件的个人/家庭在网上租赁平台完善租赁合同备案登记等手续。

6.2.2.2　保障性租赁住房房源的转化路径

根据《国务院办公厅关于加快发展保障性租赁住房的意见》（国办发〔2021〕22号），保障性租赁住房的房源来源广泛，可以是集体土地租赁住房，闲置低效利用的商业办公、旅馆、厂房，仓储、科研等非居住用房，以及商品房配建的保障性租赁住房。除此之外，我国事实上与租赁产权住房直接相关的还包括自管公房、直管公房、"小产权房"、商住两用房等。除"小产权房"外，其余住房均拥有合法产权。因此，按大类分，保障性租赁住房转化的路径之一是合法产权住房转化，之二是"小产权房"转化。在合法房源中，本研究建议主要集中转化以下五类住房作为保障性租赁住房房源：

一是直管公房与自管公房。直管公房和自管公房从计划经济时期开始一致延续到现在，在企事业单位中依然发挥着住房保障的功能。但因历史原因，有部分公房承租人自房改前就在此居住，按照承租人承租时的房改政策，承租公房实际是福利住房而非保障房，未购买公房的承租人享有长期低租金承租公房的权利。此种权利在上海已被确认为财产性权利，当公房拆迁时，公房承租人凭借"公房租赁凭证"，可选择房屋调换或货币安置补偿。选择货币补偿的，被拆迁人（房屋所有权人）享有总价20%的补偿款，而承租人获得80%①。但"上海模式"并未成为全国统一标准，实践中，部分地方对公房承租权一刀切、判定为保障性租赁权的做法引起承租人的强烈反抗，甚至引发重大恶性社会事件。因此，在将自管公房和直管公房重新转化为保障性租赁住房房源前应以房改划断，确认公房承租人拥有居住权，此权以承租人的生命期限为限。其余公房户型和面积符合保障性租赁住房要求的，可转化为保障性租赁住房。

二是享受政府政策支持的商品房住房。现阶段我国商品房市场正在实行限购、限价、摇号政策，新房调控价与二手住房市场倒挂实际上可看作政府对刚需购房家庭的反向补贴。但目前此类住房除限制转售期外，并无其他财产性限制，政府限价所带来的正的外部性全部由产权人个人所有，其社会目标无从体现。本研究建议借鉴社会市场模式，对享受了政府限价优惠购买的商品房，将来特定时间内（例如10年）用于出租的，控制其租金保持在收回成本的水平，户型面积符合保障性租赁住房要求的可作为储备房源。

三是享受政府老旧小区改造补贴的住房。现阶段老旧小区改造的住房大多建成于2000年以前，这类住房地理位置优越，小户型居多，符合保障房房源要求。老旧小区改造后，住房所有权人的住房价值会得到一定程度的提升，作为对价，老旧小区住房业主在享受政府财政帮扶的同时也应回馈社会。改造后的老旧小区在特定时间（例如10年）内出租的可纳入保障性租赁住房房源。

四是闲置的商业用房、工业厂房等其他用途住房。这类住房因原用途为非居住用地，拿地成本相对较低，在转为居住用途时，政府免收补缴收益，因此可直接作为保障性租赁住房房源。这类住房在改造时具有一定灵活性，应按照各地所需的住房户型和面积进行改造。为防止"以租代售"，这类住房应严格用途管制。改造后，保障性租赁住房应重新办理不动产登记备案，在产权证书上注明"不得转租，不得改变土地用途，不得单独转让"字样，同时禁止园区内职工转租②。这类住房经正规程序报批转为租赁住房后，不仅在水电气方面可以享受民用价，在居住证办理方面应当同其他住宅产权租赁合同一样,允许办理居住权登记备案①。

五是商品房配建无偿移交方式。此种方式是现行新增保障房的主要来源之一,但目前移交配套处置政策相对滞后,存在移交产权登记和纳税争议②,需要从源头上解决无偿移交登记的合法合规问题。除大范围修改无偿移交登记相关法律法规外,本研究认为还存在两种可行的选择:一种是将无偿移交部分以市场化居住权方式确权登记给政府指定机构,所有权不发生变动,居住权人可以将移交房屋用于出租③。另一种是无须所有权或用益物权转移登记。"竞配建"合同约定,开发商建成房屋后,部分住房必须按照政府制定价格作为公租房或保障性租赁住房出租,在特定年限届满后开发商可自行处置。此两种方法可降低所有权转移的交易成本,但具体做法还需进一步论证。

"小产权房"因其非法性需作个例讨论。"小产权房"合法问题学界已关注多年,总体上对"小产权房"的转化思路有两条,一是转化为商品房,二是转化为保障房。具体而言,持"转化为商品房"观点的学者认为可行的路径有以下三种:一是将集体土地收归国有,责令补缴土地出让金和税费,将"小产权房"转化为普通商品房④;二是无须缴纳土地出让金,以集体土地与国有土地"同地同权"的立场修改《土地管理法》,直接确认"小产权房"为集体土地上的合法商品房⑤;三是集体经济组织向政府购买地票,获得土地发展权,进而将"小产权房"转化为合法商品房⑥。持"转化为保障房"观点的学者认为实施路径可以有以下三种:一是政府先以商品房的市场价收购一部分产权,再授予"小产权房"完整产权,政府与农户共同拥有产权,再将政府拥有的部分产权转让,渐次形成农户与

---

① 目前,成都市的商业公寓不可以办理居住证备案登记。

② 移交登记有两种方式,一种方式是先将商品房登记在开发企业名下,再移交办理不动产登记。此种登记行为属于交易行为,开发企业需额外缴纳增值税、城市维护建设费、附加费、土地增值税等多项税费。另一种方式则是商品房建成后,部分产权首次登记在政府制定机构名下,但此种做法在不动产登记管理规定中还找不到相应的依据。参见"蓝佳松,张金霞,曾建明. 国有土地出让配建产权移交问题思考:以南宁市的探索为例 [J]. 中国土地,2021(6):46-48。"

③ 根据我国《民法典》第三百六十七至三百六十九条的规定,居住权人可以是法人团体,居住权可以无偿设立也可以约定有偿设立,设立居住权的住宅可以约定出租。

④ 林依标. 小产权房:分门别类处置 [J]. 中国土地,2012(6):38-39.

⑤ 马俊驹,王彦. 解决小产权房问题的理论突破和法律路径:结合集体经营性建设用地平等入市进行研究 [J]. 法学评论,2014,32(2):82-89.

⑥ 曾野. 破解"小产权房"难题的地票交易路径 [J]. 现代经济探讨,2016(2):45-49.

住户共有的产权[①]；二是将出租的"小产权房"转化为廉租住房，将出售的"小产权房"转化为集体土地经济适用住房[②]；三是以居住权为连接点，将"小产权房"转化为集体土地公租房[③]。

本研究认为以上观点皆有其合理性，但仍存在争议空间。首先，将"小产权房"转化为集体土地商品房的思路虽然可以最大限度保障集体经济组织和购房人的利益，但突破了集体土地入市不得进行房地产开发的上限。其次，将"小产权房"转化为国有土地商品房的思路，违背了《中华人民共和国宪法》和《土地管理法》确立的公共利益原则，欠缺土地转性的法律基础。最后，尽管"小产权房"对中低收入者尤其是农民工而言具有保障性质，但本质上"小产权房"的交易是在集体经济组织与购房人之间发生的市场交易行为，具有鲜明的财产属性。若将"小产权房"转化为保障房，还需要对购房人的资格进行审核，这不仅增加了转化的交易成本，还忽略了保障房供给责任主体是地方政府而非集体经济组织的事实。因此，本研究主张采取一种折中的处理方式：对于已经出售的"小产权房"，以市场化居住权制度确权；而将出租的"小产权房"并轨到集体土地租赁住房，作为营利性租赁的住房应补缴相关税费，作为保障性租赁住房的可免缴相关税费。

6.2.3 以市场化居住权用益物权制度拓宽集体土地租赁住房入市路径

"建立城乡统一的建设用地市场"是我国深化土地制度改革的长远目标。2019年对《土地管理法》第六十三条的修改使我们距离这一目标更近了一步，但仍存在影响集体土地入市改革向纵深发展的制度障碍。第六十三条明确规定，入市的集体土地只能是"工业、商业等经营性用途且依法登记的集体经营性建设用地"。结合集体建设用地分类和政策导向，此处的"经营性建设用地"并不能参照国有建设用地做扩大解释，其不包括

---

① 刘继光，杨祥雪."小产权房"问题的成因及解决思路 [J]. 宏观经济管理，2019（2）：73-78.
② 苏勇，黄志勇. 小产权房转化为保障房的路径选择 [J]. 现代经济探讨，2011（2）：29-33.
③ 谢雨瑶. 走向公租房：小产权房合法化利用的法律路径研究 [D]. 武汉：华中师范大学，2019.

住宅开发等经营性用途，这一点在后续各地试点文件中也得到印证①。因此，在居住用途方面，集体经营性建设用地上的住房一直以来以租赁住房的方式呈现，而"租售同权"就是在居住领域构建的城乡统一建设用地市场的桥梁。但如前文所述，若仅在合同法范畴内推进集体土地租赁住房的发展，实际上难以在制度上得到保障。

值得参考的方案是将市场化居住权引入集体土地租赁住房。事实上，《民法典》"居住权"一章已经提供了可行的制度选择。第三百六十七条第一款规定，居住权合同的内容应当包括"当事人的姓名或者名称和住所"。显然，此处的"名称"说明居住权的适用主体除自然人外还包括法人等团体。第三百九十条规定，"设立居住权的住宅不得出租，但当事人另有约定的除外"。这一条意味着此处的居住权已突破人役权桎梏。这种制度设计还可运用于目前广泛流行的利用集体土地合作建房的模式，以及公司、医院、学校等法人团体利用集体土地或自有土地建设职工宿舍的模式。这既能发挥"以提供终身居住权房屋引进人才"的制度功能，形成"铁打的营盘，流水的兵"，又能在居住权利方面实现城乡住房"租售同权"。

具体而言，市场化居住权可以突破租赁合同不得超过 20 年的期限限制，在住房所有权剩余期限内设置超过 20 年的长期租赁，并经登记后具有对抗所有权人和第三人的法律效力，不因不动产物权的变动影响居住权利的行使。租金方面可一次收取也可以按年收取，一次收取几年或几十年的租金应当建立相应的租赁监管制度。这种权利模式有助于激发集体经济组织和社会参与主体利用集体土地建租赁住房的积极性，同时防止集体土地变相成为房地产开发的对象。在发展市场化租赁集租房的同时，政府可以通过税收调节收益分配，以趸租或租金补贴的方式储备公租房房源。

除市场化居住权能够拓宽集体土地租赁入市路径外，还有几类值得借鉴的集租房发展模式有助于在壮大集体经组织的同时增加保障性租赁住房的供应。一是北京市试行的多业态兼容模式，即在同一地块建筑内同时发展租赁住房、研发、商业办公②。二是北京市试行的资产证券化模式，即

---

①　例如，《余姚市集体经营性建设用地入市实施办法（试行）》（余政发〔2020〕13 号）第六条规定："使用集体经营性建设用地的项目原则上为整体经营的工业、商服、旅游、民宿等项目。可整体转让，但不可分割转让。禁止房地产开发或变相开发，实施用途管制和处置。"

②　参见《关于进一步加强全市集体土地租赁住房规划建设管理的意见》（京建发〔2020〕365 号）。

集体土地租赁住房项目运营权可采取质押方式筹集资金，待项目运行稳定后，建设单位通过资产证券化模式融资①。这种模式的市场化程度高，因此不动产所有权变动风险随之增加，要保护承租人的权利，更需要设定物权。三是青岛市城阳区的先租后售模式，即在集体土地公租房开发时，允许配建一定比例的商业网点面向市场租赁，剩余房源用于公共租赁或保障性租赁，在服务满 10 年后可以转化为市场租赁②。

6.2.4　建立以市场化公益优先购买权为核心的房地储备制度

集体经营性建设用地入市与征地制度本是互联互动的两项制度安排，集体经营性建设用地入市必然导致征地制度做出相应的调整。一方面，集体经营性建设用地入市会直接影响地方政府因征地收储的土地面积；另一方面，若不加以约束，集体经济组织为追逐上市利润会大量流转集体经营性建设用地。集体经营性建设用地入市将有部分土地用于商业和工业，还将有大量土地进入租赁住房市场乃至共有产权住房市场。基于"房住不炒"的基本原则，集体土地入市除发挥市场配置资源的决定性作用外，同时还会促进社会公共利益，避免市场失灵和投机行为③。

为了促成集体经营性建设用地入市与住房建设公益目的融合，集体土地公共租赁住房"公益"与"私益"的平衡是需要解决的核心问题④。按照现行法律规定，保障性安居工程建设需要政府征收集体土地，但国内外的经验表明，未来保障房与商品房在物理形态上不存在泾渭分明的界限，尤其在住房市场总量饱和生产力水平提升的情况下，商品房作保障性使用和保障房转化为商品房将呈现双向利用关系。若再以建设保障房或安居工程等需要为由进行公益征收，将欠缺行为正当性，同时也不符合土地要素市场化的趋势。我国棚户区改造工程已基本结束，取而代之的是老旧小区原地改造或以深圳为代表的市场化城市更新。因此，本研究建议修改《土地管理法》第四十五条，将保障性安居工程、扶贫搬迁等关于住宅开发建

---

① 同①.

② 城阳区的试点案例可以在服务满 10 年后出售，考虑到集体土地租赁住房不得进行商品房开发，无法办理分割不动产登记，因此不采取租赁后转售的方式。

③ 王全兴，王甜甜. 集体建设用地"入市"中的政府优先购买权［J］. 法学，2019（6）：31-48.

④ 陈小君，戴威. 对"集体土地上建公租房"政策的法律思考［J］. 法律科学（西北政法大学学报），2012，30（3）：154-161.

设的事项排除在公共利益征收范畴之外，代之建立公益优先购买制度。房地产市场投机活动较为活跃时，政府基于城乡规划、土地利用总体规划，可以优先购买的方式收储入市土地用于建设保障房。当房地产市场需求低迷，导致土地流拍、无法实现土地价值时，由政府托底购买储备[①]。

事实上，《土地管理法》和《中华人民共和国城镇国有土地使用权出让和转让暂行条例》已经设置了"政府土地优先购买权"[②]，但此处的优先购买权主要针对国有土地使用权。本研究认为，未来城乡一体化下，政府优先购买权的标的不仅限于国有土地和集体经营性建设用地，还应放宽至集体建设用地，既包括存量集体建设用地，又包括新增建设用地。理由有以下两点：一是按照现行制度对集体建设用地的类型进行划分，集体建设用地包括集体经营性建设用地、宅基地和乡（镇）村公益事业用地三种类型。目前，只有宅基地"三权分置"改革试点和集体经营性建设用地入市试点，乡（镇）村公益事业用地仍主要服务于本集体经济组织的行政管理及公共基础设施，不属于入市流转的范畴。但在未来城乡建设用地一体化和乡镇土地利用立体化的趋势下，集体公益性建设用地也将逐步改变现状，有望转化为经营性建设用地。例如，清泉镇花园村用于建公租房的土地原用途为村委办公用地，在试点过程中改变了本地块的用途，规划统一为居住用地，只在建成后的建筑物中专门预留一层作为村委办公用房。二是存量集体建设用地是按照原村庄规划和生产需要布局的，存在分散利用与低强度利用的特征。在各地试点集体土地改革中，"地票"试验、"增减挂钩"试验、"合村并居"试验等一系列的制度创新模式都将土地整治行为与集体建设用地使用权流转行为联系在一起。因此，未来的土地储备制度将从单纯的国有土地收储转变为城乡建设用地整合收储。

6.3 共有产权住房与商品房的制度衔接优化路径

6.3.1 构建符合"夹心层"群体特征的开放流转模式

本研究第六章已经分析了开放流转共有产权住房制度的优势，以及影

---

① 孙阿凡. 房地产制度与税制改革衔接机制研究［D］. 成都：四川大学，2017.
② 《中华人民共和国城镇国有土地使用权出让和转让暂行条例》第二十六条规定："土地使用权转让价格明显低于市场价格的，市、县人民政府有优先购买权。"

响其优势发挥的具体规则。将开放流转共有产权住房模式置于"两房"体系中，意味着未来开放流转共有产权住房将替代经济适用住房，成为面向"夹心层"群体的住房产权（如图 6-1 所示）。因此本研究结合"夹心层"的群体特征与国内外共有产权住房制度的经验，就开放流转模式的进入和退出机制提出改进建议。

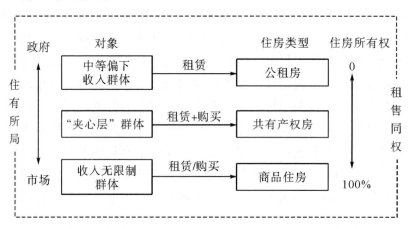

图 6-1　我国开放流转共有产权住房的制度定位

6.3.1.1　进入机制

"夹心层"群体的制度定位和住房可负担性理论表明，并非所有中低收入家庭都适合自置居所。进入门槛太低，购房人需要长期无偿占有和使用剩余产权，难以实现开放流转共有产权住房制度的循环功能；进入门槛太高，则无法体现共有产权住房的保障属性。英国的案例在这一方面具有说服力。英国学者指出，尽管法律赋予了购房人"上楼梯"和"下楼梯"的权利，但鲜有购房人购买完全产权或退出自有产权。购房人长期不回购是因为受到住房市场波动和家庭收入水平不断变化的影响，如果收入水平没有大幅度增加，客观上难以增购剩余产权。购房人不退出自有产权，则主要是因为对于大多数购房人而言，除非他们搬到一个房价低得多的地区，否则出售自有产权份额难以置换同等条件的商品房。据调查，有30%的家庭明确表示拥有共有产权住房后，每月的支出都会增加，这实际上是以更高的住房成本换取了拥有住房的其他好处①。因此，尽管我国开放流转模式未全面采取英国的"半租半售"模式，购房人的住房负担相对英国模式较小，但住房是大宗商品，尤其共有产权住房是流通性较差的一种产权类型，中低收入者需审慎选择。

在进入环节的实体条件方面，购房人的住房可负担能力应作为审查的主要内容。从开放流转共有产权住房制度的整体效率和功能定位出发，可参考保障性租赁住房申购标准和当地商品房市场的进入门槛，设置共有产权住房申购的收入下线与上线。例如，美国共有产权住房的申购主体收入水平普遍介于地区收入中位数的50%~80%②，英国共有产权住房按揭贷款金额则不能多于家庭年收入的4.5倍。此外，扩大收入审查的范围是完善我国住房保障制度进入机制的一个重要方面。比较我国与英国的收入审查标准可见，目前，我国各试点城市的共有产权住房申请人收入审查虽包含了对住房所有和占有情况以及其他资产的审查，但住房所有情况多限于本市范围之内，未拓展至全国范围。例如，北京市规定，"申请家庭应符合本市住房限购条件且家庭成员在本市均无住房"；广州市规定，"申购家庭名下无本市住宅、商品、写字楼"。而英国共有产权住房申请人的住房审查范围涵盖国内外，以个人所持有的全部资产为限。因此，在我国不动产联网审查已日渐成熟的情况下，本研究建议可将共有产权住房申请人的收入和房产审查范围拓展至全国，确保有限的公共资源分配给最需要的人群。

在进入环节的程序要件方面，要尽力解决共有产权住房申购中存在的信息不对称问题。共有产权住房是流通性相对较弱的一种产权住房，中低收入家庭应在充分了解风险与收益的情况下进行选择。为此，本研究建议参考英国共有产权住房申购程序，实行现房出售+咨询购买制度。首先，由共有产权住房开发单位或政府代持机构公示共有产权住房房源，由意向购买家庭自查申购条件、缴纳定金，锁定意向房源。在这一环节，准购房人应就个人家庭财务收支状况向主管部门申请实质审查。有意隐瞒收入状

① CLARKE A. Shared ownership: Does it satisfy government and household objectives? [M] //MONK S, WHITEHEAD C. Making housing more affordable: the role of intermediate tenures. New Jersey: Wiley-Blackwell, 2011: 189.

② STROMBERG E, STROMBERG B. The federal housing administration and long-term affordable home-ownership program [J]. A Journal of Policy Development and Research 2013, 15 (2): 247-258.

况、不符合购买条件的，不予退还定金。因客观原因收入状况不符合购买条件的，定金予以退还。其次，审查通过后，购房人在规定时间内参观锁定房源，客观上影响购房人选择其他住房的权利。对住房无异议的购房人，由代持机构负责向其解释共有产权住房相关主体的权利义务。在知晓购买共有产权住房的风险和权益后，购房人还有一次放弃购买的机会。最后，经以上程序筛选出的购房人签订购买合同，在规定时间内履行合同义务。

6.3.1.2 退出机制

开放流转共有产权住房与经济适用住房的退出既有共性又有区别。在退出事由和退出程序上，共有产权住房沿用了经济适用住房制度中的规则。因此，这两方面的改进可参考上文经济适用住房的转轨制度设计，在此不再赘述。

开放流转共有产权住房与经济适用住房在产权性质上的差异，为共有产权住房的退出提供了新的路径选择。"按份共有"是我国《物权法》上现存的制度安排，共有产权住房可以在已有制度下以较低成本的改动实现制度创新。有学者对此提出质疑，认为现行民事上的按份共有制度是建立于私人主体之间的制度安排，不应被应用于政府与个人的按份共有关系，需要跳出民事法律制度的框架，重构这种公私混合的共有产权住房制度[1]。但本研究认为，在现行按份共有制度下重构共有产权住房制度，不仅具有可行性，而且符合帕累托改进的制度选择。一是因为共有产权住房制度事实上的共有关系与按份共有理论并不冲突。在共有产权制度中，政府不仅是保障房的责任主体，同时也是产权主体。在现代治理体系下，共有产权住房政府持有的部分产权均已实现公司化管理，各政府代持机构均系合法的民事主体。二是共有产权住房虽然作为保障房具有公共物品特性，但事实上住房的占有和使用具有排他性与竞争性。对于这类私人所有的公共物品，以私法规范加大权利保护力度，努力实现法定权利的排他性，是更有效率的选择[2]。

故本研究建议在现行《民法典》按份共有规则的基础上对共有产权住房制度加以改造。《民法典》第三百条至三百零四条均设置了"有约定的

---

[1]　付大学，秦思楠. 共有产权住房：一种典型的公—私混合财产 [J]. 江西社会科学，2020，40（6）：158-165.

[2]　对于非竞争的公共物品，通过公法进行规范更具有效率。参见"周林彬. 物权法新论：一种法律经济分析的观点 [M]. 北京：北京大学出版社，2002：274."

从约定"的立法技术条款,因此按份共有规则和共有产权住房管理相关规则无须修改。本研究第六章已分析《民法典》第三百零五条及第三百零六条确定的优先购买权制度比共有产权住房制度中的优先购买权制度成本更低、更能体现市场配置资源的优势,因此建议对共有产权住房制度的优先购买权规则进行修改。在 5 年"流通锁定期"届满后,共有人可上市交易共有产权住房;与第三人达成转售协议后,需在规定时间内通知代持机构,代持机构在规定时间内答复在同等条件下是否行使优先购买权。若是,则按照协议价格回购共有人的产权份额;若否,则按照交易价格按份分享转让收益。需要注意的是,转让价格中包含了共有人对不动产的添附价值和维修保管价值,但这部分价值在确定双方产权份额时未有体现,在收益分配时应对其进行评估,扣减该部分价值后再按产权份额分配。此外,《民法典》第三百零七条规定,只有"法律另有规定或第三人知道共有人不具有连带债权债务关系的",可以免除共有人在对外关系上的连带责任。要避免三方债权债务关系产生的交易成本,需要就该条与共有产权住房制度的衔接做特别处理。可供参考的路径有二:一是以司法解释的方式对该条"法律"概念的范围做扩大解释,将其扩展为低位阶的行政法规或地方性法规;二是升级各类型保障房管理规范的法律位阶,推进《住房保障法》立法。短期来看,司法解释方式的成本较低,但长期来看,以《住房保障法》统筹各类型保障房是大势所趋。

6.3.2 拓宽集体土地入市范围,明确宅基地的转化条件与程序

根据本研究第六章的分析,集体土地共有产权住房入市的阻碍之一是集体经营性建设用地入市的限制较多,要同时满足"不改变用途"且客观存在可供入市的土地这两个条件。事实上,《中共中央 国务院关于建立健全城乡融合发展体制机制和政策体系的意见》已经表明,今后集体经营性建设用地要区分存量地和增量地两个部分[1]。因此,本着"盘活存量建设

---

[1] 该《意见》提出:"建立集体经营性建设用地入市制度。加快完成农村建设用地使用权确权登记颁证。按照国家统一部署,在符合国土空间规划、用途管制和依法取得前提下,允许农村集体经营性建设用地入市,允许就地入市或异地调整入市;允许村集体在农民自愿前提下,依法把有偿收回的闲置宅基地、废弃的集体公益性建设用地转变为集体经营性建设用地入市;推动城中存、城边村、村级工业园等可连片开发区域土地依法合规整治入市;推进集体经营性建设用地使用权和地上建筑物所有权房地一体、分割转让。"

用地""节约集约利用土地""耕地不减少，建设用地不增加"的原则，明确闲置宅基地向集体经营性建设用地转化的条件与程序，是解决入市范围过窄这一问题的出路。

首先，现阶段可出台《宅基地使用与管理条例》，界定清楚宅基地转化的客体范围。在确定可供转化的宅基地范围时，要处理好宅基地退出、住房保障和耕地保护之间的关系。虽然宅基地农房不属于保障房，农民享有处分其财产的权利，但为防止制度突变对房地市场造成冲击，在我国全面建立起与耕地保护相协调的农村住房保障机制前，宅基地不宜全面进入市场①。具体可参考宁波市和义乌市的做法，优先试点超标宅基地、长期闲置宅基地和进城落户拥有稳定居所农户的宅基地。结合现实情况，以此类推至新农村建设置换或结余的宅基地等。对于宅基地分散利用效率低下、周围第二三产业发展较快、就业岗位充足的地区，可以通过"集中居住"的方式整治宅基地，由集体经济组织统一收储腾退出来的宅基地，将其转化为集体经营性建设用地。

其次，可通过出台《宅基地使用与管理条例》界定清楚宅基地有偿退出的主体，以及对主体意愿进行认定。依据中央文件精神，宅基地有偿退出的重要前提是农民自愿，而农民自愿是指农民个人的房屋必须经全家同意才能拆迁②。农村独立产权的房屋和城镇住宅小区的"区分所有权"建筑不同，只有区分所有权形式的房屋才涉及"多数决"的法律条款。农村"一户一宅"家庭共有的房屋，只要全家同意，在法律上不需要征求其他邻居的意见。现实中，为遏制地方政府因"有利可图"以行政力量大规模推动宅基地退出的行为，为切实保护农民的宅基地权益，建议参照现行《土地管理法》的征收程序，从严要求。在制度设计中，除对农民自愿退出签字及公告公示地点、时间等形式要件进行明确要求外，还可引入社会稳定风险评估、听证程序等，从制度上尽可能保证村民完全自愿退出。

再次，可通过出台《宅基地使用与管理条例》界定清楚宅基地转化的定价机制。笔者在调研宅基地有偿退出时发现，各地对宅基地"有偿"的

---

① 杨遂全，等. 小产权房处置与土地制度创新：以城乡房上联建权合法化为突破口 [M]. 北京：法律出版社，2013：229.

② 不适用于《民法典》关于小区区分所有投票百分比的规定，也不适用于一些地区所说的"95%同意"。因为农民个人所有的房屋，农民拥有100%的产权。

认定标准不尽一致，有的参照征收补偿标准，有的参照政府文件确定的宅基地基准价格，还有的引导村民以民主评议的方式确定补偿标准。上述标准的不统一，反映了对农民财产权益科学认定基础的混淆。为显化农民财产价值，建议在立法中明确宅基地有偿退出的价格认定原则，即参考当前各地正在制定的区片综合地价，同时结合临近区位的集体经营性建设用地入市价格综合确定。

最后，根据我国经济适用住房、公租房、共有产权住房等保障房相关管理规范的规定，享受过福利分房的家庭不得再申请保障房。若完全按照城乡福利产权平等原则，允许宅基地上市流转，那么，是否还应当向进城农民或农村住房贫困户提供保障房呢？本研究认为，形式上宅基地、农房入市与城市福利分房一样可以享受市场化带来的财产性收益，但城乡之间、农村与农村之间区位条件不同，城市居民以及城郊居民依靠多年来城市发展的红利实现了家庭财富的原始积累，客观上无须政府保障。而偏远地区农宅即使被允许上市交易，也无法实现城乡住房的置换。因此，本研究主张在城乡一体化的大趋势下，将宅基地流转所得收益作为农村家庭财产性收入的一部分，建立城乡居民统一的以家庭经济收入为核心的住房准入门槛，根据这一标准综合判断是否对农村户籍居民提供住房保障。

6.3.3 建立以市场为核心的土地规划与用途管制制度

生活与生产密不可分。工矿、仓储、服务等行业向城市周边迁移，实际上是劳动力要素的市场化流动，建立与之配套的生活设施是物质再生产和人口再生产的内在诉求。现阶段，我国住房制度长效机制仍在探索之中，在此之前严格控制集体土地进入房地产市场有重要战略意义。但无论如何，集体土地是否可以进入房地产市场，以及如何进入房地产市场都是今后无法回避的课题，这是由人口生活生产的客观需要和"同地、同权"的内在要求决定的。然而，在这之前，有必要重新审视我国的土地规划与用途管制制度。不可否认，过去土地规划与用途管制制度在防止地方政府为了片面追求经济利益而滥用规划权方面发挥了重要作用，但因权力的配置和制度的运行过于刚性，现已难以满足市场经济快速发展的诉求[①]。尤

---

① 汪晓华. 土地发展权与土地利用规划权关系之法理释明 [J]. 河北法学，2019，37 (12)：110–121.

其在集体土地进入建设用地市场以后，政府作为国有土地的实际控制人和规划权主体，在城乡建设用地市场上既是"运动员"又是"裁判"。根据理性人假设，在地方政府未找到代替"土地财政"的新财源时，土地开发权难以在集体建设用地与国有建设用地之间公平分配。因此，为构建一个公平竞争的建设用地市场，必须正视土地开发权的财产属性和私权属性，在制度上形成与规划权制衡的司法审查以及司法救济机制，将土地开发权作为一种新型用益物权来推动其落地生根①。

同时，要重视存量建设用地的利用。过去，我国集体建设用地流转主要以乡村规划为直接依据，土地利用总体规划体系并不包括村一级土地利用规划，这使得城乡规划体系中的乡村规划、村庄规划的编制内容与集体土地流转后的产业结构、区域发展定位等难以有效衔接②。新时代，我国已经迎来存量房时代，为提高土地利用效率，未来应建立存量建设用地不同用途之间的转化制度，将市场需求量大的区域内的闲置商业用地、工矿仓储用地转化为居住用地。

6.3.4　构建城乡共用保障房建设用地使用权用益物权制度

随着城乡融合发展的进一步推进，集体建设用地的使用方式日趋呈现多样化特征，包括经营性使用与非经营性使用等、短期使用和长期使用等，对土地使用的目的与方式不同，相关权利义务关系也就不同③。这种跨城乡的保障房用地从未有过，但其又是今后城乡一体化发展解决职住平衡必不可少的制度保障。按照既定的集体经营性建设用地入市框架，集体土地共有产权住房无法与"工业、商业等经营性用途"调和，为破除这一阻碍，可在"经营性用途"为入市原则的前提下做例外规定，在集体建设用地使用权项下构建城乡共用保障房用地使用权制度。

在设计此种物权时，应当充分尊重《宪法》所确认的集体所有制和社会主义市场经济制度。对于土地使用权的取得方式、土地使用权的定价机制、土地使用权最高期限以及到期后的续期等问题都要予以说明。尤其在共有产权住房可能会转化为商品房的情况下，更要坚持市场准则，土地供

---

① 孙建伟. 城乡建设用地置换中土地指标法律问题研究 [J]. 法学评论, 2018, 36 (1): 181-196.
② 王全兴, 王甜甜. 集体建设用地"入市"中的政府优先购买权 [J]. 法学, 2019 (6): 31-48.
③ 梁慧星. 中国物权法研究（下）[M]. 北京：法律出版社, 1998: 610.

给方式以出让为主,入市价格以市场价为标准,必要时可引入市场评估机制,审慎适用国有建设用地"自动续期规则",切不可将集体财产当作国有财产处置。

6.4 相关配套制度优化路径

6.4.1 淡化户籍功能,统筹城乡居住证制度

我国城乡住房二元制度的起点是城乡二元的户籍制度,住房保障制度一直以来与户籍身份息息相关。城市居民和农村居民购买和租赁商品房时无显著差别,但农村户籍人口和非本地户籍人口长期被排除在住房保障体系之外。然而,从 1958 年《中华人民共和国户口登记条例》① 的颁布到 2014 年国务院《关于进一步推进户籍制度改革的意见》的出台,我国户籍制度改革的重点主要聚焦在如何进一步放宽农业人口转为城镇户籍人口的条件,而不是重点解决城市户籍人口与农村户籍人口在享受福利产权方面的差异。即使《关于进一步推进户籍制度改革的意见》提出要"建立城乡统一的户籍制度,户籍制度改革取消农业户与非农业户口性质区分",但名义上的"城乡统一"并没有打破城乡要素双向自由流动的藩篱②,甚至存在再次扩大城乡差距的制度风险③。

现阶段,各地户籍制度改革的主要模式是建立居住证积分落户政策,根据各地实施细则可将改革模式大致分为两类:一类是将人才落户和积分落户单列,人才不属于积分落户的政策范围④;另一类则不区分人才与非

---

① 该《条例》第十条第二款规定,公民由农村迁往城市,必须持有城市劳动部门的录用证明,学校的录取证明,或者城市户口登记机关的准予迁入的证明,要向常住地户口登记机关申请办理迁出手续。

② 韩立达,史敦友,韩冬,等. 农村土地制度和户籍制度系统联动改革:历程演进、内在逻辑与实施路径 [J]. 中国土地科学,2019,33 (4):18-24.

③ 欧阳慧. 谨防农民工落户的"隐形门槛" [J]. 中国发展观察,2016 (15):32-34.

④ 例如,成都市将新一轮的户籍制度改革分为条件落户与积分落户。条件落户主要是指人才落户;积分落户则需要设置一些基础指标,如年龄、就业导向、入户区域指导、技术技能等,只有达到100分才可以完成落户。参见《成都是人民政府关于推进户籍制度改革的实施意见》《成都市居住证积分管理办法实施细则》。

人才，只要是外来户籍人口统一适用积分落户政策①。但实际上，不论何种形式的积分政策都是以学历和技术为导向，学历和技术不占优势的农民工很可能被"二次排除"在落户指标之外。而且各地积分落户指标普遍要求劳动者"合法稳定就业"和有"合法稳定住所"，"合法稳定就业"主要参考社保缴纳情况，而"合法稳定住所"包括"自有产权住所"和"合法租赁的住所"，有的城市还要求必须是办理了"租赁登记备案的住所"。但实际情况是，我国大体量的"人户分离人口"是居住在城中村、"小产权房"、"工棚"等"非法"住所中的农民工，"合法稳定住所"无疑加大了他们申请入户的难度。农民工落户的主要目标之一就是可以享受城市的住房保障待遇，如今保障房已经开始对农村户籍人口开放，但能够申请到保障房的农民工少之又少，据统计，2018年我国进城农民工户中购买和租赁保障房的仅占2.9%②。当然，我们必须正视农民市民化的社会成本约束问题，中国社科院曾做过一项评估，平均每个农民市民化的成本为13万元③，而其中最大的成本是住房成本，其次才是教育和医疗成本④。因此，地方政府从成本收益的角度，通过户籍制度限制人口流入的结构和速度，符合理性人的行为逻辑，但不符合户籍制度改革的发展方向。2014年《国务院关于进一步推进户籍制度改革的意见》提出，要"全面实施基本居住证制度"，以居住年限和社保年限作为取得基本公共服务的主要依据，也就是说，要淡化户籍的资源分配职能，回归其人口登记管理职能。

有学者就此提出疑问，既然农户转为"非农户"或即使不转户就能依据居住证制度享受城市社会保障，那么按照公平原则，应该对其依据原身份取得的土地权益进行处置，否则就存在享受双份社会保障权益的嫌疑，进而指出如果农户转为城市户口，就应该以土地权益作为对价与国家进行

① 例如，上海市积分落户的基础指标包括年龄、教育背景、专业技术职称和技能等级、在上海市工作及缴纳职工社会保险年限等指标。积分满120分可落户，其中大专学历积50分，本科学历积60分，本科学历和学士学位积90分，硕士学历和学位积100分，博士学历和学位积110分，社会保险费每缴纳1年积3分。参见《上海市居住证积分管理办法实施细则》。
② 国家统计局. 2018年农民工监测调查报告[EB/OL].（2019-04-29）[2021-07-21]. http://www.stats.gov.cn/tjsj/zxfb/201904/t20190429_1662268.html.
③ 中国社科院. 农民转为市民人均公共成本约13万元[EB/OL].（2013-07-31）[2021-07-28]. http://www.banyuetan.org/chcontent/zx/shxw/2013731/69497.shtml.
④ 纪春燕，张学浪. 新型城镇化中农业转移人口市民化的成本分担机制构建：以利益相关者、协同理论为分析框架[J]. 农村经济，2016（11）：104-109.

"交易",以土地权益置换国家提供的社会保障①。显然这一观点的逻辑起点否定了农地、宅基地的财产属性,与"农民带财产进城"的改革方向相悖。无论从中央政策文件、法律法规的规定②中,还是从土地制度改革的实践③中,都可以推断"农民'居所'甚至'户籍'的变更和迁徙无关于财产的转移,不应作为丧失身份权益的前提和基础"④。

因此,本研究认为,在未来的住房制度改革中,既要重视历史遗留问题,又要逐步淡化户籍与住房之间的联系。一方面,在宅基地"三权分置"改革中,以"产权异地置换"的逻辑判断是否保留进城农民的宅基地资格权。对于 1999 年以后进城但却未享受福利分房的农民,应该按照历史积累贡献保留其宅基地资格权;相反,在 1999 年以前进城的农民,凭借城市居民、国家公务人员、企事业单位职工等身份参与了住房福利分配,无偿取得了国有土地使用权,就不能再以宅基地资格权的形式"带财产进城"⑤。另一方面,建立城乡统一的保障房准入机制,逐步从身份"门槛"过渡到以住房可负担性为核心的标准"门槛"。农民宅基地流转的收益应当作为家庭财产的一部分,在申请保障房时如实提交。为了避免农民两头占地,在农村未退出宅基地的,不得在城市购买产权型保障房,但可以申请租赁产权保障房。

6.4.2 发挥税收与住房制度的协同作用

2017 年,中央经济工作会议明确提出要在"房子是用来住的,不是用来炒"的指导下,综合运用金融、土地、财税、投资、立法等手段,加快建立适应我国国情的基础性制度和长效机制。除核心的土地和产权制度

① 朱识义. 户籍制度与农村土地制度联动改革机理研究 [J]. 求实. 2014 (12):86-91.

② 例如,《国务院关于进一步推进户籍制度改革的意见》第(十二)项规定,不得以退出土地承包经营权、宅基地使用权、集体收益分配权作为农民进城落户的条件。现行《土地管理法》第六十二条规定,允许进城落户的农村村民依法自愿有偿退出宅基地,鼓励农村集体经济组织及其成员盘活利用闲置宅基地和闲置房屋。

③ 例如,重庆市将闲置的农村宅基地及其附属设施等农村建设用地进行复垦,转为符合裁种农作物的耕地,经土地管理部门验收合格后发给等量面积建设用地指标,凭证可上市流转。

④ 杨遂全. 论宅基地资格权确权及其法理依据:以财产属性为视角 [J]. 中国土地科学,2020,34 (6):35-40.

⑤ 杨遂全. 论宅基地资格权确权及其法理依据:以财产属性为视角 [J]. 中国土地科学,2020,34 (6):35-40.

外，税收、金融等手段都是必不可少的配套措施。在我国因房产导致的社会财富分配不公平问题日渐突出，税收作为调节收入分配的主要工具，可发挥税收制度的协同作用，确保住房的居住属性。

6.4.2.1　房地产税制逐步替代"土地财政"成为地方政府的新财源

房地产税是一个综合性概念，截至 2019 年，政府工作报告已三次提及"房地产税立法"。2020 年 5 月 11 日《中共中央 国务院关于新时代加快完善社会主义经济体制的意见》再次提出"稳妥推进房地产税立法"，但立法进程缓慢。主要原因是房地产税立法兹事体大，涉及的利益主体较多，学界就征税范围、征税目的和方式等问题仍存在较大争议。有学者认为，房地产税能否成为地方财税的主要来源关键在于征收范围，只有对所有住房普遍征收才能发挥房地产税的作用，因此建议要谨慎考虑减免措施①。相反观点认为，如果将房地产税作为地方财政的主要来源，短期内会导致房地产"硬着陆"，长期则倒逼地方政府更加依赖房地产市场，无论如何都有悖中央提出的"房地产市场健康稳定发展"的调控原则②。诚然，房地产税的利弊权衡事关重大，但未来房地产税能够在多大程度上起到调节收入分配、稳定住房市场的作用，现在难以预测。但从制度"适应性效率"的角度看，我们不得不思考，如何制度上发挥房地产税与住房制度之间的协同作用。

集体经营性建设用地入市与征地制度改革从根本上为地方政府依赖的"土地财政"体系带来挑战。在现存的税收和土地制度下，集体经营性建设用地入市会受到地方政府的阻碍，要达到预期的政策效果，必须提高征地成本，改革税费征缴标准，修改相关法律法规中涉及流转和利益分配的条款③。程雪阳指出，集体经营性建设用地入市后，其所形成的市场价格会对集体土地征收补偿的定价构成挑战，进而在土地征收与集体土地入市两个领域形成不同的土地增值收益分配结果。显然，增值收益分配不均可能引发大规模社会风险，要规避这一社会风险的最佳办法，就是尽快建立

---

① 刘柏惠，寇恩惠. 房地产税的共识、争论与启示：基于理论和实践的综合分析 [J]. 财政研究，2020（3）：119-129.

② 刘金东，杨璇，汪崇金. 高房价、土地财政与房住不炒：房地产税能抑制房价吗？[J]. 现代财经（天津财经大学学报），2019，39（1）：3-15.

③ 孙阿凡，杨遂全. 集体经营性建设用地入市与地方政府和村集体的博弈 [J]. 华南农业大学学报（社会科学版），2016，15（1）：20-27.

起"市场价格+合理征税"的土地增值收益分配模式①。此外，城乡统一的住房保障市场的构建同样需要房地产税制的协调。前文已述产权型保障房已逐步过渡到共有产权住房，以划拨方式建设保障房的历史已渐行渐远。由于集体经济组织不是住房保障责任主体，因此集体土地入市无论是建设保障房还是商品房，在供地方式上都以出让为主。故从长远看，征地制度、集体土地入市与城乡统一的保障房制度是一个系统工程，土地要素市场化的趋势会倒逼房地产税制逐步取代"土地财政"。

6.4.2.2 探索住房空置税 提高住房利用效率

空置税作为房地产税的主要税种之一，在法国、英国、加拿大等国都已有先例。综合各国的税制设计来看，在政策目标上均有减少住房投机、提高住房利用效率的意图，同时还可以补充地方政府的财政收入。但空置税作为地方税种，在发达国家并非全国普及。例如，法国采取的是先行先试、逐步铺开的策略，并且根据家庭拥有住房数量和空置时间长短实施差异化和递增的控制税率。1999 年，法国先行在住房供给不平衡且人口超过20 万的大城市征收空置税，2006 年后再向其他大城市推广，2013 年又再次修改②。2018 年，法国学者对 1999 征收空置税依赖积累的大数据进行了实证分析，结果表明，法国的空置税对减少住房空置产生了积极影响，在4 年时间里被征税的城市住房空置率下降了 13%，并且初始空置率越高的城市这种效果越明显③。同年，西南财经大学中国家庭金融研究中心通过分析美国 2010—2017 年的城市数据也发现，有效房产税率上升 1 个百分点，空置率显著下降 2.46 个百分点④。尽管以上统计口径对空置的认定存在一定差异，但都能从侧面说明空置税征收具有一定的前瞻性。

值得注意的是，在设计空置税时，必须区分空置产生的原因。法国学者对法国本土的房地产市场调研发现，法国住房空置的主要原因有两个：一是市场摩擦造成的不匹配；二是租赁制度引发的战略扣留。例如，法国的租赁住房制度倾向于保护租户的权益，规定租赁合同的最短期限是 3

---

① 程雪阳. 论集体土地征收与入市增值收益分配的协调［J］. 中国土地科学，2020，34（10）：28-33.

② SEGÚ M，VIGNOLLES B. Taxing vacant dwellings：Can fiscal policy reduce vacancy? ［R］. 2018.

③ Lincoln Institute of Land Policy. Overbuilding and vacancy in selected Chinese cities［R］. 2016.

④ 中国家庭金融调查与研究中心. 2017 中国城镇住房空置分析：超 20% 的城镇自有住房未充分使用［EB/OL］.（2019-04-12）［2021-07-01］.https：//chfs.swufe.edu.cn/thinktank/resultsreport.html？id=1473.

年，业主可以要求最多 1 个月的押金，而且租客驱逐租户的平均时间相当长。也就是说，租赁住房制度对租客的倾斜性保护使房东更倾向于选择空置策略。这一点提醒我们，住房空置问题要尽可能寻找本土病因，空置税征收要与相关制度配合才能发挥协同作用。从目前我国的实际情况来看，住房空置率高至少包括以下几方面原因：一是住房空置成本较低；二是现行的限购政策会影响二手住房市场交易；三是住房租赁市场管理制度滞后，租赁这种保有权形式对家庭住房消费没有吸引力。所以，空置税作为保有环节的主要税种，在进行制度设计的同时还要注意与以下方面衔接：一是在增加住房保有成本的同时，降低住房交易环节的成本；二是完善住房租赁市场管理制度，坚持公平公正原则，平等保护房东与租客的权利；三是在设计租赁住房保有权时，赋予长期租赁住房更加稳定的居住权利益，在居住权用益物权上实现"租售同权"；四是要控制拿地新建房的速度，重视老旧小区改造和城市更新；五是住房空置与住房出租是房屋使用方式的两个方面，要鼓励住房租赁，打击住房空置，发挥"推拉效应"，可借鉴法国的做法，对多套租赁所得收入征税，对仅出租一套房屋的房主免税①。

6.4.3 建立民生工程的民主决策机制

未来，我国"两房"制度的衔接需要逐步补齐保障房一侧的短板，形成保障房与商品房协同发力的住房制度体系。归根结底，保障房同教育、医疗、社会保险等制度一样，都是关系人民福祉的民生工程。住房建设的终极目的是满足人们的居住需求，不仅要有房住，还要住得舒适和方便。对于保障房而言，要避免其成为"政绩摆设"。实践已证明，在无外力作用的情况下，地方政府与保障房需求主体间的博弈很难推动政府向发展保障性安居工程的方向演化，因此，科学的权利表达程序设置是权利实现的必要前提②。

笔者查阅我国相关法律法规，在《土地管理法》《城乡规划法》中均

---

① 黄海洲，汪超，王慧. 中国城镇化中住房制度的理论分析框架和相关政策建议 [J]. 国际经济评论，2015（2）：29-54+4.

② 杨遂全. 民生工程民众事先知情权与土地使用权中的程序权 [M] //. 杨遂全，等. 民商法争鸣（第 8 辑）. 北京：法律出版社，2014：12.

未发现民生用地的独立规划,保障房用地供给依据宏观政策调控,而非制度上的规划推动①。我国保障房供给的决策权是在等级制的命令链条中组织起来的,始终保持的是一种单中心的制度结构。未来,保障房制度的构建需脱离地方政府线性治理机制,形成需求主体、地方政府主体、中央政府主体结合而成的多中心治理结构。宏观上,要在《土地管理法》《城乡规划法》乃至未来出台的《住房保障法》中,为民生用地预留一席之地。微观上,关于具体供地比例及选址等问题,需要借助民主参与机制保证需求主体的民意表达,以制度避免保障房选址偏远、供给数量不足、入住率低甚至空置等不良后果。

域外经验表明,德国、法国、英国、新加坡等国都不同程度地建立起保障房乃至整个住房规划的民意表达机制。结合我国的实际情况,可在不同环节嵌入民主参与机制。具体而言,我国保障性安居工程的实际责任主体是市(县)级人民政府,市(县)级人民政府对管辖区域内住房供需情况最为了解,也是直接负责制定住房申请细则的主体。因此笔者建议:在外部,将保障性安居工程满意度、空置率水平、房屋管理和维护水平等项目作为考察地方政府住房保障绩效的指标,在土地出让金收归中央政府后,将住房保障绩效与财政转移支付挂钩;在内部,需要建立以"产业生活配套""人口与住房建设用地协调"为原则的规划公众参与机制②。地方政府按财政年度统计和公示区域内的住房供需状况、不同类型住房需求、中低收入家庭人数,以及有意愿购买保障房或租赁保障房的人/户数等数据,根据各项数据编制地方政府保障房用地计划,选择适宜本地区的住房保障类型,报本级人民代表大会审议。值得注意的是,多数投票制对于公共物品的供给而言可能是无效率的,因为它给每个参与者的偏好同等的权重。在各级人民代表大会成员中,来自中低收入阶层的人民代表占少数,因此对于保障性安居工程相关事项的决定需赋予其更大权重的投票权。在保障房项目尤其是产权型保障房的选址上,可借鉴新加坡的 BTO 订单销售模式,在确定共有产权开发项目前,以订单预定的方式测试购买意愿。

---

① 郭洁. 土地用途管制模式的立法转变 [J]. 法学研究, 2013, 35 (2): 60-83.

② 吕苑娟, 李莉. 当土地规划"遇上"新型城镇化:聚焦中国新型城镇化发展的土地规划转型 [N]. 中国国土资源报, 2014-01-08 (5).

6.4.4　建立家庭成员共享法定居住权制度

家庭成员间的居住权益保障在德国、法国、新加坡等国都有先例。《法国民法典》625条至635条以及相关判例对居住权的设立与丧失、居住权行使的前置条件以及居住权人的权利义务等内容进行了规范，整体上确立了"有约定从约定，无约定从法定"的居住权设立原则。同时，《法国民法典》在"离婚编"和"继承编"中对离婚和继承这两种情况下产生的居住问题做了特别说明。若因"共同生活破裂"[①] 结束婚姻关系的，一方配偶依法可租赁另一方配偶的自有财产（住房），租期最长可至最小子女成年。若承租人与他人再婚或姘居，则终止与原配偶之间的租赁关系，进入新的居住权关系中[②]。

在我国，尽管社会规范默认家庭成员间具有相互扶持的义务，但长久以来仅依靠道德维系难以发挥应有的效果。尤其在法律无强制性规定的情况下，各项制度之间容易出现衔接疏漏。例如，依据《北京市共有产权住房管理暂行办法》的规定[③]，单身时若购买共有产权住房，婚后配偶有住房的，共有产权住房申请人需要退出共有产权住房。这一规定的目的是避免保障房申请人拥有多处住房，即使婚后不拥有住房所有权但配偶有住房的，也应当退出共有产权住房。但根据我国的物权规则，配偶婚前单独购买的房产不属于夫妻共同财产，一旦婚姻关系破裂，该处房产不作为夫妻共同财产进行分割，无住房一方对离婚配偶单独所有的住房不享有居住权。也正是出于对未来婚姻关系中居住权不确定性的担忧，我国现实生活中出现大量婚后要求房产加名的案例，这不仅对家庭关系产生诸多负面影响，而且增加了司法负担。因此，本研究主张在构建国家住房保障制度的同时，应首先处理好家庭成员内部之间的住房保障关系。

---

① 在《法国民法典》中规定了三种离婚的情形，分别是"因夫妻双方相互同意而离婚""因共同生活破裂而离婚""因过错而离婚"。因"夫妻双方相互同意而离婚"的，通常在离婚协议中对子女抚育、女方住房权益等问题已经达成协议并经法官认可，因此法律无须对此种情形下弱势配偶一方的住房问题做特别规定。而"共同生活破裂"的标准是夫妻双方事实上分居满6年，当满足这一条件时，无须双方当事人一致同意，单方便可申请宣告离婚，因此出于保障弱势配偶权益和子女抚育的目的，法律特别对"因共同生活破裂而离婚"情形中的住房问题做出特别规定。注意，此处的住房权利不是居住权，而是离婚后的住房租赁权。

② 参见《法国民法典》第285-1条。

③ 参见《北京市共有产权住房管理暂行办法》第二十六条第三款。

事实上，家庭成员之间建立居住权关系在我国并不陌生。福利分房时期，尽管无明文规定每个家庭只能分配一套住房，但在实际操作上几乎默认即使夫妻双方都具备分房或公房承租资格，原则上一个家庭也只能分配一套住房①。1993 年，最高人民法院的审判意见还承认婚前财产婚后共同经营并占有，离婚时可视为夫妻共同财产②。作为对一方配偶婚内未获住房所有权的补充，最高院进一步规定，"离婚后一方无房居住的可要求暂住，但一般不超过两年"③。同年，无锡市人大专门制定《无锡市房屋居住权处理办法》，其中第一条就阐明本办法制定的目的是"调整家庭成员之间的房屋居住关系，保护房屋居住人和房屋所有权人的合法权益"。1996年，《最高人民法院关于审理离婚案件中公房使用、承租若干问题的解答》更加细化了在公房使用和承租领域因离婚导致的居住权解决方案④。2001年，"居住权"一词甚至出现在《最高人民法院关于适用婚姻法若干问题的解释（一）》中⑤。2010 年，重庆市颁布的《重庆市公共租赁住房管理暂行办法》（渝府发〔2010〕61 号）更是将家庭成员内部的居住权保障与社会保障紧密联系起来。其中第二十条规定，申请人在申请公租房所在地其直系亲属有住房资助能力的，不能申请公租房。遗憾的是，以上司法解释和地方法规现已失效，即使《重庆市公共租赁住房管理暂行办法》仍在使用，但依据我国现行的民事法律规则，"已经成年的且具有独立生活能力的直系亲属间不具备法定资助义务"⑥。

综上，本研究建议，家庭成员之间的居住权有约定从约定，无约定从

① 参见《最高人民法院关于审理离婚案件中公房使用、承租若干问题的解答》。

② 参见《最高人民法院关于人民法院审理离婚案件处理财产分割问题的若干具体意见》第六条。

③ 参见《最高人民法院关于人民法院审理离婚案件处理财产分割问题的若干具体意见》第十四条。

④ 例如，夫妻共同居住的公房，在以下九种情况下，离婚双方均可承租。（一）婚前由一方承租的公房，婚姻关系存续 5 年以上的。（二）婚前一方承租的本单位的房屋，离婚时，双方均为本单位职工的。（三）一方婚前借款投资建房取得的公房承租权，婚后夫妻共同偿还借款的。（四）婚后一方或双方申请取得公房承租权的。（五）婚前一方承租的公房，婚后因该承租房屋拆迁而取得房屋承租权的。（六）夫妻双方单位投资联建或联合购置的共有房屋的。（七）一方将其承租的本单位的房屋，交回本单位或交给另一方单位后，另一方单位另给调换房屋的。（八）婚前双方均租有公房，婚后合并调换房屋的。（九）其他应当认定为夫妻双方均可承租的情形；当离婚时，一方对另一方婚前承租的公房无权承租的，人民法院可调节或判决其暂时居住，暂住期限一般不超过两年。

⑤ 该《解释》第二十七条第三款规定，离婚时，一方以个人财产中的住房对生活困难者进行帮助的形式，可以是房屋的居住权或者房屋的所有权。

⑥ 杨遂全. 家庭居住权制度体系建设研究［M］//. 梁慧星. 民商法论丛（第 55 卷）. 北京：法律出版社，2014：434.

法定。我国《民法典》应该吸收有法定扶养义务家庭成员之间的居住权，并在私法与公法之间建立起衔接规则。可借鉴法国《家庭和社会行动法典》的规定①，在今后起草的《住房保障法》中规定：政府提供给公民个人的住房保障必须考虑所有家庭成员的经济状况。至于家庭成员的范围，可衔接《民法典》第一千零四十五条的规定，配偶、父母、子女和其他共同生活的近亲属为家庭成员。因此，此处的法定扶养关系采广义说，包括长辈亲属对晚辈亲属的抚养、平辈亲属间的扶养和晚辈亲属对长辈亲属的赡养，是赡养、扶养、抚养的统称。

在具体规则设计上，一是增设法定居住权条款，建立"有约定从约定，无约定从法定"的居住权设立规则。《民法典》规定的居住权主要有合同设立和遗嘱设立这两种方式，限于保障家庭关系中弱势一方的居住权利②。二是既然法定家庭成员之间有住房保障义务，那么家庭唯一住房的所有权人未经居住权人同意不得随意处分该处房产，未经同意处分的居住权人享有撤销权。三是作为人身性质的居住权，其社会功能在于维持社会公共秩序，因此居住权人不享有收益权，只享有占有和使用权，法定居住权不得出租、不得转让，居住权人有义务以"善良家父之态度"行使其权利。四是当居住权人与房屋所有权人之间的关系严重恶化时，应设置相应条款，允许以现金补偿方式替代居住权保障。

---

① 第 L112 条规定，政府提供给公民的个人住房补贴和优惠住房，必须考虑所有家庭成员的收入状况。

② 屈然. 论我国居住权的设立方式与登记效力 [J]. 法学杂志, 2020, 41（12）: 90-99.

参考文献

奥斯特罗姆，施罗德，温，2000. 制度激励与可持续发展：基础设施政策透视 [M]. 陈幽泓，谢明，任睿，译. 上海：上海三联书店.

巴曙松，牛播坤，杨现领，2011. 保障房制度建设：国际经验及中国的政策选择 [J]. 财政研究，12：16-19.

巴泽尔，2017. 产权的经济分析 [M]. 费方域，段毅才，钱敏，译. 上海：上海三联出版社.

柏必成，2016. 改革开放以来我国住房政策的变迁轨迹与动力分析：基于政策变迁理论的研究 [M]. 武汉：武汉大学出版社.

鲍尔，施蒂尔纳，2004. 德国物权法（上册）[M]. 张双根，译. 北京：法律出版社.

鲍锋，2018. 中国保障房制度的经济学研究 [D]. 长春：吉林大学.

鲍金红，胡璇，2013. 我国现阶段的市场失灵及其与政府干预的关系研究 [J]. 学术界，7：182-191，311.

北大—林肯中心，2018. 土地制度的国际经验及启示 [M]. 北京：科学出版社.

贝塔朗菲，1987. 一般系统论：基础、发展和应用 [M]. 林康义，魏宏森，等译. 北京：清华大学出版社.

布鲁，格兰特，2008. 经济思想史：第7版 [M]. 邸晓燕，译. 北京：北京大学出版社.

蔡德容，1993. 住宅经济学 [M]. 沈阳：辽宁人民出版社.

曾辉，2016. 基于演化博弈与委托代理理论的公共租赁住房退出问题研究 [D]. 杭州：浙江工业大学.

柴铎，林梦柔，范华，2018. 集体土地建租赁住房的利益影响机理与多中心治理机制 [J]. 经济地理，38（8）：152-161.

陈寒冰，2018. 保障房制度研究［M］. 武汉：武汉大学出版社.

陈佳婧，2012. 廉租房退出机制研究：以福州市廉租房退出机制为例［J］. 云南社会主义学院院报，3：253-264.

陈杰，胡明志，2017. 共有产权房：住房供给侧改革何以发力［J］. 探索与争鸣，11：110-115.

陈淑云，2012. 共有产权住房：我国住房保障制度的创新［J］. 华中师范大学学报（人文社会科学版），51（1）：48-58.

陈锡文，2016. 把握《建议》精神 做好农村的改革与发展工作［J］. 中国农村金融1：23-25.

陈锡文，2016. 农村宅基地改革的焦点和核心是什么［J］. 中国乡村发现，5：1-9.

陈小君，戴威，2012. 对"集体土地上建公租房"政策的法律思考［J］. 法律科学（西北政法大学学报），30（3）：154-161.

陈耀东，任容庆，2014. 民法视野下产权型保障房退出机制的分析：以"有限产权"向"共有产权"理论的过渡为视角［J］. 理论与现代化，5：67-72.

陈耀东，田智，2009. 我国保障房制度的法律思考：以房地产宏观调控政策为背景［J］. 经济法研究，8：223-239.

陈友华，施旖旎，2018. 租购同权：何以可能？［J］. 吉林大学社会科学学报，58（2）：123-129，206.

程大涛，2010. 中国住房政策社会目标及供应体系重构的设想［J］. 经济学家（，12：50-57.

程民选，冯庆元，2019. 试析新时代"房住不炒"定位的理论逻辑：基于大卫·哈维的马克思主义经济学分析框架［J］. 经济问题，1：1-5.

程雪阳，2020. 论集体土地征收与入市增值收益分配的协调［J］. 中国土地科学，34（10）：28-33.

崔光灿，2018. 住房政策目标双重属性与市场稳定［J］. 华东师范大学学报（哲学社会科学版），50（1）：149-155，180-181.

戴维斯，诺思，2014. 制度创新的理论：描述、类推与说明［M］// 科斯，等. 财产权利与制度变迁：产权学派与新制度学派论文集. 刘守英，等译. 上海：格致出版社：上海人民出版社.

德里昂，马璇，姚鑫，2009. 欧洲与法国社会住房政策的主要问题 [J]. 国际城市规划，4：26.

邓大才，2002. 论当前我国制度供给现状及制度变迁方式的转换 [J]. 江苏社会科学，6：67-72.

丁如曦，李东坤，2019. 日本房地产泡沫形成及破灭原因的综合检视及其对当代中国的启示 [J]. 当代经济研究，7：101-112.

董昕，2013. 中国农民工住房问题的历史与现状 [J]. 财经问题研究，1：117-123.

杜景林，卢谌，2014. 德国民法典全条文注释 [M]. 北京：中国政法大学出版社.

范一鸣，2020. 住房流动、父代资助与青年群体的阶层分化：基于北上广青年群体的实证分析 [J]. 中国青年研究，8：43-50.

房绍坤，2015. 农村集体经营性建设用地入市的几个法律问题 [J]. 烟台大学学报（哲学社会科学版），28（3）：15-22.

弗登博格，梯若尔，2010. 博弈论 [M]. 黄涛，郭凯，龚鹏，等译. 北京：中国人民大学出版社.

弗鲁博顿，芮切特，2006. 新制度经济学：一个交易费用分析范式 [M]. 姜建强，罗长远，译. 上海：上海人民出版社.

付大学，秦思楠，2020，. 共有产权住房：一种典型的公-私混合财产 [J]. 江西社会科学 40（6）：158-165.

傅强，1997. 对深化行政划拨土地使用权改革的思考：从英国的土地税制谈起 [J]. 中国土地科学，5：44-47.

高富平，黄武双，2003. 房地产法学 [M]. 北京：高等教育出版社.

高尚，2020. 论司法判例在成文法国家的适用空间：以德国对判例的演绎推理"二重需求"为例 [J]. 社会科学战线，5：214-223.

高圣平，2019. 论集体建设用地使用权的法律构造 [J]. 法学杂志，40（4）：13-25.

苟兴朝，2011. 挤出还是挤入：公共财政投资对私人投资影响分析——兼论我国公共保障房政策效应 [J]. 求实，9：42-45.

顾钰民，2005. 马克思主义制度经济学：理论体系·比较研究·应用分析 [M]. 上海：复旦大学出版社.

顾钰民，2004. 社会主义市场经济论 [M]. 上海：复旦大学出版社.

郭殿生，宋雨楠，2019. 马克思恩格斯城乡融合思想的新时代解读 [J]. 当代经济研究，2：16-22.

郭洁，2019. 论农村集体经济组织的营利法人地位及立法路径 [J]. 当代法学，33（5）：79-88.

郭洁，2013. 土地用途管制模式的立法转变 [J]. 法学研究，35（2）：60-83.

哈维，2018. 马克思与《资本论》[M]. 周大昕，译. 北京：中信出版社.

韩立达，史敦友，韩冬，等，2019. 农村土地制度和户籍制度系统联动改革：历程演进、内在逻辑与实施路径 [J]. 中国土地科学，33（4）：18-24.

韩松. 论农村集体经营性建设用地使用权 [J]. 苏州大学学报（哲学社会科学版），2014，35（3）：70-75，191-192.

何永芳，佘赛男，杨春健，2020. 新时代城乡融合发展问题与路径 [J]. 西南民族大学学报（人文社科版），41（7）：186-190.

洪名勇，2012. 制度经济学 [M]. 北京：中国经济出版社.

洪涛，李维娜，2015. 中国地方政府扰动房价行为及其制度性根源 [J]. 哈尔滨工业大学学报（社会科学版），17（5）：127-132.

胡川宁，2014. 住房保障法律制度研究 [D]. 重庆：西南政法大学.

胡洪曙，杨君茹，2008. 财产税替代土地出让金的必要性及可行性研究 [J]. 财贸经济，9：57-61，128.

胡子健，2016. 中国保障房政策演进历程与改进思路 [D]. 长春：吉林大学.

黄海洲，汪超，王慧，2015. 中国城镇化中住房制度的理论分析框架和相关政策建议 [J]. 国际经济评论，2：29-54，4.

黄金升，2016. 土地产权制度与管制制度的制度均衡分析 [J]. 南京农业大学学报（社会科学版），16（1）：82-91.

黄静，崔光灿，2020. 住房财富视角下的代际资源传递效应研究：来自 CFPS 的经验证据［J］. 中国软科学，6：65-76.

黄锐，2018. 论租售同权［D］. 深圳：深圳大学.

黄少安，1995. 产权经济学导论［M］. 济南. 山东人民出版社.

黄燕芬，唐将伟，2018. 福利体制理论视阈下德国住房保障政策研究
［J］. 价格理论与实践，3：16-21.

黄忠，张彦西，2016. 集体土地上建公租房的制度障碍及其突破［J］.
经济体制改革，2：82-88.

纪春燕，张学浪，2016. 新型城镇化中农业转移人口市民化的成本分
担机制构建：以利益相关者、协同理论为分析框架［J］. 农村经济，11：
104-109.

纪尽善，2007. 恩格斯《论住宅问题》与我国住房租赁市场发展问题
［G］//. 中国《资本论》研究会. 全国马克思列宁主义经济学说史学会第
六届理事会暨第一次学术讨论会论文集. 福州：福建师范大学.

季金华.，2016 买卖不破租赁原则限制适用的条件分析［J］. 政法论
丛，4：74-84.

贾琼，2007. 中国城镇"夹心层"住房问题研究［D］. 北京：首都师
范大学.

建设部，全国总工会，1991. 《关于印发〈解决城镇居住特别困难户
住房问题的若干意见〉的通知》［C］//国务院住房制度改革领导小组办
公室. 住房改革政策法规汇编. 北京：改革出版社.

金浩然，翟宝辉，王艳飞，等，2019. 日本住房发展现状与政策及对
我国的启示［J］. 建筑经济，40（5）：22.

靳相木，王海燕，王永梅，等，2019. 宅基地"三权分置"的逻辑起
点、政策要义及入法路径［J］. 中国土地科学，33（5）：9-14.

卡拉布雷西，2019. 法和经济学的未来［M］. 郑戈，译. 北京：中国
人民大学出版社.

凯梅尼，2009. 从公共住房到社会市场：租赁住房政策的比较研究
［M］. 王韬，译. 北京：中国建筑工业出版社.

康芒斯，1962. 制度经济学（上）［M］. 于树生，译. 北京：商务印
书馆.

莱基，2004. 适足住房的权利 [M] //艾德，等. 经济、社会和文化权利教程. 中国人权研究会组织，译. 成都：四川人民出版社.

蓝佳松，张金霞，曾建明，2021. 国有土地出让配建产权移交房问题思考：以南宁市的探索为例 [J]. 中国土地，6：46-48.

李怀，2020. 农村宅基地"三权分置"：历史演进与理论创新 [J]. 上海经济研究，4：75-82，127.

李慧，葛扬，2018. 土地财政与城市民生性公共品：基于2004—2011年我国省级面板数据的实证分析 [J]. 学习与探索，6：141-148.

李俊夫，李伟，李志刚，等，2012. 新加坡保障房政策研究及借鉴 [J]. 国际城市规划，27 (4)：38.

李谦，金俭，2020. 保障房退出机制的实践困境与优化方案：以2015—2019年"保障性安居工程"审计结果为基础 [J]. 中国不动产法研究，1：214-231.

李薇，2014. 我国保障房与商品房互动机理与耦合发展研究 [D]. 南京：南京工业大学.

李勇刚，2019. 农民工住房保障制度研究 [M]. 北京：中国社会科学出版社.

李勇辉，李婉，2017. 我国保障房政策的经济效应研究 [J]. 湘潭大学学报（哲学社会科学版），41 (5)：63-70.

李勇辉，林森，刘孟鑫，2020. 土地财政、地方政府行为激励与保障房供给 [J]. 湘潭大学学报（哲学社会科学版），4：85-91.

连宏萍，杨谨頔，李金展，2019. 社会文化视角下新加坡住房政策的成功历程与新探索：兼谈对我国住房政策的启示 [J]. 中国行政管理，9：146-151.

梁慧星，1998. 中国物权法研究（下）[M]. 北京：法律出版社.

廖融.，2013 我国保障房有限产权的缺陷及完善 [D]. 北京：首都经济贸易大学.

林超，张林艳，秦玉莹，2020. 风险认知视角下农户参与农村住房抵押贷款意愿影响因素研究：基于山西、河南、安徽三省问卷调查 [J]. 天津商业大学学报，40 (1)：58-62.

林岗，张宇，2000. 产权分析的两种范式［J］. 中国社会科学，1：134-145.

林岗，张宇，2001. 马克思主义与制度分析［M］. 北京：经济科学出版社.

林依标，2012. 小产权房：分门别类处置［J］. 中国土地，6：38-39.

凌维慈，2017. 保障房租赁与买卖法律关系的性质［J］. 法学研究，39（6）：61-73.

凌维慈，2015. 公法视野下的住房保障：以日本为研究对象［M］. 上海：上海三联书店.

凌维慈，2019. 住房政策的任务分化及法律控制［J］. 法商研究，36（2）：53-65.

凌云志，吴桂宏，1995. 商品房：俏货缘何难销？［J］. 中国房地产，8：50-53.

刘柏惠，寇恩惠，2020. 房地产税的共识、争论与启示：基于理论和实践的综合分析［J］. 财政研究，3：119-129.

刘国臻，刘芮，2019. 宅基地"三权分置"下宅基地上房屋转让制度改革路径［J］. 学术研究，2：54-62.

刘洪玉，杨帆，徐跃进，2013. 基于2010年人口普查数据的中国城镇住房状况分析［J］. 清华大学学报（哲学社会科学版），28（6）：138-147，158.

刘继光，杨祥雪，2019. "小产权房"问题的成因及解决思路［J］. 宏观经济管理，2：73-78.

刘金东，杨璇，汪崇金，2019. 高房价、土地财政与房住不炒：房地产税能抑制房价吗？［J］. 现代财经（天津财经大学学报），39（1）：3-15.

刘尚希，2007. 财产税改革的逻辑［J］. 涉外税务，7：5-10.

刘诗白，1999. 刘诗白文集：第4卷［M］. 成都：西南财经大学出版社.

刘双良，秦玉莹，2019. 宅基地流转与农民住房保障的政策协同机制构建：基于典型创新实践模式的对比分析［J］. 中州学刊，4：31-37.

刘涛，曹广忠，2015. 大都市区外来人口居住地选择的区域差异与尺度效应：基于北京市村级数据的实证分析［J］. 管理世界，1：30-40，50.

刘亚娟，2021. 基于居住权的住房保障制度创新探析 [J]. 湖南师范大学社会科学学报，50（3）：136-143.

龙奋杰，董黎明，2005. 经济适用住房政策绩效评析 [J]. 城市问题，4：48-52.

卢圣华，姚妤婷，汪晖，2020. 土地征收中的农民诉求：基于"地方领导留言板"的大数据分析 [J]. 农业经济问题，7：58-68.

卢梭，2004. 社会契约论 [M]. 杨国政，译. 西安：陕西人民出版社.

卢现祥，1996. 马克思理论对西方新制度经济学的影响 [J]. 马克思主义与现实，4：10-20.

卢现祥，2004. 新制度经济学 [M]. 武汉：武汉大学出版社.

鲁晓明，2019. 论我国居住权立法之必要性及物权性为主的立法模式：兼及完善我国民法典物权编草案居住权制度规范的建议 [J]. 政治与法律，3：13-22.

鲁旭，2013. 我国保障房的制度缺陷与重构：以江西"三房合一"为例 [J]. 现代城市研究，28（8）：80-84.

陆玉龙，2005. 共有产权：经济适用住房制度创新研究 [J]. 中国房地信息，9：18-21.

罗明，1995. 对我国土地立法的思考：从英国土地法规体系谈起 [J]. 中国土地科学，6：39-42.

罗卫东，朱翔宇，2020. 租购并举：租购同权还是租购平权？兼论我国土地财政模式转型的必要性 [J]. 浙江学刊，1：90-99.

吕福新，1993. 住房制度改革中的产权建设 [J]. 经济研究，3：69-73.

吕萍，李文璐，2013. 产权式保障向租赁式保障的过渡：对保障房供应体系转变的思考 [J]. 理论界，11：149-152.

吕萍，于璐源，丁富军，2018. 集体经营性建设用地入市模式及其市场定位分析 [J]. 农村经济，7：22-27.

吕萍，钟荣桂，2018. 城乡住房市场一体化变迁过程中的居民住房权益研究 [J]. 中国软科学，2：118-128.

马海涛，韦烨剑，郝晓婧，等，2019. 从马克思地租理论看我国土地出让金：兼论房地产税背景下土地出让金的存废之争 [J]. 税务研究，9：

72-79.

马俊驹，王彦，2014. 解决小产权房问题的理论突破和法律路径：结合集体经营性建设用地平等入市进行研究［J］. 法学评论，32（2）：82-89.

马克思，恩格斯，1964. 马克思恩格斯全集：第 18 卷［M］. 中共中央马克思恩格斯列宁斯大林著作编译局，译. 北京：人民出版社.

马克思，恩格斯，1974. 马克思恩格斯全集：第 25 卷下［M］. 中共中央马克思恩格斯列宁斯大林著作编译局，译. 北京：人民出版社.

马克思，恩格斯，1957. 马克思恩格斯全集：第 2 卷［M］. 中共中央马克思、恩格斯、列宁、斯大林著作编译局，译. 北京：人民出版社.

马克思，恩格斯，1995. 马克思恩格斯选集：第二卷［M］. 中共中央马克思恩格斯列宁斯大林著作编译局，译. 北京：人民出版社.

马克思，恩格斯，1995. 马克思恩格斯选集：第三卷［M］. 中共中央马克思恩格斯列宁斯大林著作编译局，译. 北京：人民出版社.

马克思，恩格斯，1995. 马克思恩格斯选集：第四卷［M］. 中共中央马克思恩格斯列宁斯大林著作编译局，译. 北京：人民出版社.

马克思，恩格斯，1995. 马克思恩格斯选集：第一卷［M］. 中共中央马克思恩格斯列宁斯大林著作编译局，译. 北京：人民出版社.

马智利，熊俊臣，2019. 城市用地指标市场化配置机制研究：以落户条件放开为背景［J］. 中国房地产，27：52-57.

茅于轼，2012. 住房保障制度漏洞［J］. 中国建设信息，3：13-15.

梅冬州，崔小勇，吴娱，2018. 房价变动、土地财政与中国经济波动［J］. 经济研究，53（1）：35-49.

牟燕，钱忠好，2015. 破解地方政府土地财政困境的路径选择研究［J］. 中国土地科学，29（12）：18-25.

奈特，2017. 制度与社会冲突［M］. 周伟林，译. 上海：上海人民出版社.

倪鹏飞，2015. 中国住房：制度缺陷、行为冲动与市场失衡［J］. 价格理论与实践，4：7-9.

聂小龙，2016. 我国商品房与保障房互通机制研究［D］. 重庆：重庆大学.

诺思，胡志敏，2004. 理解经济变迁的过程 [J]. 经济社会体制比较，1：1-7.

欧阳慧，2016. 谨防农民工落户的"隐形门槛" [J]. 中国发展观察，15：32-34.

潘爱民，韩正龙，2012. 经济适用住房、土地价格与住宅价格：基于我国 29 个省级面板数据的实证研究 [J]. 财贸经济，2：106-113.

皮凯蒂，2014. 21 世纪资本论 [M]. 巴曙松，等译. 北京：中信出版社.

青连斌，2019. 城镇"夹心层"群体的现状、成因与应对思路 [J]. 中国党政干部论坛，11：59-62.

屈然，2020. 论我国居住权的设立方式与登记效力 [J]. 法学杂志，41（12）：90-99.

任宇飞. 李玉斌，2015. 论居住权的类型及其司法适用 [J]. 重庆大学学报（社会科学版），21（3）：136-140.

蓉晨，2020. 我国土地收益分配制度改革的取向和举措：基于不同利益主体的视角 [J]. 宏观经济管理，6：13-22.

萨缪尔森，诺德豪斯，1992. 经济学：第 12 版 [M]. 高鸿业，等译. 北京：中国发展出版社.

申卫星，2013. 经济适用住房共有产权论：基本住房保障制度的物权法之维 [J]. 政治与法律，1：2-11.

申卫星，2005. 视野拓展与功能转换：我国设立居住权必要性的多重视角 [J]. 中国法学，5：77-92.

沈岿，2010. 系统性困境中的违宪难题及其出路：以城市房屋征迁制度为例 [J]. 政治与法律，12：2-16.

时显群，2013. 法理学 [M]. 北京：中国政法大学出版社.

史丽萍，2018. 租售同权地方立法研究 [D]. 扬州：扬州大学.

宋春华，等，1993. 房地产大辞典 [M]. 北京：红旗出版社.

宋春华，1998. 积极行动 主动协调 加快经济适用住房建设 [J]. 中国房地产，10：4-7.

苏里，2015. 马克思恩格斯制度思想研究 [D]. 长春：吉林大学.

苏勇，黄志勇，2011. 小产权房转化为保障房的路径选择 [J]. 现代经济探讨，2：29-33.

孙阿凡，杨遂全，2016. 集体经营性建设用地入市与地方政府和村集体的博弈 [J]. 华南农业大学学报（社会科学版），15（1）：20-27.

孙阿凡，2017. 房地产制度与税制改革衔接机制研究 [D]. 成都：四川大学.

孙建伟，2018. 城乡建设用地置换中土地指标法律问题研究 [J]. 法学评论，36（1）：181-196.

汤阅燊，冯彦君，2017. 当代中国住房权的实现路径：以保障房制度为重心的分析 [J]. 社会科学战线，5：237-248.

唐兰，2012. 城市总体规划与土地利用总体规划衔接方法研究 [D]. 天津：天津大学.

唐云锋，吴琦琦，2018. 土地财政制度对房地产价格的影响因素研究 [J]. 经济理论与经济管理，3：43-56.

唐在富，2013. 中国政府土地相关收入的财政学属性分析：兼论土地出让收入与房地产税并存的理论依据 [J]. 发展研究，11：36-42.

陶钟太朗，2010. 居住权研究 [M]. 北京：光明日报出版社.

汪晓华，2019. 土地发展权与土地利用规划权关系之法理释明 [J]. 河北法学，37（12）：110-121.

王斌，高戈，2011. 中国住房保障对房价动态冲击效应：基于SVAR的实证分析 [J]. 中央财经大学学报，8：54-59.

王波，蒋和胜，2016. 保障房建设对商品房价格的传导机制研究 [J]. 价格理论与实践，2：92-94.

王根贤，2013. 财政分权激励与土地财政、保障房的内在逻辑及其调整 [J]. 中央财经大学学报，5：1-5.

王宏哲，2008. 住房权研究 [M]. 北京：中国法制出版社.

王凯，李凯，刘涛，2020. 中国城市流动人口市民化空间分异与治理效率 [J]. 城市规划，44（6）：22-30，112.

王丽青，2012. 经济适用住房产权浅析 [J]. 西南农业大学学报（社会科学版），10（7）：62-63.

王青云，左健，2019. 日本城镇化进程中住房问题及启示 [J]. 宏观经济管理，9：84.

王全兴，王甜甜，2019. 集体建设用地"入市"中的政府优先购买权 [J]. 法学，6：31-48.

王薇，2019. 保障供给的城市包容性增长机制与效应研究：基于市民化与内需融合的框架 [D]. 杭州：浙江大学.

王文录，2014. 城市化背景下的户籍制度变迁研究 [M]. 石家庄：河北人民出版社.

王先柱，赵奉军，2009. 保障房对商品房价格的影响：基于1999—2007年面板数据的考察 [J]. 经济体制改革，5：143-147.

王育坤，1992. 我国城市土地开发过程中的实物地租 [J]. 经济研究，10：37-44.

威廉姆森，2002. 资本主义经济制度：论企业签约与市场签约 [M]. 段毅才，王伟，译. 北京：商务印书馆.

韦登，等，2015. 收入不平等与市场失灵 [J]. 国外理论动态，9：19-30.

魏传光，2021. "正义"介入"制度"的三大议题：基于马克思正义思想的当代释义 [J]. 河北学刊，41（5）：69-77.

魏后凯，黄秉信，2019. 中国农村经济形势分析与预测（2018—2019）[M]. 北京：社会科学文献出版社.

温世扬，武亦文，2010. 论租赁权的非物权化进路 [J]. 当代法学，24（3）：95-102.

温世扬，2015. 集体经营性建设用地"同等入市"的法制革新 [J]. 中国法学，4：66-83.

吴海瑾，2009. 城市化进程中流动人口的住房保障问题研究：兼谈推行公共租赁住房制度 [J]. 城市发展研究，12：82-85.

吴开泽，2019. 住房市场化与住房不平等：基于CHIP和CFPS数据的研究 [J]. 社会学研究，6：89-114，244.

吴淑芳，2014. 谈保障房建设存在的问题及对策 [J]. 山西建筑，40（22）：260-261.

吴雅杰，2011. 中国转型期市场失灵与政府干预 [M]. 北京：知识产权出版社.

吴宇哲，王薇，2018. 非户籍人口城市落户的住房难点及解决途径 [J]. 南通大学学报（社会科学版），34（2）：53-59.

武中哲，李素梅，2020. 后单位社会的住房保障与政府能力建设 [J]. 济南大学学报（社会科学版），30（5）：139-160.

习近平，2017. 决胜全面建成小康社会夺取新时代中国特色社会主义伟大胜利 [M]. 北京：人民出版社.

习近平，2017. 习近平谈治国理政：第二卷 [M]. 北京：外文出版社.

夏柱智，2020. 征地抑或入市？关于集体经营性建设用地入市的研究 [J]. 北京工业大学学报（社会科学版），20（3）：73-80.

肖卫东，吉海颖，2014. 准公共产品的本质属性及其供给模式：基于包容性增长的视角 [J]. 理论学刊，7：57-61.

谢波，施建刚，2014. 价格管制政策对住房价格的干预机理与效果分析 [J]. 统计与决策，10：131-134.

谢鸿飞，2017. 租售同权的法律意涵及其实现途径 [J]. 人民论坛，27：100-102.

谢义维，2014. 主要发达国家住房保障制度及中国的实践研究 [D]. 长春：吉林大学.

谢雨瑶，2019. 走向公租房：小产权房合法化利用的法律路径研究 [D]. 武汉：华中师范大学.

徐键，2020. 论允许入市的农村集体建设用地范围 [J]. 辽宁师范大学学报（社会科学版），43（2）：22-30.

徐漫辰，焦怡雪，张璐，等，2019. 共有产权住房的国际发展经验及对我国的启示 [J]. 住宅与房地产，34：1-4.

徐诺金，2014. 我国房地产市场的根本出路在深化市场化改革 [J]. 金融市场研究，1：51-64.

徐生钰，2006. 居民住宅小区车库产权的经济学分析 [J]. 南京社会科学，9：59-64.

徐通，2012. 住房保障与商品房市场协调发展研究：基于经济适用住房建设的视角 [D]. 广州：暨南大学.

许坤，卢倩倩，许光建，2020. 土地财政、房地产价格与财产性收入

差距 [J]. 山西财经大学学报, 42 (3): 1-16.

许为, 2012. 论中国房地产制度之殇 [J]. 新西部 (理论版), Z3: 58-59.

薛义华, 程天富, 余熙明, 2019. 新加坡房地产市场的变革与创新 [M]. 北京: 中信出版局.

闫宇豪, 2017. 农民退地进城的制度束重构 [J]. 行政科学论坛, 11: 41-46.

颜洪平, 黄崇利, 刘民培, 2012. 论恩格斯住宅思想的时代性及对我国住宅建设的启示 [J]. 学术论坛, 4: 14-17, 23.

颜燕, 王蒙, 张杰, 2019. 土地财政是公共品供给结构失衡的真正推手吗? [J]. 北京师范大学学报 (社会科学版), 2: 146-157.

杨鸿, 贾生华, 2009. 以支付能力为视角, 分析住房"夹心层"的成因和对策 [J]. 中国房地产, 3: 56-57.

杨奇才, 杨继瑞, 2017. 空间级差地租: 基于马克思地租理论的研究 [J]. 当代经济研究, 3: 60-66.

杨秋宇, 2019. 民商二元视角下《民法总则》法人制度的不足: 以制度供给理论为方法展开 [J]. 大连理工大学学报 (社会科学版), 40 (6): 100-108.

杨遂全, 等, 2013. 房地产法学新论 [M]. 成都: 四川大学出版社.

杨遂全, 等, 2013. 小产权房处置与土地制度创新: 以城乡房上联建权合法化为突破口 [M]. 北京: 法律出版社.

杨遂全, 孙阿凡, 2015. 农村集体经营性建设用地流转范围探讨 [J]. 西北农林科技大学学报 (社会科学版), 15 (6): 1-6.

杨遂全, 2014. 家庭居住权制度体系建设研究 [M]. 梁慧星. 民商法论丛: 第55卷. 北京: 法律出版社.

杨遂全, 2019. 论集体经营性建设用地平等入市的条件与路径 [J]. 郑州大学学报 (哲学社会科学版), 52 (4): 39.

杨遂全, 2020. 论宅基地资格权确权及其法理依据: 以财产属性为视角 [J]. 中国土地科学, 34 (6): 35-40.

杨遂全, 2014. 民生工程民众事先知情权与土地使用权中的程序权 [M]. 杨遂全, 等. 民商法争鸣: 第8辑. 北京: 法律出版社.

杨遂全，1998. 试论运用法律手段抑制贫富过分悬殊［J］. 社会科学研究，2：73-76.

杨之光，郑煜琦，2010. 基于住房过滤模型的我国住房保障补贴政策研究［J］. 财政研究，7：24-28.

杨志平，2017. 中国市场经济体制变革的理论与实践［M］. 北京：中国社会科学出版社.

野口悠纪雄，2005. 泡沫经济学［M］. 曾寅初，译. 北京：三联书店.

易宪容，郑丽雅，DOLGORSUREN，2019. "房住不炒"楼市定位的理论意义和政策选择［J］. 江西社会科学，39（5）：50-60，255.

虞晓芬，金细簪，陈多长，2014. 共有产权住房的理论与实践［M］. 北京：经济科学出版社.

袁庆民，2012. 新制度经济学［M］. 上海：复旦大学出版社.

臧峰宇，等，2014. 恩格斯《论住宅问题》研究读本［M］. 北京：中央编译出版社.

曾康霖，2008. 公共品研究要有新视角［J］. 经济学动态，4：29-34.

曾野，2016. 破解"小产权房"难题的地票交易路径［J］. 现代经济探讨，2：45-49.

张东升，2018. 回归理想家园：日本房市考察对中国房市的思考［M］. 杭州：浙江大学出版社.

张冬梅，葛励闻，2015. "十二五"期间我国保障房建设进展与思考［J］. 经济纵横，3：43-46.

张鹤，2019. 土地供给、保障房建设与商品房价格［J］. 中国高校社会科学，6：58-68，156.

张泓铭，1998. 住宅经济学［M］. 上海：上海财经大学出版社.

张开，王声啸，郑泽华，等，2021. 习近平新时代中国特色社会主义经济思想研究新进展［J］. 政治经济学评论，12（4）：140-166.

张力，2010. 论居住权的物权法保护：微观与宏观之维［J］. 兰州学刊，3：142-147.

张利花，虞晓芬，曾辉，2019. 共有产权住房保障模式与住户资产权益价值［J］. 城市发展研究，26（10）：108-114.

张鹏, 2016. 按份共有人优先购买权制度的经济分析 [J]. 法商研究, 33 (1): 55-64.

张齐武, 徐燕雯, 2010. 经济适用住房还是公共租赁房? 对住房保障政策改革的反思 [J]. 公共管理学报, 7 (4): 86-92, 126-127.

张群, 2009. 居有其屋: 中国住房权历史研究 [M]. 北京: 社会科学文献出版.

张维迎, 2012. 通往市场之路 [M]. 杭州: 浙江大学出版社.

张永健, 2019. 物权法之经济分析: 所有权 [M]. 北京: 北京大学出版社.

张勇, 2020. 宅基地"三权分置"改革": "三权"关系、政策内涵及实现路径 [J]. 西北农林科技大学学报 (社会科学版), 20 (2): 61-68;

张祚, 陈昆仑, 2016. 城市大规模保障房空间决策: 相关问题与研究综述 [J]. 湖北大学学报 (哲学社会科学版), 43 (1): 129-135.

赵红梅, 1998. 论土地年租与存量划拨土地使用权改制 [J]. 中国土地, 3: 19-21.

浙江省企业调查队课题组, 2005. 浙江房地产市场发展研究报告 [J]. 统计研究, 1: 59-66.

郑思齐, 师展, 2011. "土地财政"下的土地和住宅市场: 对地方政府行为的分析 [J]. 广东社会科学, 2: 5-10.

周大研, 2009. 新农村建设中农民住房保障政策研究 [J]. 经济问题探索, 2: 127-132.

周建高, 2018. 日本住宅保障与住宅政策研究 [M]. 北京: 社会科学文献出版社.

周骏宇., 2018 德国是如何做实房地产"居住"属性的 [J]. 上海房地, 7: 42-43.

周业安, 2000. 中国制度变迁的演进论解释 [J]. 经济研究, 5: 3-11, 79.

周义, 2003. 英国的房地产市场与住房政策启示 [J]. 学术研究, 6: 38.

朱玲, 2015. 德国住房市场中的社会均衡和经济稳定因素 [J]. 经济学动态, 2: 98-107.

朱识义，2014. 户籍制度与农村土地制度联动改革机理研究［J］. 求实，12：86-91.

朱天华，2015. 我国城镇居民住房保障制度体系研究［D］. 保定：河北大学.

朱雪刚，2007. 经济适用住房法制研究［D］. 成都：四川大学.

AGUS G, HARRIS R, 2005. Housing as a tool of economic development since 1929［J］. International Journal of Urban and Regional Research, 4：895-915.

ARKU G, 2006. The housing and economic development debate revisited：Economic significance of housing in developing countries［J］. Journal of Housing and the Built Environment, 21 (4)：377-395.

BARDHAN A D, DATTA R, EDELSTEINET R H, et al, 2003. A tale of two sectors：Upward Mobility and the Private Housing Market in Singapore［J］. Journal of Housing Economics, 12 (2)：83-105.

BUCHANAN J M, 1965. An economic theory of clubs［J］. Economica, 32 (125)：1-14.

CLARKE A, 2011. Shared Ownership：Does It Satisfy Government and Household Objectives? ［M］//MONK S, WHITEHEAD C. Making housing more affordable：The role of intermediate tenures. New Jersey：Wiley-Blackwell：189.

DAWKINS C, 2021. Realizing housing justice through comprehensive housing policy reform［J］. International Journal of Urban Sciences, 25：266-281.

DEMSETZ H, 1967. Toward a theory of property rights［J］. The American Economic Review, 579 (2)：347-359.

DOMAR E, 1947. Expansion and employment［J］. American Economic Review, 37 (1)：34-55.

DREW R B, 2013. Constructing homeownership policy：Social construction and the design of the low-income homeownership policy objective［J］. Housing studies, 28 (4)：616-631.

FANG Y P, LIU Z L, CHEN Y L, 2020. Housing inequality in urban China: Theoretical debates, empirical evidences, and future directions [J]. Journal of Planning Literature, 35 (1): 41-53.

GORYNSKI J, 1978. The role of construction in global social-economic development [J]. Habitat International, 3 (1): 71-76.

HARROD R F, 1939. An easy in dynamic theory [J]. Economic Journal, 49 (193): 14-33.

HENRIK G L, ANDERS L H, 2015. Commodifying danish housing commons [J]. Human Geography, 97 (3): 263-274.

HILBER C A L, SCHÖNI O, 2016. Housing policies in the United Kingdom, Switzerland, and the United States: Lessons learned [J]. Cityscape, 18 (3): 291-332.

HOWENSTINE J W, 1957. Appraising the role of housing in economic development [J]. International Labour Review, 75: 21-33.

JACK K, DOUGLASS N, 1997. Explaining economic change: The interplay between cognition and institutions [J]. Legal Theory, 3 (3): 211-226.

KENNA P, 2008. Globalization and housing rights [J]. Indiana Journal of Global Legal Studies, 15 (2): 397-469.

KINNAIRD S B, 1994. Public housing: Abandon hope, but not privatization [J]. The Yale Law Journal, 103 (4): 961-995.

LANCE D, DOUGLASS N, 1970. Institutional change and american economic growth: A first step towards a theory of institutional innovation [J]. The Journal of Economic History, 30 (1): 132.

LIMA V. From housing crisis to housing justice: Towards a radical right to a home [EB/OL]. (2021-03-19) [2021-05-17]. https: //journals. sagepub. com/doi/abs/10. 1177/0042098021995128.

MANTZAVINOS C, NORTH D, SHARIQ S, 2004. Learning, institutions, and economic performance [J]. Perspectives on Politics, 2 (1): 75-84.

NGUYEN M T, 2005. Does affordable housing detrimentally affect the private property values? A view of literature [J]. Journal of Planning Literature, 20 (1): 17.

OSTROM E, 1986. An agenda for the study of institutions [J]. Public Choice, 48 (1): 3-25.

PATTILLO M, 2013. Housing: Commodity versus right [J]. Annual Review of Sociology, 39: 509-531.

PHANG S Y, WONG W K, 1997. Government policies and private housing prices in Singapore [J]. Urban Studies, 34 (11): 1819-1829.

PHANG S Y, 2001. Housing policy, wealth formation and the Singapore economy [J]. Housing Studies, 16 (4): 443-459.

PITTINI A, LAINO E, 2012. Housing Europe review: The nuts and bolts of European social housing system [M]. Brussels (Belgium): CECODHAS Housing Europe's Observatory: 51.

RIKER W H, 1980. Implications from the disequilibrium of majority rule for the study of institutions [J]. The American Political Science Review, 74 (2): 432-446.

RUONAVAARA H, 2018. Theory of housing, from housing, about housing [J]. Housing, Theory and Society, 35 (2): 178-192.

SCHOTTER A, 1981. The economic theory of social institutions [M]. England: Cambridge University Press: 155.

STRASSMAN W P, 1970. Construction productivity and employment in developing countries [J]. International Labor Review, 101: 503-518.

STROMBERG E, STROMBERG B, 2013. The federal housing administration and long-term affordable homeownership program [J]. A Journal of Policy Development and Research, 15 (2): 247-258.

SUSIN S, 2002. Rent voucher and the price of low-income housing [J]. Journal of Public Economics, 83 (1): 109-152.

TAYLOR H, 2020. Capabilities, housing, and basic justice: an approach to policy evaluation [J]. Housing, Theory and Society, 37 (3): 311-316.

TIPPLE G, 1987. Employment from housing: A resource for rapidly growing urban population [J]. Cities, 11 (6): 372-376.

TIPPLE G, 1993. Shelter as workplace: A review of home-based enterprise in developing countries ［J］. International Labour Review, 132: 521-539.

TUTIN C, VORMS B, 2014. French housing markets after the subprime crisis: From exuberance to resilience ［J］. Journal of Housing and the Built Environment, 29 (2): 277-298.

VAN WEESEP J, 2000. Housing Policy-the Link between welfare and economic development ［J］. Journal of Housing and the Built Environment, 15 (2): 165-181.

VASOO S, LEE J, 2001. Singapore: Social development, housing and the central provident fund ［J］. International Journal of Social Welfare, 10 (4): 276-283.

WELLS J, 1985. The role of construction in economic growth and development ［J］. Habitat International, 9 (1): 55-70.

WRENN D H, YI J J, ZHANG B, 2018. House Prices and Marriage Entry in China ［J］. Regional and Urban Economics, 74: 118-130.

XU H T, ZHOU Y M, 2019. Public housing provision and housing vacancies in Japan ［J］. Journal of the Japanese and International Economies, 53: 1-14.

ZHAO Y S, BOURASSA S C, 2003. China's urban housing reform: Recent achievements and new inequities ［J］. Housing Studies, 18 (5): 721-744.

ZUMBRO T, 2014. The Relationship between homeownership and life satisfaction in Germany ［J］. Housing Studies, 29 (3): 319-338.

附录
成都应届毕业大学生
住房保障情况调查问卷

亲爱的朋友:

您好!该问卷是关于成都市应届毕业大学生住房租赁情况和保障情况的初步调查。本调查问卷遵守《中华人民共和国统计法》等相关法律法规要求,问卷结果仅用于学术研究,不会被随意传阅。本课题组将切实保护您的隐私,非常感谢支您支持我们的工作!

一、基本情况

1. 您是?

□大专应届毕业生　□本科应届毕业生　□研究生应届毕业生

2. 您的性别是?

□男性　□女性

3. 您的年龄是?

□18~35 岁　□35 岁以上

4. 您是单身还是已婚?

□单身　□已婚

5. 您的户口是成都市中心城区(武侯区、青羊区、锦江区、成华区、金牛区、高新区)城镇户口吗?

□是　□否

6. 您在成都市中心城区(武侯区、青羊区、锦江区、成华区、金牛区、高新区)有产权住房吗?

□有　□无

二、住房租赁情况

7. 您是否已经开始租房？

□正在寻找房源　□已经找到住房　□还未开始找房

8. 您打算长期租房还是短期租房？

□短期（2 年以下）　□长期（2 年以上）

9. 如果您已经找到住房，请问房租是多少？

□1 000 元/月以下　□1 000～2 000 元/月　□2 000 元/月以上

10. 如果您还没开始找房或正在找房，您期望的月租金是多少？

□1 000 元/月以下　□1 000～2 000 元/月　□2 000 元/月以上

11. 如果您已经找到工作，您的薪资水平是多少？

□2 000 元/月以下　□2 000～4 000 元/月　□4 000～6 000 元/月

□6 000～10 000 元/月　□10 000 元/月以上

12. 如果您正在求职中，您预期的薪资是多少？

□2 000 元/月以下　□2 000～4 000 元/月　□4 000～6 000 元/月

□6 000～10 000 元/月　□10 000 元/月以上

13. 您租房过程中遇到的最多的问题是什么？

□虚假房源　□房源短缺　□中介费过高

□无法独自承担高额房租，须合租　□租赁纠纷多　□其他

14. 您租房是否会得到或寻求父母的经济支持？

□是　□否

15. 您租房考虑的首要因素是什么？

□安全　□交通　□租金　□合约长短　□房屋设施

16. 您租房考虑的主要因素有哪些？（多选）

□安全　□交通　□租金　□合约长短　□房屋设施
□住房附带的教育和医疗资源　□其他

三、住房保障情况

17. 您了解公共租赁住房政策吗？

□非常了解　□一般了解　□不大了解　□非常了解

18. 您符合公共租赁住房申请条件吗？

□符合　　□不符合　　□不知道

19. 如果符合，您愿意申请吗？

□愿意　　□不愿意

20. 如果符合，不愿意申请的原因是什么？（多选）

□程序繁多　　□轮候时间长　　□短时间租房，不必麻烦

□公租房选址偏远，交通不便　　□其他

21. 是否希望政府对应届毕业生住房问题进行保障？

□是　　□否

22. 您最需要被保障的内容是什么？

□稳定的居住权利　　□安全的居住环境　　□较低的租金水平　　□其他

23. 如果租房权利完善，将来是否愿意长期租房生活？

□是　　□否

四、开放问答

24. 您认为租房和买房的本质区别是什么？

25. 您对我国应届大学毕业生租赁住房保障有何建议？